MANUEL GÉNÉRAL
DU CAPITALISTE

ou
TABLES DES INTÉRÊTS

SIMPLES ET COMPOSÉS,

DONNANT PAR JOUR, PENDANT 5 ANS,

1° L'Intérêt simple de 100 fr.,

A 3, — 3. 25, — 3. 50, — 3. 75, —
4, — 4. 25, — 4. 50, — 4. 75,
— et 5 p. 0/0.

2° L'Intérêt composé aussi de 100 fr.,

A 5 et à 6 p. 0/0,

Le tout formant 19,800 solutions, ou intérêts de 100 fr.

Par N.-Th. HERRARD,

Instituteur de Brieulles (Ardennes).

MÉZIÈRES, chez F. DEVIN, Imprimeur-Libraire et Éditeur.

BRIEULLES (Ardennes), chez N.-Th. HERRARD, Auteur.

1860.

Mézières, Imprimerie et Lithographie de F. DEVIN.

AVANT-PROPOS.

Il n'est rien que l'homme recherche avec autant d'empressement que l'argent, devenu la base et, pour ainsi dire, l'élément de tous commerces. Cependant il est assez rare de rencontrer un ouvrage traitant spécialement, jour par jour, et pour au moins cinq ans, des intérêts simples et des *intérêts composés*. (1)

Peu de personnes, pourtant, passent leur vie sans prêter, ou sans emprunter au moins quelque petite somme ; et la longue formule d'opérations (surtout si les termes sont échus), pour en chercher les intérêts, n'est pas toujours à la portée de tous ; en même temps qu'elle expose les calculateurs à des erreurs plus ou moins graves.

N'ayant pu, moi-même, me procurer chez aucun libraire, des tables au moyen desquelles j'aurais pu, en un instant, vérifier les problêmes d'intérêts de mes élèves, j'en ai fait quelques-unes vers 1845. Me trouvant bien de l'emploi facile de ces tables, je les ai continuées, et j'ai été assez heureux de trouver des personnes compétentes, qui m'ont engagé à les offrir au public.

Si ce petit ouvrage lui est quelque peu utile, mon but, en le faisant imprimer, sera atteint.

Plan.

L'ensemble de ces tables ne présente aucun embarras ; les explications qui vont suivre, contiennent tout ce qu'il faut pour résoudre, sans peine, et en peu de temps,

(1) On appelle intérêt le bénéfice que procure une somme prêtée : cet intérêt est simple, lorsqu'au bout de plus d'un an, on règle les intérêts sur la somme prêtée seulement ; et il est composé, si l'on prend les intérêts des intérêts.

toutes les questions d'intérêts ; pourvu, bien entendu, qu'elles ne sortent pas du cercle ordinaire des placements d'argent.

Des tables.

Tracées sous forme de cadres, ces tables sont fort simples : chacune d'elles se compose de deux pages en regard, au haut desquelles on remarque :

1° A gauche, le taux, ou intérêt de 100 fr. au bout de la première année ; au milieu, les années, avec l'intérêt de 100 fr. dû à la fin de cette époque ; et à droite, la nature de l'intérêt, simple ou composé.

2° Ensuite un cadre horizontal, destiné aux douze mois, sous chacun desquels est écrit l'intérêt de 100 fr. dû aussi à la fin de cette époque.

3° Enfin, au-dessous de ce cadre des mois, sur une ligne verticale, à gauche de chaque page, les 29 premiers jours ; et à côté de chacun, l'intérêt de 100 fr. également dû à la fin de cette époque. (1)

Taux.

Les taux sont ceux dont on fait ordinairement usage, et que la loi autorise ; ce sont : 3, — 3.25, — 3.50, — 3.75, — 4, — 4.25, — 4.50, — 4.75, — 5 et 6 (voir page 127).

Temps.

La durée, pour chacun de ces taux, est de cinq ans : temps accordé par la loi à l'emprunteur et au prêteur, et au-delà duquel le créancier perd ses droits auprès d'un débiteur indélicat, qui prétendrait avoir payé les intérêts. De là, le nom de *Manuel-général* donné à cet ouvrage.

Intérêt.

Qu'il soit simple ou composé, peu importe aussi le taux et la durée, l'intérêt porté aux tables, est exactement celui de 100 fr. (capital). C'est donc la CENTAINE qui est l'unité, et non le franc. De cette manière, la partie décimale des tables contient moins de chiffres, dont le nombre maximum et suffisant *est quatre*.

____

(1) Il est inutile de mettre 30 jours, puisque cette durée figure dans le cadre des mois et des années.

Utilité de ces tables.

L'utilité de ces tables est déjà reconnue par tous ceux qui en ont fait l'essai ; et la facilité avec laquelle on opère, les rend accessibles à tous.

Moyen de s'en servir.

Le moyen est rapide et tout-à-fait sûr : il donne toujours des résultats très-exacts, je dirai même, presque mathématiques. La différence, en plus ou en moins, entre ce moyen et le procédé ordinaire, sur un capital de 5,000 fr., par exemple, ne va pas au-delà de 0,05 c. Il a lieu par le secours de la mémoire seulement, ou par celui des chiffres.

1° Par la mémoire.

Les placements étant faits, le plus souvent, par sommes rondes : 100 fr., 200 fr., 300 fr., etc. ; 1,000 fr., 2,000 fr., 3,000 fr., etc.; à défaut de papier, de crayon, d'encre ou de craie, etc., la mémoire suffit et suffit toujours très-bien.

EXEMPLES :

1° Quel est à 4 p. 0/0 l'intérêt simple de 100 fr., au bout de 1 an 3 mois ?

Je cherche les tables à 4 p. 0/0, et je trouve (page 58), qu'au bout de ce temps 100 fr. donnent 5 fr. d'intérêt, voilà la réponse.

2° Quel est à 4 f. 50, l'intérêt simple de 200 fr., au bout de 2 ans, 5 mois, 10 jours ?

Je cherche les tables à 4 fr. 50 p. 0/0, et je trouve (page 80), qu'au bout de ce temps 100 fr. donnent 11 fr. d'intérêt. Donc 200 fr. ou 2 centaines donnent 2 fois plus ou 22 fr., voilà la réponse.

J'ajoute qu'au bout de ce temps :

300 f. ou 3 centaines donnent 3 fois plus que 100 f., ou 3 fois 11 f. = 33 f. pour réponse.

400 ou 4 — — 4 — 4 fois 11 = 44 —

500 ou 5 — — 5 — 5 fois 11 = 55 —

1,000 ou 10 — — 10 — 10 fois 11 = 110 — (1)

5,000 ou 50 — — 50 — 50 fois 11 = 550 —

(1) Pour multiplier un nombre entier par 10, par 100, par 1,000, il suffit d'écrire sur la droite 1, 2 ou 3 zéros. Pour multiplier un nombre décimal par 10, par 100, par 1,000, il suffit de transporter la virgule de 1, 2 ou 3 rangs vers la droite.

3° Et comment faites-vous pour obtenir à 5 p. 0/0, l'intérêt composé de 1 fr., 5 fr., 20 fr., 50 fr. placés, par exemple, pendant 2 ans 8 mois, 16 jours ?

Je cherche les tables à 5 p. 0/0, intérêt composé, et je trouve (page 111), qu'au bout de ce temps, 100 f. donnent 14 fr. 17.

Après quoi je dis :

1 f., qui est 100 fois plus faible que 100 f., donne 100 fois moins, ou . . . . 0 f. 14 c.

5 f., qui sont 5 fois plus forts que 1 f., donnent 5 fois 0 f. 14 c., ou 0 70

20 f., qui sont 5 fois plus faibles que 100 f., donnent 5 fois moins ou le 5ᵉ . 2 83

50 f., qui sont 2 fois plus faibles que 100 f., donnent 2 fois moins ou moitié. . 7 08

Nota. Peu importe le capital, l'intérêt à 5 p. 0/0 d'une somme quelconque au bout d'un an seulement, est encore très-facile à obtenir de mémoire, lorsqu'on pense que 100 fr. de capital, au bout d'un an, donnent 5 fr. ou 100 sous : donc 1 fr. donne 5 centimes ou 1 sou. Il y a par conséquent autant de sous d'intérêt que de francs de capital.

EXEMPLES.

25 f. de capital à 5 p. 0/0, donnent d'intérêt au bout d'un an , 25 sous, ou 1 f. 25 c.

58 f.   —   58 sous, ou 2 f. 90 c.

72 f.   —   72 sous, ou 3 f. 60 c.

90 f.   —   90 sous, ou 4 f. 50 c.

132 f.   —   132 sous, ou 6 f. 60 c.

408 f.   —   408 sous, ou 20 f. 40 c,

422 f. 50   —   422 sous 1/2 ou 21 f. 125

4° Enfin, pouvez-vous, au moyen des tables, dire de mémoire, *au moins approximativement*, quel est l'intérêt d'une somme quelconque ?

Oui. Il suffit, pour cela, de réfléchir un peu.

1ᵉʳ EXEMPLE.

Quel est à 4 p. 0/0, au bout de 8 mois, 15 jours, l'intérêt de 189 francs ?

Je cherche les tables à 4 p. 0/0, et je trouve (page 57) qu'au bout de ce temps, 100 fr. donnent d'intérêt 2 f. 83

Après quoi je dis :

Il serait dû pour 200 fr., 2 fois 2 fr. 83 c., ou.. 5 f. 66
or, il s'en faut de 11 fr. pour que nous ayons 200 f.
et à 3 centimes par franc, pour environ 9 mois,
cela fait en moins 11 fois 3 centimes ou 0 33

Reste pour l'intérêt demandé. . . . 5 33

Report. . . 5 f. 33

Par la formule ordinaire, on a :

189 ^{f}
4

7 ^{f} 56 ^{c} pour un an.

pour 6 mois	3	78
pour 1 mois	0	63
pour 1 mois	0	63
pour 15 jours	0	31

5 35   pour l'intérêt demandé, ci 5   35

2e EXEMPLE.

Quel est à 5 p. 0/0, au bout de 1 an, 6 mois, 13 jours, l'intérêt simple de 615 fr. ?

Je cherche les tables à 5 p. 0/0, intérêt simple, et je trouve (page 99), qu'au bout de ce temps, 100 francs donnent d'intérêt simple . . . . 7 f. 68

Après quoi je dis :

Il serait dû pour 600 fr. 6 fois 7 fr. 68 c., ou. 46 f. 08
reste encore 15 fr., et à 7 centimes 68 centièmes,
ou près de 8 centimes par franc ; cela fait en
plus un peu moins de 15 fois 8 centimes, 1 ^{f} 20 ^{c}, ou 1   15

Total pour l'intérêt demandé 47   23

Par la formule ordinaire, on a :

615 ^{f}
5

30 ^{f} 75 ^{c}

pour 4 mois	10	25
pour 1 mois	2	56
pour 1 mois	2	56
pour 10 jours	0	85
pour 2 jours	0	17
pour 1 jour	0	09

47   23   pour l'intérêt demandé, ci. . . 47   23

3e EXEMPLE.

Enfin quel est à 5 p. 0/0, au bout de 2 ans, 8 mois, 12 jours, l'intérêt composé de 38 fr., 61 fr., 75 et 150 f. ?

Je cherche les tables à 5 p. 0/0, intérêt composé, et je trouve (page 111), qu'au bout de ce temps, 100 francs donnent d'intérêt composé 14 ^{f} 10 ^{c} 87 dix millièmes, ou, à très-peu près. . . . . 14 f. 11

Report. . 14 f. 11

Après quoi je dis :

1° 38 fr.

Ils forment un nombre un peu plus fort que 33 f. 33 c., qui sont le 1/3 de 100 fr., et pour lesquels on aurait, au bout de ce temps, le tiers de 14 fr. 11 c., ou . . . 4 f. 70

Reste encore environ 5 fr., et à 14 centimes l'un, cela fait en plus, environ 5 fois 14 centimes ou 0 fr. 70 c., moins peu de chose 0 67

Total pour l'intérêt demandé. 5 37

Par la formule ordinaire on a :

```
38 f          Report   1 f 995    Report   2 f 09475
 5                     39  90               ________
_______                _______     pr 6 mois  1  04737
 1.  90                41  895     pr 1 mois  0  17456
38                      5          pr 1 mois  0  17456
_______                _______     pr 10 jours 0  05818
39.  90                2.09  475   pr 2 jours  0  01165
 5                                            ________
_______                                        1  46650
1.99  50                                      44  895
                                              ________
                                              45  56150
                                              38
```

Pour l'intérêt demandé. . . . 5 f 5615   ci. 5 36

2° 61 fr.

Il serait dû pour 50 fr., moitié des 14 fr. 11 c., d'autre part, ou. . . . . , ... 7 f. 05

Reste encore 11 fr. et à 0 fr. 14 c. l'un : cela fait 11 fois 14 centimes, ou. 1 54

Total de l'intérêt demandé. 8 59

Par la formule ordinaire, on a :

```
61 f
 5
_______
 5  05
61
_______
64  05
 5
_______
 5  2025
64  05
_______
67  2525
 5
_______
 5  562625
```

A reporter. . . 8 59

Report. . . . . 8 f. 59

Report... 5 f. 56 c

pour 6 mois	1 f 68 c
pour 1 mois	0 28
pour 1 mois	0 28
pour 10 jours	0 09
pour 2 jours	0 02
	2 35
	67 25
	69 60
	61 00
	8 60

8 60   pour l'intérêt demandé, ci 8 60

3° 75 fr.

On a pour 75 fr. les 3/4 de ce que l'on a obtenu pour 100 fr., ou les 3/4 de 14 fr. 11 c.

Or, le 1/4 de 14 fr. 11 c. est de 3 fr. 53 c.

Donc les 3/4 font 3 fois plus, ou   10 f. 59

Total de l'intérêt demandé 10 59

Par la formule ordinaire, on a :

75 f
5
____
5 75
75
____
78 75
5
____
5 9375
78 75
____
82 6875
5
____
4 134375 = 4 f 13

pour 6 mois	2 f 06
pour 1 mois	0 34
pour 1 mois	0 35
pour 10 jours	0 12
pour 2 jours	0 02
	2 89
	82 69
	85 58
	75

10 58   pour l'intérêt demandé, ci 10 58

4° 150 fr.

Il est évident que si 100 francs, au bout de ce temps, donnent 14 fr. 11 c., on aura d'abord pour 100, 14 f. 11

Reste 50 fr., pour lesquels il vient la moitié de 14 fr. 11 c. 7 05

Total pour l'intérêt demandé. 21 16

Par la formule ordinaire, on a :

La même somme, ci 21 16

Du reste, pour peu que l'on ne puisse ou que l'on ne veuille pas opérer de mémoire, le moyen des chiffres est fort simple, en même temps qu'il ne fait jamais défaut.

2° Par le secours des chiffres.

S'il est facile d'opérer par le secours de la mémoire seulement, il ne l'est pas moins par celui des chiffres. Et celui-là qui sait faire une petite multiplication, arrive bientôt à la solution. L'opération étant bien faite, il ne reste plus qu'à séparer sur la droite du produit autant de chiffres décimaux qu'il s'en trouve dans les 2 facteurs.

Nota. Ne pas perdre de vue que les centaines du capital, ainsi que nous l'avons dit, page 4, doivent être considérées comme les unités d'un facteur, et les francs portés aux tables, sont les unités de l'autre facteur.

Les exemples faciles que nous allons donner étant une fois bien compris, chercher les intérêts, au moyen des tables, est une chose purement mécanique.

1er Exemple.

Quel est, à 5 p. %, l'intérêt simple de 800 fr., au bout de 2 ans, 7 mois, 6 jours ?

Je cherche, comme il est dit plus haut (p. 101), et je trouve que 100 fr., au bout de ce temps, donnent d'intérêt 13 fr.; donc 8 centaines de francs donnent 8 fois plus que 100 fr., ou

13 f.
  8
—————
104   pour réponse . . . . 104 f.

A reporter. . . . 104

Report . . . 104 f.

Par la formule ordinaire, on a :

```
 800
   5
 ──────
  40  00
   2
 ──────
  80  f  ci..    80 f.
pour 6 mois      20
pour 1 mois       3  3333
pour 6 jours      0  6666
                ──────
                103  9999     pour réponse . . . . . . . . . 104
```

2e EXEMPLE.

Quel est, à 5 p. %, l'intérêt composé de 1200 fr., au bout de 4 ans, 11 mois, 20 jours?

Je trouve pour 100 fr. (p. 115), qu'au bout de ce temps, l'intérêt composé est de 27 fr. 4593.

On a, par le moyen des tables :

```
  27 f. 4593
  12
 ──────
  54  9186
 274  593
 ──────
 329  5116     pour réponse. . . . . . . . . . . . . . 329 f. 51
```

Par la formule ordinaire, on a :

```
1200 f.
    5
 ──────
   60  00
 1200
 ──────
 1260  00
    5
 ──────
   63  00
 1260
 ──────
 1323  00
    5
 ──────
   66  15
 1323
 ──────
 1389  15
    5
 ──────
   69  4575
 1389  15
 ──────
 1458  6075  à reporter.
```

A reporter. . . . 329 f. 51

```
1458   6075 ........report ..............329 f. 51
   5
72   950375
```

pour 6 mois	36 f.	465
pour 3 mois	18	232
pour 1 mois	6	077
pour 1 mois	6	078
pour 15 jours	3	039
pour 5 jours	1	013
capit. précéd.	1458	607
	1529	511
moins capital	1200	

Reste donc   329   511   somme égale et réponse.   **329   51**

OBSERVATIONS ESSENTIELLES.

Lorsque l'on tient à avoir un résultat très-exact, il faut se servir de toute la partie décimale portée à ces tables. Toutefois, je le répète, cette partie décimale ne contient pas plus de 4 chiffres.

Mais si, comme cela se pratique assez ordinairement, on tient à avoir un résultat à très-peu près exact, on ne se sert pas des millièmes, ni des dix-millièmes, c'est-à-dire des deux derniers chiffres décimaux, séparés des centimes par un point. Ces derniers chiffres, si fort qu'ils soient, ne valent jamais un centime. De sorte qu'on les néglige entièrement, s'ils ne forment pas un nombre plus fort que 50 (on néglige alors au plus un 1/2 centime par 100 fr. de capital). Au contraire, on augmente les centimes de 1 centime, si ces deux derniers chiffres forment un nombre plus fort que 50 (on a au plus un 1/2 centime de trop par 100 fr. de capital). Dans ces deux cas, la différence est insignifiante en paiement; et toute faible qu'elle est, soit en plus, soit en moins, encore devons-nous dire que les résultats se balancent. Cependant, je le répète encore, pour peu que l'on tienne à avoir un résultat très-exact, il faut se servir de toute la partie décimale.

A l'appui de ces dernières instructions, nous allons donner plusieurs exemples.

1er Exemple.

Quel est, à 5 p. %, l'intérêt simple de 1450 francs au bout de 2 ans, 7 mois, 22 jours ?

Par la formule ordinaire, on a :

```
1450 f
   5
________
  72  50 par an.
   2 ans.
________
 145  00 ci 145 fr.
```

pour 6 mois	36 f.	25
pour 1 mois	6	04
pour 15 jours	3	02
pour 5 jours	1	01
pour 1 jour	0	20
pour 1 jour	0	20
	191	72

pour réponse, ci . . . . . 191 f. 72

Par les tables, on a :

1º En se servant des 22 dix-millièmes :

```
13 f. 2222
14   50
_____________
  6  611100
 52  888800
132  222000
_____________
191  721900
```

pour réponse, somme égale, ci . 191 f. 72

2º En négligeant les 22 dix-millièmes (qui font à peu près 1/4 de centime en moins par 100 fr. de capital), on a :

```
13 f. 22
14   50
___________
  6  6100
 52  88..
132  2...
___________
191  6900
```

pour réponse, ci . . . . 191 f. 69

2ᵉ Exemple.

Quel est, à 6 p. %, l'intérêt composé de 1800 francs, au bout de 3 ans, 9 mois, 24 jours ?

Par la formule ordinaire, on a :

```
1800 f.
   6
__________
 108  00
1800
__________
1908  00
   6
__________
 114  48 à reporter.
```

```
Report.       114    48
              1908
             ─────────────
              2022    48
                 6
             ─────────────
              121   5488
              2022    48
             ─────────────
              2145   8288
                 6
             ─────────────
              128   629728
             ─────────────
```

pour 6 mois	64 f. 514864
pour 2 mois	21 458288
pour 1 mois	10 719144
pour 10 jours	5 575048
pour 10 jours	5 575048
pour 2 jours	0 714609
pour 2 jours	0 714609
	105 047610
Report précéd.	2145 8288
	2248 8764
Moins 1er cap^l.	1800
	448 8764

448 8764   pour réponse, ci . . 448 f. 88

Par les tables, on a :

1° En se servant des 76 dix-millièmes.

```
24 f. 9376
18
───────────
199   5008
249   5760
───────────
448   8768
```

448 8768   pour réponse, somme égale, ci . . . 448   88

2° En forçant d'un centime les 95 centimes, on ne fait qu'augmenter les 76 dix-millièmes de 24 dix-millièmes, qui font en trop à peu près 1/4 de centime par 100 fr. de capital ; on a :

```
24 f. 94
18
───────────
199   52
249   40
───────────
448   92
```

448 92   pour réponse à peu près égale à l'autre. 448   92

Remarque.

Il paraît inutile de pousser ces tables au-delà de 5 ans, temps déjà fort long pour l'acquit des intérêts. Cependant, si, pour des raisons quelconques, on voulait chercher les intérêts pour un temps plus considérable, il serait encore facile d'en obtenir la solution.

c'est encore plus vrai, le cercle des travaux de Messieurs les Ingénieurs, et, par suite, nous aurons grossi très-largement leurs appointements. *Est-ce le but réel qu'on se propose ; puisque l'on ne peut empêcher les inondations ?* On ne devrait pas le supposer.

Le Conseil d'arrondissement, le Conseil général ne se sont-ils pas laissés entraîner, sans examen suffisant, par leur zèle ardent pour le bien public, à suivre trop facilement les désirs de Messieurs les Ingénieurs ?

Aussi, vous voyez, le Conseil d'arrondissement de Dinan, trop poussé par ce bon sentiment et, à son insu, peut-être plus encore, par l'influence précitée, qu'il n'aurait pas assez soupçonnée, s'arroger, sans aucun détail précis sur la question, le droit de la trancher, lorsqu'il n'avait nullement pu l'étudier, l'apprécier sérieusement, et demander du même coup la réglementation *des deux cent quarante-neuf usines de son arrondissement ;* sans même, savoir si les niveaux d'eaux de ces 249 usines, ainsi condamnées irrévocablement, sont nuisibles ou non : En un mot, sans pouvoir avoir la conviction qu'un seul intérêt réel demandait à être sauvegardé par une mesure aussi absolue, qui portait, cependant, atteinte à tant d'intérêts et de droits préexistants.

Il est évident que la majorité du Conseil général a, de son côté, cédé, par le même sentiment, au même entraînement, très-excusable, il est vrai, mais très-fâcheux ; qu'elle a accepté, de confiance, des conclusions qu'elle n'avait ni le temps, ni les moyens d'examiner, questions fort graves, qui touchent à d'immenses intérêts, qui peuvent ruiner de petits propriétaires et qui ne peuvent même être suffisamment connues de la plus grande partie des membres du Conseil général, qui vit loin des rives de la Rance.

Cependant, n'était-il pas nécessaire avant d'imposer, à ces propriétaires, tant de frais, tant de vexations, avant de nous livrer ainsi à la discrétion absolue de l'administration des Ponts et Chaussées, (je dois et je vais prouver tout cela) de savoir :

1° Si l'on pouvait positivement réussir, avec les travaux indiqués par les Ingénieurs, à empêcher les inondations de la Rance?

2° Si les inondations de la Rance étaient plus nuisibles qu'utiles aux propriétaires de cette vallée ; en un mot, s'il était même avantageux au point de vue de l'intérêt général, d'essayer de priver ces précieux terrains d'alluvion de leur source incontes-

3 p. 0/0.   **0 AN :**

Nombre de jours.	0 mois : » » Jours :	1 mois : 0 fr. 25. Jours :	2 mois : 0 fr. 50. Jours :	3 mois : 0 fr. 75. Jours :	4 mois : 1 fr. » Jours :	5 mois : 1 fr. 25. Jours :
	fr. c. dixm.	fr. c. dixm.	fr. c. dixm.	fr. c. dixm.	fr. c. dixm.	fr. c. dixm.
1	0,00.83	0,25.83	0,50.83	0,75.83	1,00.83	1,25.83
2	0,01.67	0,26.67	0,51.67	0,76.67	1,01.67	1,26.67
3	0,02.50	0,27.50	0,52.50	0,77.50	1,02.50	1,27.50
4	0,03.33	0,28.33	0,53.33	0,78.33	1,03.33	1,28.33
5	0,04.17	0,29.17	0,54.17	0,79.17	1,04.17	1,29.17
6	0,05.	0,30.	0,55.	0,80.	1,05.	1,30.
7	0,05.83	0,30.83	0,55.83	0,80.83	1,05.83	1,30.83
8	0,06.67	0,31.67	0,56.67	0,81.67	1,06.67	1,31.67
9	0,07.50	0,32.50	0,57.50	0,82.50	1,07.50	1,32.50
10	0,08.33	0,33.33	0,58.33	0,83.33	1,08.33	1,33.33
11	0,09.17	0,34.17	0,59.17	0,84.17	1,09.17	1,34.17
12	0,10.	0,35.	0,60.	0,85.	1,10.	1,35.
13	0,10.83	0,35.83	0,60.83	0,85.83	1,10.83	1,35.83
14	0,11.67	0,36.67	0,61.67	0,86.67	1,11.67	1,36.67
15	0,12.50	0,37.50	0,62.50	0,87.50	1,12.50	1,37.50
16	0,13.33	0,38.33	0,63.33	0,88.33	1,13.33	1,38.33
17	0,14.17	0,39.17	0,64.17	0,89.17	1,14.17	1,39.17
18	0,15.	0,40.	0,65.	0,90.	1,15.	1,40.
19	0,15.83	0,40.83	0,65.83	0,90.83	1,15.83	1,40.83
20	0,16.67	0,41.67	0,66.67	0,91.67	1,16.67	1,41.67
21	0,17.50	0,42.50	0,67.50	0,92.50	1,17.50	1,42.50
22	0,18.33	0,43.33	0,68.33	0,93.33	1,18.33	1,43.33
23	0,19.17	0,44.17	0,69.17	0,94.17	1,19.17	1,44.17
24	0,20.	0,45.	0,70.	0,95.	1,20.	1,45.
25	0,20.83	0,45.83	0,70.83	0,95.83	1,20.83	1,45.83
26	0,21.67	0,46.67	0,71.67	0,96.67	1,21.67	1,46.67
27	0,22.50	0,47.50	0,72.50	0,97.50	1,22.50	1,47.50
28	0,23.33	0,48.33	0,73.33	0,98.33	1,23.33	1,48.33
29	0,24.17	0,49.17	0,74.17	0,99.17	1,24.17	1,49.17

Intérêt simple.

Nombre de jours.	6 mois : 1 fr. 50. Jours :	7 mois : 1 fr. 75. Jours :	8 mois : 2 fr. » Jours :	9 mois : 2 fr. 25. Jours :	10 mois : 2 fr. 50. Jours :	11 mois : 2 fr. 75. Jours :
	fr. c. dixm.	fr. c. dixm.	fr. c. dixm.	fr. c. dixm.	fr. c. dixm.	fr. c. dixm.
1	1,50.83	1,75.83	2,00.83	2,25.83	2,50.83	2,75.83
2	1,51.67	1,76.67	2,01.67	2,26.67	2,51.67	2,76.67
3	1,52.50	1,77.50	2,02.50	2,27.50	2,52.50	2,77.50
4	1,53.33	1,78.33	2,03.33	2,28.33	2,53.33	2,78.33
5	1,54.17	1,79.17	2,04.17	2,29.17	2,54.17	2,79.17
6	1,55.	1,80.	2,05.	2,30.	2,55.	2,80.
7	1,55.83	1,80.83	2,05.83	2,30.83	2,55.83	2,80.83
8	1,56.67	1,81.67	2,06.67	2,31.67	2,56.67	2,81.67
9	1,57.50	1,82.50	2,07.50	2,32.50	2,57.50	2,82.50
10	1,58.33	1,83.33	2,08.33	2,33.33	2,58.33	2,83.33
11	1,59.17	1,84.17	2,09.17	2,34.17	2,59.17	2,84.17
12	1,60.	1,85.	2,10.	2,35.	2,60.	2,85.
13	1,60.83	1,85.83	2,10.83	2,35.83	2,60.83	2,85.83
14	1,61.67	1,86.67	2,11.67	2,36.67	2,61.67	2,86.67
15	1,62.50	1,87.50	2,12.50	2,37.50	2,62.50	2,87.50
16	1,63.33	1,88.33	2,13.33	2,38.33	2,63.33	2,88.33
17	1,64.17	1,89.17	2,14.17	2,39.17	2,64.17	2,89.17
18	1,65.	1,90.	2,15.	2,40.	2,65.	2,90.
19	1,65.83	1,90.83	2,15.83	2,40.83	2,65.83	2,90.83
20	1,66.67	1,91.67	2,16.67	2,41.67	2,66.67	2,91.67
21	1,67.50	1,92.50	2,17.50	2,42.50	2,67.50	2,92.50
22	1,68.33	1,93.33	2,18.33	2,43.33	2,68.33	2,93.33
23	1,69.17	1,94.17	2,19.17	2,44.17	2,69.17	2,94.17
24	1,70.	1,95.	2,20.	2,45.	2,70.	2,95.
25	1,70.83	1,95.83	2,20.83	2,45.83	2,70.83	2,95.83
26	1,71.67	1,96.67	2,21.67	2,46.67	2,71.67	2,96.67
27	1,72.50	1,97.50	2,22.50	2,47.50	2,72.50	2,97.50
28	1,73.33	1,98.33	2,23.33	2,48.33	2,73.33	2,98.33
29	1,74.17	1,99.17	2,24.17	2,49.17	2,74.17	2,99.17

3 p. 0/0. 1 AN :

Nombre de jours.	0 mois : » »	1 mois : 3 fr. 25.	2 mois : 3 fr. 50.	3 mois : 3 fr. 75.	4 mois : 4 fr. »	5 mois : 4 fr. 25.
	Jours :	Jours :	Jours :	Jours :	Jours :	Jours :
	fr. c. dixm.	fr. c. dixm.	fr. c. dixm	fr. c. dixm.	fr. c. dixm.	fr. c. dixm
1	3,00.83	3,25.83	3,50.83	3,75.83	4,00.83	4,25.83
2	3,01.67	3,26.67	3,51.67	3,76.67	4,01.67	4,26.67
3	3,02.50	3,27.50	3,52.50	3,77.50	4,02.50	4,27.50
4	3,03.33	3,28.33	3,53.33	3,78.33	4,03.33	4,28.33
5	3,04.17	3,29.17	3,54.17	3,79.17	4,04.17	4,29.17
6	3,05.	3,30.	3,55.	3,80.	4,05.	4,30.
7	3,05.83	3,30.83	3,55.83	3,80.83	4,05.83	4,30.83
8	3,06.67	3,31.67	3,56.67	3,81.67	4,06.67	4,31.67
9	3,07.50	3,32.50	3,57.50	3,82.50	4,07.50	4,32.50
10	3,08.33	3,33.33	3,58.33	3,83.33	4,08.33	4,33.33
11	3,09.17	3,34.17	3,59.17	3,84.17	4,09.17	4,34.17
12	3,10.	3,35.	3,60.	3,85.	4,10.	4,35.
13	3,10.83	3,35.83	3,60.83	3,85.83	4,10.83	4,35.83
14	3,11.67	3,36.67	3,61.67	3,86.67	4,11.67	4,36.67
15	3,12.50	3,37.50	3,62.50	3,87.50	4,12.50	4,37.50
16	3,13.33	3,38.33	3,63.33	3,88.33	4,13.33	4,38.33
17	3,14.17	3,39.17	3,64.17	3,89.17	4,14.17	4,39.17
18	3,15.	3,40.	3,65.	3,90.	4,15.	4,40.
19	3,15.83	3,40.83	3,65.83	3,90.83	4,15.83	4,40.83
20	3,16.67	3,41.67	3,66.67	3,91.67	4,16.67	4,41.67
21	3,17.50	3,42.50	3,67.50	3,92.50	4,17.50	4,42.50
22	3,18.33	3,43.33	3,68.33	3,93.33	4,18.33	4,43.33
23	3,19.17	3,44.17	3,69.17	3,94.17	4,19.17	4,44.17
24	3,20.	3,45.	3,70.	3,95.	4,20.	4,45.
25	3,20.83	3,45.83	3,70.83	3,95.83	4,20.83	4,45.83
26	3,21.67	3,46.67	3,71.67	3,96.67	4,21.67	4,46.67
27	3,22.50	3,47.50	3,72.50	3,97.50	4,22.50	4,47.50
28	3,23.33	3,48.33	3,73.33	3,98.33	4,23.33	4,48.33
29	3,24.17	3,49.17	3,74.17	3,99.17	4,24.17	4,49.17

3 fr. Intérêt simple.

Nombre de jours.	6 mois : 4 fr. 50.	7 mois : 4 fr. 75.	8 mois : 5 fr. »	9 mois : 5 fr. 25.	10 mois : 5 fr. 50.	11 mois : 5 fr. 75.
	Jours :	Jours :	Jours :	Jours :	Jours :	Jours :
	fr. c. dixm.	fr. c. dixm.	fr. c. dixm.	fr. c. dixm.	fr. c. dixm.	fr. c. dixm
1	4,50.83	4,75.83	5,00.83	5,25.83	5,50.83	5,75.83
2	4,51.67	4,76.67	5,01.67	5,26.67	5,51.67	5,76.67
3	4,52.50	4,77.50	5,02.50	5,27.50	5,52.50	5,77.50
4	4,53.33	4,78.33	5,03.33	5,28.33	5,53.33	5,78.33
5	4,54.17	4,79.17	5,04.17	5,29.17	5,54.17	5,79.17
6	4,55.	4,80.	5,05.	5,30.	5,55.	5,80.
7	4,55.83	4,80.83	5,05.83	5,30.83	5,55.83	5,80.83
8	4,56.67	4,81.67	5,06.67	5,31.67	5,56.67	5,81.67
9	4,57.50	4,82.50	5,07.50	5,32.50	5,57.50	5,82.50
10	4,58.33	4,83.33	5,08.33	5,33.33	5,58.33	5,83.33
11	4,59.17	4,84.17	5,09.17	5,34.17	5,59.17	5,84.17
12	4,60.	4,85.	5,10.	5,35.	5,60.	5,85.
13	4,60.83	4,85.83	5,10.83	5,35.83	5,60.83	5,85.83
14	4,61.67	4,86.67	5,11.67	5,36.67	5,61.67	5,86.67
15	4,62.50	4,87.50	5,12.50	5,37.50	5,62.50	5,87.50
16	4,63.33	4,88.33	5,13.33	5,38.33	5,63.33	5,88.33
17	4,64.17	4,89.17	5,14.17	5,39.17	5,64.17	5,89.17
18	4,65.	4,90.	5,15.	5,40.	5,65.	5,90.
19	4,65.83	4,90.83	5,15.83	5,40.83	5,65.83	5,90.83
20	4,66.67	4,91.67	5,16.67	5,41.67	5,66.67	5,91.67
21	4,67.50	4,92.50	5,17.50	5,42.50	5,67.50	5,92.50
22	4,68.33	4,93.33	5,18.33	5,43.33	5,68.33	5,93.33
23	4,69.17	4,94.17	5,19.17	5,44.17	5,69.17	5,94.17
24	4,70.	4,95.	5,20.	5,45.	5,70.	5,95.
25	4,70.83	4,95.83	5,20.83	5,45.83	5,70.83	5,95.83
26	4,71.67	4,96.67	5,21.67	5,46.67	5,71.67	5,96.67
27	4,72.50	4,97.50	5,22.50	5,47.50	5,72.50	5,97.50
28	4,73.33	4,98.33	5,23.33	5,48.33	5,73.33	5,98.33
29	4,74.17	4,99.17	5,24.17	5,49.17	5,74.17	5,99.17

Nombre de jours	0 mois : » »	1 mois : 6 fr. 25	2 mois : 6 fr. 50.	3 mois : 6 fr. 75.	4 mois : 7 fr. »	5 mois : 7 fr. 25.
	Jours :	Jours :	Jours :	Jours :	Jours :	Jours :
	fr. c. dixm.	fr. c. dixm.	fr. c. dixm.	fr. c. dixm.	fr. c. dixm.	fr. c. dixm.
1	6,00.83	6,25.83	6,50.83	6,75.83	7,00.83	7,25.83
2	6,01.67	6,26.67	6,51.67	6,76.67	7,01.67	7,26.67
3	6,02.50	6,27.50	6,52.50	6,77.50	7,02.50	7,27.50
4	6,03.33	6,28.33	6,53.33	6,78.33	7,03.33	7,28.33
5	6,04.17	6,29.17	6,54.17	6,79.17	7,04.17	7,29.17
6	6,05.	6,30.	6,55.	6,80.	7,05.	7,30.
7	6,05.83	6,30.83	6,55.83	6,80.83	7,05.83	7,30.83
8	6,06.67	6,31.67	6,56.67	6,81.67	7,06.67	7,31.67
9	6,07.50	6,32.50	6,57.50	6,82.50	7,07.50	7,32.50
10	6,08.33	6,33.33	6,58.33	6,83.33	7,08.33	7,33.33
11	6,09.17	6,34.17	6,59.17	6,84.17	7,09.17	7,34.17
12	6,10.	6,35.	6,60.	6,85.	7,10.	7,35.
13	6,10.83	6,35.83	6,60.83	6,85.83	7,10.83	7,35.83
14	6,11.67	6,36.67	6,61.67	6,86.67	7,11.67	7,36.67
15	6,12.50	6,37.50	6,62.50	6,87.50	7,12.50	7,37.50
16	6,13.33	6,38.33	6,63.33	6,88.33	7,13.33	7,38.33
17	6,14.17	6,39.17	6,64.17	6,89.17	7,14.17	7,39.17
18	6,15.	6,40.	6,65.	6,90.	7,15.	7,40.
19	6,15.83	6,40.83	6,65.83	6,90.83	7,15.83	7,40.83
20	6,16.67	6,41.67	6,66.67	6,91.67	7,16.67	7,41.67
21	6,17.50	6,42.50	6,67.50	6,92.50	7,17.50	7,42.50
22	6,18.33	6,43.33	6,68.33	6,93.33	7,18.33	7,43.33
23	6,19.17	6,44.17	6,69.17	6,94.17	7,19.17	7,44.17
24	6,20.	6,45.	6,70.	6,95.	7,20.	7,45.
25	6,20.83	6,45.83	6,70.83	6,95.83	7,20.83	7,45.83
26	6,21.67	6,46.67	6,71.67	6,96.67	7,21.67	7,46.67
27	6,22.50	6,47.50	6,72.50	6,97.50	7,22.50	7,47.50
28	6,23.33	6,48.33	6,73.33	6,98.33	7,23.33	7,48.33
29	6,24.17	6,49.17	6,74.17	6,99.17	7,24.17	7,49.17

Nombre de jours	6 mois : 7 fr. 50.	7 mois : 7 fr. 75.	8 mois : 8 fr. »	9 mois : 8 fr. 25.	10 mois : 8 fr. 50.	11 mois : 8 fr. 75.
	Jours :	Jours :	Jours :	Jours :	Jours :	Jours :
	fr. c. dixm.	fr. c. dixm.	fr. c. dixm.	fr. c. dixm.	fr. c. dixm.	fr. c. dixm.
1	7,50.83	7,75.83	8,00.83	8,25.83	8,50.83	8,75.83
2	7,51.67	7,76.67	8,01.67	8,26.67	8,51.67	8,76.67
3	7,52.50	7,77.50	8,02.50	8,27.50	8,52.50	8,77.50
4	7,53.33	7,78.33	8,03.33	8,28.33	8,53.33	8,78.33
5	7,54.17	7,79.17	8,04.17	8,29.17	8,54.17	8,79.17
6	7,55.	7,80.	8,05.	8,30.	8,55.	8,80.
7	7,55.83	7,80.83	8,05.83	8,30.83	8,55.83	8,80.83
8	7,56.67	7,81.67	8,06.67	8,31.67	8,56.67	8,81.67
9	7,57.50	7,82.50	8,07.50	8,32.50	8,57.50	8,82.50
10	7,58.33	7,83.33	8,08.33	8,33.33	8,58.33	8,83.33
11	7,59.17	7,84.17	8,09.17	8,34.17	8,59.17	8,84.17
12	7,60.	7,85.	8,10.	8,35.	8,60.	8,85.
13	7,60.83	7,85.83	8,10.83	8,35.83	8,60.83	8,85.83
14	7,61.67	7,86.67	8,11.67	8,36.67	8,61.67	8,86.67
15	7,62.50	7,87.50	8,12.50	8,37.50	8,62.50	8,87.50
16	7,63.33	7,88.33	8,13.33	8,38.33	8,63.33	8,88.33
17	7,64.17	7,89.17	8,14.17	8,39.17	8,64.17	8,89.17
18	7,65.	7,90.	8,15.	8,40.	8,65.	8,90.
19	7,65.83	7,90.83	8,15.83	8,40.83	8,65.83	8,90.83
20	7,66.67	7,91.67	8,16.67	8,41.67	8,66.67	8,91.67
21	7,67.50	7,92.50	8,17.50	8,42.50	8,67.50	8,92.50
22	7,68.33	7,93.33	8,18.33	8,43.33	8,68.33	8,93.33
23	7,69.17	7,94.17	8,19.17	8,44.17	8,69.17	8,94.17
24	7,70.	7,95.	8,20.	8,45.	8,70.	8,95.
25	7,70.83	7,95.83	8,20.83	8,45.83	8,70.83	8,95.83
26	7,71.67	7,96.67	8,21.67	8,46.67	8,71.67	8,96.67
27	7,72.50	7,97.50	8,22.50	8,47.50	8,72.50	8,97.50
28	7,73.33	7,98.33	8,23.33	8,48.33	8,73.33	8,98.33
29	7,74.17	7,99.17	8,24.17	8,49.17	8,74.17	8,99.17

3 p. 0/0.   **3 ANS :**

Nombre de jours.	0 mois : » »	1 mois : 9 fr. 25	2 mois : 9 fr. 50.	3 mois : 9 fr. 75.	4 mois : 10 fr. »	5 mois : 10 fr. 25.
	Jours :	Jours :	Jours :	Jours :	Jours :	Jours :
	fr. c. dixm.	fr. c. dixm.	fr. c. dixm.	fr. c. dixm.	fr. c. dixm.	fr. c. dixm.
1	9,00.83	9,25.83	9,50.83	9,75.83	10,00.83	10,25.83
2	9,01.67	9,26.67	9,51.67	9,76.67	10,01.67	10,26.67
3	9,02.50	9,27.50	9,52.50	9,77.50	10,02.50	10,27.50
4	9,03.33	9,28.33	9,53.33	9,78.33	10,03.33	10,28.33
5	9,04.17	9,29.17	9,54.17	9,79.17	10,04.17	10,29.17
6	9,05.	9,30.	9,55.	9,80.	10,05.	10,30.
7	9,05.83	9,30.83	9,55.83	9,80.83	10,05.83	10,30.83
8	9,06.67	9,31.67	9,56.67	9,81.67	10,06.67	10,31.67
9	9,07.50	9,32.50	9,57.50	9,82.50	10,07.50	10,32.50
10	9,08.33	9,33.33	9,58.33	9,83.33	10,08.33	10,33.33
11	9,09.17	9,34.17	9,59.17	9,84.17	10,09.17	10,34.17
12	9,10.	9,35.	9,60.	9,85.	10,10.	10,35.
13	9,10.83	9,35.83	9,60.83	9,85.83	10,10.83	10,35.83
14	9,11.67	9,36.67	9,61.67	9,86.67	10,11.67	10,36.67
15	9,12.50	9,37.50	9,62.50	9,87.50	10,12.50	10,37.50
16	9,13.33	9,38.33	9,63.33	9,88.33	10,13.33	10,38.33
17	9,14.17	9,39.17	9,64.17	9,89.17	10,14.17	10,39.17
18	9,15.	9,40.	9,65.	9,90.	10,15.	10,40.
19	9,15.83	9,40.83	9,65.83	9,90.83	10,15.83	10,40.83
20	9,16.67	9,41.67	9,66.67	9,91.67	10,16.67	10,41.67
21	9,17.50	9,42.50	9,67.50	9,92.50	10,17.50	10,42.50
22	9,18.33	9,43.33	9,68.33	9,93.33	10,18.33	10,43.33
23	9,19.17	9,44.17	9,69.17	9,94.17	10,19.17	10,44.17
24	9,20.	9,45.	9,70.	9,95.	10,20.	10,45.
25	9,20.83	9,45.83	9,70.83	9,95.83	10,20.83	10,45.83
26	9,21.67	9,46.67	9,71.67	9,96.67	10,21.67	10,46.67
27	9,22.50	9,47.50	9,72.50	9,97.50	10,22.50	10,47.50
28	9,23.33	9,48.33	9,73.33	9,98.33	10,23.33	10,48.33
29	9,24.17	9,49.17	9,74.17	9,99.17	10,24.17	10,49.17

9 fr.   **Intérêt simple.**

Nombre de jours.	6 mois : 10 fr. 50.	7 mois : 10 fr. 75.	8 mois : 11 fr. »	9 mois : 11 fr. 25.	10 mois : 11 fr. 50.	11 mois : 11 fr. 75.
	Jours :	Jours :	Jours :	Jours :	Jours :	Jours :
	fr. c. dixm.	fr. c. dixm.	fr. c. dixm.	fr. c. dixm.	fr. c. dixm.	fr. c. dixm.
1	10,50.83	10,75.83	11,00.83	11,25.83	11,50.83	11,75.83
2	10,51.67	10,76.67	11,01.67	11,26.67	11,51.67	11,76.67
3	10,52.50	10,77.50	11,02.50	11,27.50	11,52.50	11,77.50
4	10,53.33	10,78.33	11,03.33	11,28.33	11,53.33	11,78.33
5	10,54.17	10,79.17	11,04.17	11,29.17	11,54.17	11,79.17
6	10,55.	10,80.	11,05.	11,30.	11,55.	11,80.
7	10,55.83	10,80.83	11,05.83	11,30.83	11,55.83	11,80.83
8	10,56.67	10,81.67	11,06.67	11,31.67	11,56.67	11,81.67
9	10,57.50	10,82.50	11,07.50	11,32.50	11,57.50	11,82.50
10	10,58.33	10,83.33	11,08.33	11,33.33	11,58.33	11,83.33
11	10,59.17	10,84.17	11,09.17	11,34.17	11,59.17	11,84.17
12	10,60.	10,85.	11,10.	11,35.	11,60.	11,85.
13	10,60.83	10,85.83	11,10.83	11,35.83	11,60.83	11,85.83
14	10,61.67	10,86.67	11,11.67	11,36.67	11,61.67	11,86.67
15	10,62.50	10,87.50	11,12.50	11,37.50	11,62.50	11,87.50
16	10,63.33	10,88.33	11,13.33	11,38.33	11,63.33	11,88.33
17	10,64.17	10,89.17	11,14.17	11,39.17	11,64.17	11,89.17
18	10,65.	10,90.	11,15.	11,40.	11,65.	11,90.
19	10,65.83	10,90.83	11,15.83	11,40.83	11,65.83	11,90.83
20	10,66.67	10,91.67	11,16.67	11,41.67	11,66.67	11,91.67
21	10,67.50	10,92.50	11,17.50	11,42.50	11,67.50	11,92.50
22	10,68.33	10,93.33	11,18.33	11,43.33	11,68.33	11,93.33
23	10,69.17	10,94.17	11,19.17	11,44.17	11,69.17	11,94.17
24	10,70.	10,95.	11,20.	11,45.	11,70.	11,95.
25	10,70.83	10,95.83	11,20.83	11,45.83	11,70.83	11,95.83
26	10,71.67	10,96.67	11,21.67	11,46.67	11,71.67	11,96.67
27	10,72.50	10,97.50	11,22.50	11,47.50	11,72.50	11,97.50
28	10,73.33	10,98.33	11,23.33	11,48.33	11,73.33	11,98.33
29	10,74.17	10,99.17	11,24.17	11,49.17	11,74.17	11,99.17

3 p. 0/0. **4 ANS :**

Nombre de jours.	0 mois : » »	1 mois : 12 fr. 25.	2 mois : 12 fr. 50.	3 mois : 12 fr. 75.	4 mois : 13 fr.	5 mois : 13 fr. 25.
	Jours :	Jours :	Jours :	Jours :	Jours :	Jours :
	fr. c. dixm.	fr. c. dixm.	fr. c. dixm.	fr. c. dixm.	fr. c. dixm.	fr. c. dixm.
1	12,00.83	12,25.83	12,50.83	12,75.83	13,00.83	13,25.83
2	12,01.67	12,26.67	12,51.67	12,76.67	13,01.67	13,26.67
3	12,02.50	12,27.50	12,52.50	12,77.50	13,02.50	13,27.50
4	12,03.33	12,28.33	12,53.33	12,78.33	13,03.33	13,28.33
5	12,04.17	12,29.17	12,54.17	12,79.17	13,04.17	13,29.17
6	12,05.	12,30.	12,55.	12,80.	13,05.	13,30.
7	12,05.83	12,30.83	12,55.83	12,80.83	13,05.83	13,30.83
8	12,06.67	12,31.67	12,56.67	12,81.67	13,06.67	13,31.67
9	12,07.50	12,32.50	12,57.50	12,82.50	13,07.50	13,32.50
10	12,08.33	12,33.33	12,58.33	12,83.33	13,08.33	13,33.33
11	12,09.17	12,34.17	12,59.17	12,84.17	13,09.17	13,34.17
12	12,10.	12,35.	12,60.	12,85.	13,10.	13,35.
13	12,10.83	12,35.83	12,60.83	12,85.83	13,10.83	13,35.83
14	12,11.67	12,36.67	12,61.67	12,86.67	13,11.67	13,36.67
15	12,12.50	12,37.50	12,62.50	12,87.50	13,12.50	13,37.50
16	12,13.33	12,38.33	12,63.33	12,88.33	13,13.33	13,38.33
17	12,14.17	12,39.17	12,64.17	12,89.17	13,14.17	13,39.17
18	12,15.	12,40.	12,65.	12,90.	13,15.	13,40.
19	12,15.83	12,40.83	12,65.83	12,90.83	13,15.83	13,40.83
20	12,16.67	12,41.67	12,66.67	12,91.67	13,16.67	13,41.67
21	12,17.50	12,42.50	12,67.50	12,92.50	13,17.50	13,42.50
22	12,18.33	12,43.33	12,68.33	12,93.33	13,18.33	13,43.33
23	12,19.17	12,44.17	12,69.17	12,94.17	13,19.17	13,44.17
24	12,20.	12,45.	12,70.	12,95.	13,20.	13,45.
25	12,20.83	12,45.83	12,70.83	12,95.83	13,20.83	13,45.83
26	12,21.67	12,46.67	12,71.67	12,96.67	13,21.67	13,46.67
27	12,22.50	12,47.50	12,72.50	12,97.50	13,22.50	13,47.50
28	12,23.33	12,48.33	12,73.33	12,98.33	13,23.33	13,48.33
29	12,24.17	12,49.17	12,74.17	12,99.17	13,24.17	13,49.17

12 fr. **Intérêt simple.**

Nombre de jours.	6 mois : 13 fr. 50.	7 mois : 13 fr. 75.	8 mois : 14 fr. »	9 mois : 14 fr. 25.	10 mois : 14 fr. 50.	11 mois : 14 fr. 75.
	Jours :	Jours :	Jours :	Jours :	Jours :	Jours :
	fr. c. dixm.	fr. c. dixm.	fr. c. dixm.	fr. c. dixm.	fr. c. dixm.	fr. c. dixm.
1	13,50.83	13,75.83	14,00.83	14,25.83	14,50.83	14,75.83
2	13,51.67	13,76.67	14,01.67	14,26.67	14,51.67	14,76.67
3	13,52.50	13,77.50	14,02.50	14,27.50	14,52.50	14,77.50
4	13,53.33	13,78.33	14,03.33	14,28.33	14,53.33	14,78.33
5	13,54.17	13,79.17	14,04.17	14,29.17	14,54.17	14,79.17
6	13,55.	13,80.	14,05.	14,30.	14,55.	14,80.
7	13,55.83	13,80.83	14,05.83	14,30.83	14,55.83	14,80.83
8	13,56.67	13,81.67	14,06.67	14,31.67	14,56.67	14,81.67
9	13,57.50	13,82.50	14,07.50	14,32.50	14,57.50	14,82.50
10	13,58.33	13,83.33	14,08.33	14,33.33	14,58.33	14,83.33
11	13,59.17	13,84.17	14,09.17	14,34.17	14,59.17	14,84.17
12	13,60.	13,85.	14,10.	14,35.	14,60.	14,85.
13	13,60.83	13,85.83	14,10.83	14,35.83	14,60.83	14,85.83
14	13,61.67	13,86.67	14,11.67	14,36.67	14,61.67	14,86.67
15	13,62.50	13,87.50	14,12.50	14,37.50	14,62.50	14,87.50
16	13,63.33	13,88.33	14,13.33	14,38.33	14,63.33	14,88.33
17	13,64.17	13,89.17	14,14.17	14,39.17	14,64.17	14,89.17
18	13,65.	13,90.	14,15.	14,40.	14,65.	14,90.
19	13,65.83	13,90.83	14,15.83	14,40.83	14,65.83	14,90.83
20	13,66.67	13,91.67	14,16.67	14,41.67	14,66.67	14,91.67
21	13,67.50	13,92.50	14,17.50	14,42.50	14,67.50	14,92.50
22	13,68.33	13,93.33	14,18.33	14,43.33	14,68.33	14,93.33
23	13,69.17	13,94.17	14,19.17	14,44.17	14,69.17	14,94.17
24	13,70.	13,95.	14,20.	14,45.	14,70.	14,95.
25	13,70.83	13,95.83	14,20.83	14,45.83	14,70.83	14,95.83
26	13,71.67	13,96.67	14,21.67	14,46.67	14,71.67	14,96.67
27	13,72.50	13,97.50	14,22.50	14,47.50	14,72.50	14,97.50
28	13,73.33	13,98.33	14,23.33	14,48.33	14,73.33	14,98.33
29	13,74.17	13,99.17	14,24.17	14,49.17	14,74.17	14,99.17

Au bout de 5 ans 15,00.00

3

3 fr. 25 p. 0/0. **0 AN :**

Nombre de jours.	0 mois : » »	1 mois : 0,27.08	2 mois : 0,54.17	3 mois : 0,81.25	4 mois : 1,08.34	5 mois : 1,35.42
	Jours :	Jours :	Jours :	Jours :	Jours :	Jours :
	fr. c. dixm.	fr. c. dixm.	fr. c. dixm.	fr. c. dixm.	fr. c. dixm.	fr. c. dixm.
1	0,00.90	0,27.99	0,55.07	0,82.15	1,09.24	1,36.32
2	0,01.81	0,28.89	0,55.97	0,83.06	1,10.14	1,37.23
3	0,02.71	0,29.79	0,56.88	0,83.96	1,11.04	1,38.13
4	0,03.61	0,30.70	0,57.78	0,84.86	1,11.95	1,39.03
5	0,04.51	0,31.60	0,58.68	0,85.77	1,12.85	1,39.93
6	0,05.42	0,32.50	0,59.58	0,86.67	1,13.75	1,40.84
7	0,06.32	0,33.40	0,60.49	0,87.57	1,14.66	1,41.74
8	0,07.22	0,34.31	0,61.39	0,88.47	1,15.56	1,42.64
9	0,08.13	0,35.21	0,62.29	0,89.38	1,16.46	1,43.55
10	0,09.03	0,36.11	0,63.20	0,90.28	1,17.36	1,44.45
11	0,09.93	0,37.01	0,64.10	0,91.18	1,18.27	1,45.35
12	0,10.83	0,37.92	0,65.	0,92.09	1,19.17	1,46.25
13	0,11.74	0,38.82	0,65.90	0,92.99	1,20.07	1,47.16
14	0,12.64	0,39.72	0,66.81	0,93.89	1,20.98	1,48.06
15	0,13.54	0,40.63	0,67.71	0,94.79	1,21.88	1,48.96
16	0,14.44	0,41.53	0,68.61	0,95.70	1,22.78	1,49.86
17	0,15.35	0,42.43	0,69.52	0,96.60	1,23.68	1,50.77
18	0,16.25	0,43.33	0,70.42	0,97.50	1,24.59	1,51.67
19	0,17.15	0,44.24	0,71.32	0,98.41	1,25.49	1,52.57
20	0,18.06	0,45.14	0,72.22	0,99.31	1,26.39	1,53.48
21	0,18.96	0,46.04	0,73.13	1,00.21	1,27.29	1,54.38
22	0,19.86	0,46.95	0,74.03	1,01.11	1,28.20	1,55.28
23	0,20.76	0,47.85	0,74.93	1,02.02	1,29.10	1,56.18
24	0,21.67	0,48.75	0,75.84	1,02.92	1,30.	1,57.09
25	0,22.57	0,49.65	0,76.74	1,03.82	1,30.91	1,57.99
26	0,23.47	0,50.56	0,77.64	1,04.72	1,31.81	1,58.89
27	0,24.38	0,51.46	0,78.54	1,05.63	1,32.71	1,59.80
28	0,25.28	0,52.36	0,79.45	1,06.53	1,33.61	1,60.70
29	0,26.18	0,53.27	0,80.35	1,07.43	1,34.52	1,61.60

Intérêt simple.

Nombre de jours.	6 mois : 1,62.50	7 mois : 1,89.59	8 mois : 2,16.67	9 mois : 2,43.76	10 mois : 2,70.84	11 mois : 2,97.92
	Jours :	Jours :	Jours :	Jours :	Jours :	Jours :
	fr. c. dixm.	fr. c. dixm.	fr. c. dixm.	fr. c. dixm.	fr. c. dixm.	fr. c. dixm.
1	1,63.41	1,90.49	2,17.57	2,44.66	2,71.74	2,98.83
2	1,64.31	1,91.39	2,18.48	2,45.56	2,72.65	2,99.73
3	1,65.21	1,92.30	2,19.38	2,46.46	2,73.55	3,00.63
4	1,66.12	1,93.20	2,20.28	2,47.37	2,74.45	3,01.54
5	1,67.02	1,94.10	2,21.19	2,48.27	2,75.35	3,02.44
6	1,67.92	1,95.	2,22.09	2,49.17	2,76.26	3,03.34
7	1,68.82	1,95.91	2,22.99	2,50.08	2,77.16	3,04.24
8	1,69.73	1,96.81	2,23.89	2,50.98	2,78.06	3,05.15
9	1,70.63	1,97.74	2,24.80	2,51.88	2,78.97	3,06.05
10	1,71.53	1,98.62	2,25.70	2,52.78	2,79.87	3,06.95
11	1,72.43	1,99.52	2,26.60	2,53.69	2,80.77	3,07.85
12	1,73.34	2,00.42	2,27.51	2,54.59	2,81.67	3,08.76
13	1,74.24	2,01.32	2,28.41	2,55.49	2,82.58	3,09.66
14	1,75.14	2,02.23	2,29.31	2,56.40	2,83.48	3,10.56
15	1,76.05	2,03.13	2,30.21	2,57.30	2,84.38	3,11.47
16	1,76.95	2,04.03	2,31.12	2,58.20	2,85.28	3,12.37
17	1,77.85	2,04.94	2,32.02	2,59.40	2,86.49	3,13.27
18	1,78.75	2,05.84	2,32.92	2,60.	2,87.09	3,14.17
19	1,79.66	2,06.74	2,33.83	2,60.91	2,87.99	3,15.08
20	1,80.56	2,07.64	2,34.73	2,61.81	2,88.90	3,15.98
21	1,81.46	2,08.55	2,35.63	2,62.71	2,89.80	3,16.88
22	1,82.37	2,09.45	2,36.53	2,63.62	2,90.70	3,17.79
23	1,83.27	2,10.35	2,37.44	2,64.52	2,91.60	3,18.69
24	1,84.17	2,11.26	2,38.34	2,65.42	2,92.51	3,19.59
25	1,85.07	2,12.16	2,39.24	2,66.33	2,93.41	3,20.49
26	1,85.98	2,13.06	2,40.14	2,67.23	2,94.31	3,21.40
27	1,86.88	2,13.96	2,41.05	2,68.13	2,95.22	3,22.30
28	1,87.78	2,14.87	2,41.95	2,69.03	2,96.12	3,23.20
29	1,88.69	2,15.77	2,42.85	2,69.94	2,97.02	3,24.10

3 fr. 25 p. 0/0. **1 AN :**

Nombre de jours.	0 mois : » »	1 mois : 3,52.08	2 mois : 3,79.17	3 mois : 4,06.25	4 mois : 4,33.34	5 mois : 4,60.42
	Jours :	Jours :	Jours :	Jours :	Jours :	Jours :
	fr. c. dixm.	fr. c. dixm.	fr. c. dixm.	fr. c. dixm.	fr. c. dixm.	fr. c. dixm.
1	3,25.90	3,52.99	3,80.07	4,07.15	4,34.24	4,61.32
2	3,26.81	3,53.89	3,80.97	4,08.06	4,35.14	4,62.22
3	3,27.74	3,54.79	3,81.88	4,08.96	4,36.04	4,63.13
4	3,28.64	3,55.69	3,82.78	4,09.86	4,36.95	4,64.03
5	3,29.54	3,56.60	3,83.68	4,10.77	4,37.85	4,64.93
6	3,30.42	3,57.50	3,84.58	4,11.67	4,38.75	4,65.84
7	3,31.32	3,58.40	3,85.49	4,12.57	4,39.66	4,66.74
8	3,32.22	3,59.31	3,86.39	4,13.47	4,40.56	4,67.64
9	3,33.12	3,60.21	3,87.29	4,14.38	4,41.46	4,68.54
10	3,34.03	3,61.11	3,88.20	4,15.28	4,42.36	4,69.45
11	3,34.93	3,62.01	3,89.10	4,16.18	4,43.27	4,70.35
12	3,35.83	3,62.92	3,90.	4,17.09	4,44.17	4,71.25
13	3,36.74	3,63.82	3,90.90	4,17.99	4,45.07	4,72.16
14	3,37.64	3,64.72	3,91.81	4,18.89	4,45.97	4,73.06
15	3,38.54	3,65.63	3,92.71	4,19.79	4,46.88	4,73.96
16	3,39.44	3,66.53	3,93.61	4,20.70	4,47.78	4,74.86
17	3,40.35	3,67.43	3,94.52	4,21.60	4,48.68	4,75.77
18	3,41.25	3,68.33	3,95.42	4,22.50	4,49.59	4,76.67
19	3,42.15	3,69.24	3,96.32	4,23.40	4,50.49	4,77.57
20	3,43.06	3,70.14	3,97.22	4,24.31	4,51.39	4,78.48
21	3,43.96	3,71.04	3,98.13	4,25.21	4,52.29	4,79.38
22	3,44.86	3,71.95	3,99.03	4,26.11	4,53.20	4,80.28
23	3,45.76	3,72.85	3,99.93	4,27.02	4,54.10	4,81.18
24	3,46.67	3,73.75	4,00.83	4,27.92	4,55.	4,82.09
25	3,47.57	3,74.65	4,01.74	4,28.82	4,55.91	4,82.99
26	3,48.47	3,75.56	4,02.64	4,29.72	4,56.81	4,83.89
27	3,49.38	3,76.46	4,03.54	4,30.63	4,57.71	4,84.80
28	3,50.28	3,77.36	4,04.45	4,31.53	4,58.61	4,85.70
29	3,51.18	3,78.26	4,05.35	4,32.43	4,59.52	4,86.60

3 fr. 25. **Intérêt simple.**

Nombre de jours.	6 mois : 4,87.50	7 mois : 5,14.59	8 mois : 5,41.67	9 mois : 5,68.76	10 mois : 5,95.84	11 mois : 6,22.92
	Jours :	Jours :	Jours :	Jours :	Jours :	Jours :
	fr. c. dixm.	fr. c. dixm.	fr. c. dixm.	fr. c. dixm.	fr. c. dixm.	fr. c. dixm.
1	4,88.44	5,15.49	5,42.57	5,69.66	5,96.74	6,23.83
2	4,89.31	5,16.39	5,43.48	5,70.56	5,97.65	6,24.73
3	4,90.21	5,17.30	5,44.38	5,71.46	5,98.55	6,25.63
4	4,91.14	5,18.20	5,45.28	5,72.37	5,99.45	6,26.53
5	4,92.02	5,19.10	5,46.19	5,73.27	6,00.35	6,27.44
6	4,92.92	5,20.	5,47.09	5,74.17	6,01.26	6,28.34
7	4,93.82	5,20.91	5,47.99	5,75.08	6,02.16	6,29.24
8	4,94.73	5,21.81	5,48.89	5,75.98	6,03.06	6,30.15
9	4,95.63	5,22.71	5,49.80	5,76.88	6,03.97	6,31.05
10	4,96.53	5,23.62	5,50.70	5,77.78	6,04.87	6,31.95
11	4,97.43	5,24.52	5,51.60	5,78.69	6,05.77	6,32.85
12	4,98.34	5,25.42	5,52.51	5,79.59	6,06.67	6,33.76
13	4,99.24	5,26.32	5,53.44	5,80.49	6,07.58	6,34.66
14	5,00.14	5,27.23	5,54.31	5,81.39	6,08.48	6,35.56
15	5,01.05	5,28.13	5,55.21	5,82.30	6,09.38	6,36.47
16	5,01.95	5,29.03	5,56.12	5,83.20	6,10.28	6,37.37
17	5,02.85	5,29.94	5,57.02	5,84.10	6,11.19	6,38.27
18	5,03.75	5,30.84	5,57.92	5,85.01	6,12.09	6,39.17
19	5,04.66	5,31.74	5,58.82	5,85.91	6,12.99	6,40.08
20	5,05.56	5,32.64	5,59.73	5,86.81	6,13.90	6,40.98
21	5,06.46	5,33.55	5,60.63	5,87.71	6,14.80	6,41.88
22	5,07.37	5,34.45	5,61.53	5,88.62	6,15.70	6,42.79
23	5,08.27	5,35.35	5,62.44	5,89.52	6,16.60	6,43.69
24	5,09.17	5,36.25	5,63.34	5,90.42	6,17.51	6,44.59
25	5,10.07	5,37.16	5,64.24	5,91.33	6,18.41	6,45.49
26	5,10.98	5,38.06	5,65.14	5,92.23	6,19.31	6,46.40
27	5,11.88	5,38.96	5,66.05	5,93.13	6,20.22	6,47.30
28	5,12.78	5,39.87	5,66.95	5,94.03	6,21.12	6,48.20
29	5,13.68	5,40.77	5,67.85	5,94.94	6,22.02	6,49.10

3 fr. 25 p. 0/0.   **2 ANS :**

Nombre de jours.	0 mois : » »	1 mois : 6,77.08	2 mois : 7,04.17	3 mois : 7,31.25	4 mois : 7,58.34	5 mois : 7,85.42
	Jours :	Jours :	Jours :	Jours :	Jours :	Jours :
	fr. c. dixm.	fr. c. dixm.	fr. c. dixm.	fr. c. dixm.	fr. c. dixm.	fr. c. dixm.
1	6,50.90	6,77.99	7,05.07	7,32.15	7,59.24	7,86.32
2	6,51.81	6,78.89	7,05.97	7,33.06	7,60.14	7,87.22
3	6,52 71	6,79.79	7,06.88	7,33.96	7,61.04	7,88.13
4	6,53.61	6,80.69	7,07.78	7,34.86	7,61.95	7,89.03
5	6,54.51	6,81.60	7,08.68	7,35.77	7,62.85	7,89.93
6	6,55.42	6,82.50	7,09.58	7,36.67	7,63.75	7,90.84
7	6,56.32	6,83.40	7,10.49	7,37.57	7,64.66	7,91.74
8	6,57.22	6,84.31	7,11.39	7,38.47	7,65.56	7,92.64
9	6,58.12	6,85.21	7,12.29	7,39.38	7,66.46	7,93.54
10	6,59.03	6,86.11	7,13.20	7,40.28	7,67.36	7,94.45
11	6,59.93	6,87.01	7,14.10	7,41.18	7,68.27	7,95.35
12	6,60.83	6,87.92	7,15.	7,42.08	7,69.17	7,96.25
13	6,61.74	6,88.82	7,15.90	7,42.99	7,70.07	7,97.16
14	6,62.64	6,89.72	7,16.81	7,43.89	7,70.97	7,98.06
15	6,63.54	6,90.63	7,17.71	7,44.79	7,71.88	7,98.96
16	6,64.44	6,91.53	7,18.61	7,45.70	7,72.78	7,99.86
17	6,65.35	6,92.43	7,19.52	7,46.60	7,73.68	8,00.77
18	6,66.25	6,93.33	7,20.42	7,47.50	7,74.59	8,01.67
19	6,67.15	6,94.24	7,21.32	7,48.40	7,75.49	8,02.57
20	6,68.06	6,95.14	7,22.22	7,49.31	7,76.39	8,03.48
21	6,68.96	6,96.04	7,23.13	7,50.21	7,77.29	8,04.38
22	6,69.86	6,96.95	7,24.03	7,51.11	7,78.20	8,05.28
23	6,70.76	6,97.85	7,24.93	7,52.02	7,79.10	8,06.18
24	6,71.67	6,98.75	7,25.83	7,52.92	7,80.	8,07.09
25	6,72.57	6,99.65	7,26.74	7,53.82	7,80.91	8,07.99
26	6,73.47	7,00.56	7,27.64	7,54.72	7,81.81	8,08.89
27	6,74.38	7,01.46	7,28.54	7,55.63	7,82.71	8,09.80
28	6,75.28	7,02.36	7,29.45	7,56.53	7,83.61	8,10.70
29	6,76.18	7,03.26	7,30.35	7,57.43	7,84.52	8,11.60

6 fr. 50.   **Intérêt simple.**

Nombre de jours.	6 mois : 8,12.50	7 mois : 8,39.59	8 mois : 8,66.67	9 mois : 8,93.76	10 mois : 9,20.84	11 mois : 9,47.92
	Jours :	Jours :	Jours :	Jours :	Jours :	Jours :
	fr. c. dixm.	fr. c. dixm.	fr. c. dixm.	fr. c. dixm.	fr. c. dixm.	fr. c. dixm.
1	8,13.41	8,40.49	8,67.57	8,94.66	9,21.74	9,48.83
2	8,14.31	8,41.39	8,68.48	8,95.56	9,22.65	9,49.73
3	8,15.21	8,42.30	8,69.38	8,96.46	9,23.55	9,50.63
4	8,16.11	8,43.20	8,70.28	8,97.37	9,24.45	9,51.53
5	8,17.02	8,44.10	8,71.19	8,98.27	9,25.35	9,52.44
6	8,17.92	8,45.	8,72.09	8,99.17	9,26.26	9,53.34
7	8,18.82	8,45.91	8,72.99	9,00.08	9,27.16	9,54.24
8	8,19.73	8,46.81	8,73.89	9,00.98	9,28.06	9,55.15
9	8,20.63	8,47.71	8,74.80	9,01.88	9,28.96	9,56.05
10	8,21.53	8,48.62	8,75.70	9,02.78	9,29.87	9,56.95
11	8,22.43	8,49.52	8,76.60	9,03.69	9,30.77	9,57.85
12	8,23.34	8,50.42	8,77.50	9,04.59	9,31.67	9,58.76
13	8,24.24	8,51.92	8,78.41	9,05.49	9,32.58	9,59.66
14	8,25.14	8,52.23	8,79.31	9,06.39	9,33.48	9,60.56
15	8,26.05	8,53.13	8,80.21	9,07.30	9,34.38	9,61.47
16	8,26.95	8,54.03	8,81.12	9,08.20	9,35.28	9,62.37
17	8,27.85	8,54.94	8,82.02	9,09.10	9,36.19	9,63.27
18	8,28.75	8,55.84	8,82.92	9,10.	9,37.09	9,64.17
19	8,29.66	8,56.74	8,83.82	9,10.91	9,37.99	9,65.08
20	8,30.56	8,57.64	8,84.73	9,11.81	9,38.90	9,65.98
21	8,31.46	8,58.55	8,85.63	9,12.71	9,39.80	9,66.88
22	8,32.36	8,59.45	8,86.53	9,13.62	9,40.70	9,67.79
23	8,33.27	8,60.35	8,87.44	9,14.52	9,41.60	9,68.69
24	8,34.17	8,61.25	8,88.34	9,15.42	9,42.51	9,69.59
25	8,35.07	8,62.16	8,89.24	9,16.33	9,43.41	9,70.49
26	8,35.98	8,63.06	8,90.14	9,17.23	9,44.31	9,71.40
27	8,36.88	8,63.96	8,91.05	9,18.13	9,45.22	9,72.30
28	8,37.78	8,64.87	8,91.95	9,19.03	9,46.12	9,73.20
29	8,38.68	8,65.77	8,92.85	9,19.94	9,47.02	9,74.10

3 fr. 25 p. 0/0. **3 ANS :**

Nombre de jours	0 mois : » »	1 mois : 10,02.08	2 mois : 10,29.17	3 mois : 10,56.25	4 mois : 10,83.34	5 mois : 11,10.42
Jours :	fr. c. dixm.	fr. c. dixm.	fr. c. dixm.	fr. c. dixm.	fr. c. dixm.	fr. c. dixm.
1	9,75.90	10,02.99	10,30.07	10,57.15	10,84.24	11,11.32
2	9,76.81	10,03.89	10,30.97	10,58.06	10,85.14	11,12.22
3	9,77.71	10,04.79	10,31.88	10,58.96	10,86.04	11,13.13
4	9,78.61	10,05.69	10,32.78	10,59.86	10,86.95	11,14.03
5	9,79.51	10,06.60	10,33.68	10,60.77	10,87.85	11,14.93
6	9,80.42	10,07.50	10,34.58	10,61.67	10,88.75	11,15.84
7	9,81.32	10,08.40	10,35.49	10,62.57	10,89.65	11,16.74
8	9,82.22	10,09.31	10,36.39	10,63.47	10,90.56	11,17.64
9	9,83.12	10,10.21	10,37.29	10,64.38	10,91.46	11,18.54
10	9,84.03	10,11.11	10,38.20	10,65.28	10,92.36	11,19.45
11	9,84.93	10,12.01	10,39.10	10,66.48	10,93.27	11,20.35
12	9,85.83	10,12.92	10,40.	10,67.09	10,94.17	11,21.25
13	9,86.74	10,13.82	10,40.90	10,67.99	10,95.07	11,22.46
14	9,87.64	10,14.72	10,41.81	10,68.89	10,95.97	11,23.06
15	9,88.54	10,15.63	10,42.71	10,69.79	10,96.88	11,23.96
16	9,89.44	10,16.53	10,43.61	10,70.70	10,97.78	11,24.86
17	9,90.35	10,17.43	10,44.52	10,71.60	10,98.68	11,25.77
18	9,91.25	10,18.33	10,45.42	10,72.50	10,99.59	11,26.67
19	9,92.15	10,19.24	10,46.32	10,73.40	11,00.49	11,27.57
20	9,93.06	10,20.14	10,47.22	10,74.31	11,01.39	11,28.48
21	9,93.96	10,21.04	10,48.13	10,75.21	11,02.29	11,29.38
22	9,94.86	10,21.95	10,49.03	10,76.11	11,03.20	11,30.28
23	9,95.76	10,22.85	10,49.93	10,77.02	11,04.10	11,31.18
24	9,96.67	10,23.75	10,50.83	10,77.92	11,05.	11,32.09
25	9,97.57	10,24.65	10,51.74	10,78.82	11,05.91	11,32.99
26	9,98.47	10,25.56	10,52.64	10,79.72	11,06.81	11,33.89
27	9,99.37	10,26.46	10,53.54	10,80.63	11,07.71	11,34.80
28	10,00.28	10,27.36	10,54.45	10,81.53	11,08.61	11,35.70
29	10,01.18	10,28.26	10,55.35	10,82.43	11,09.52	11,36.60

9 fr. 75. **Intérêt simple.**

Nombre de jours	6 mois : 11,37.50	7 mois : 11,64.59	8 mois : 11,91.67	9 mois : 12,18.76	10 mois : 12,45.84	11 mois : 12,72.92
Jours :	fr. c. dixm.	fr. c. dixm.	fr. c. dixm.	fr. c. dixm.	fr. c. dixm.	fr. c. dixm.
1	11,38.41	11,65.49	11,92.57	12,19.66	12,46.74	12,73.83
2	11,39.31	11,66.39	11,93.48	12,20.56	12,47.64	12,74.73
3	11,40.21	11,67.30	11,94.38	12,21.46	12,48.55	12,75.63
4	11,41.11	11,68.20	11,95.28	12,22.37	12,49.45	12,76.53
5	11,42.02	11,69.10	11,96.19	12,23.27	12,50.35	12,77.44
6	11,42.92	11,70.	11,97.09	12,24.17	12,51.26	12,78.34
7	11,43.82	11,70.91	11,97.99	12,25.07	12,52.16	12,79.24
8	11,44.73	11,71.84	11,98.89	12,25.98	12,53.06	12,80.15
9	11,45.63	11,72.71	11,99.80	12,26.88	12,53.96	12,81.05
10	11,46.53	11,73.62	12,00.70	12,27.78	12,54.87	12,81.95
11	11,47.43	11,74.52	12,01.60	12,28.69	12,55.77	12,82.85
12	11,48.34	11,75.42	12,02.50	12,29.59	12,56.67	12,83.76
13	11,49.24	11,76.32	12,03.41	12,30.49	12,57.58	12,84.66
14	11,50.14	11,77.23	12,04.31	12,31.39	12,58.48	12,85.56
15	11,51.05	11,78.13	12,05.21	12,32.30	12,59.38	12,86.47
16	11,51.95	11,79.03	12,06.12	12,33.20	12,60.28	12,87.37
17	11,52.85	11,79.94	12,07.02	12,34.10	12,61.19	12,88.27
18	11,53.75	11,80.84	12,07.92	12,35.	12,62.09	12,89.17
19	11,54.66	11,81.74	12,08.82	12,35.91	12,62.99	12,90.08
20	11,55.56	11,82.64	12,09.73	12,36.81	12,63.90	12,90.98
21	11,56.46	11,83.55	12,10.63	12,37.71	12,64.80	12,91.88
22	11,57.36	11,84.45	12,11.53	12,38.62	12,65.70	12,92.78
23	11,58.27	11,85.35	12,12.44	12,39.52	12,66.60	12,93.69
24	11,59.17	11,86.25	12,13.34	12,40.42	12,67.51	12,94.59
25	11,60.07	11,87.16	12,14.24	12,41.33	12,68.41	12,95.49
26	11,60.98	11,88.06	12,15.14	12,42.23	12,69.31	12,96.40
27	11,61.88	11,88.96	12,16.05	12,43.13	12,70.21	12,97.30
28	11,62.78	11,89.87	12,16.95	12,44.03	12,71.12	12,98.20
29	11,63.68	11,90.77	12,17.85	12,44.94	12,72.02	12,99.10

3 fr. 25 p. 0/0. **4 ANS :**

Nombre de jours.	0 mois :	1 mois :	2 mois :	3 mois :	4 mois :	5 mois :
	» »	13,27.08	13,54.17	13,81.25	14,08.34	14,35.42
	Jours :	Jours :	Jours :	Jours :	Jours :	Jours :
	fr. c. dixm.	fr. c. dixm.	fr. c. dixm.	fr. c. dixm.	fr. c. dixm.	fr. c. dixm.
1	13,00.90	13,27.99	13,55.07	13,82.15	14,09.24	14,36.32
2	13,01.84	13,28.89	13,55.97	13,83.06	14,10.14	14,37.23
3	13,02.71	13,29.79	13,56.88	13,83.96	14,11.04	14,38.13
4	13,03.61	13,30.70	13,57.78	13,84.86	14,11.95	14,39.03
5	13,04.51	13,31.60	13,58.68	13,85.77	14,12.85	14,39.93
6	13,05.42	13,32.50	13,59.58	13,86.67	14,13.75	14,40.84
7	13,06.32	13,33.40	13,60.49	13,87.57	14,14.66	14,41.74
8	13,07.22	13,34.31	13,61.39	13,88.47	14,15.56	14,42.64
9	13,08.13	13,35.21	13,62.29	13,89.38	14,16.46	14,43.55
10	13,09.03	13,36.11	13,63.20	13,90.28	14,17.36	14,44.45
11	13,09.93	13,37.01	13,64.10	13,91.18	14,18.27	14,45.35
12	13,10.83	13,37.92	13,65.	13,92.09	14,19.17	14,46.25
13	13,11.74	13,38.82	13,65.90	13,92.99	14,20.07	14,47.16
14	13,12.64	13,39.72	13,66.81	13,93.89	14,20.97	14,48.06
15	13,13.54	13,40.63	13,67.71	13,94.79	14,21.88	14,48.96
16	13,14.44	13,41.53	13,68.61	13,95.70	14,22.78	14,49.86
17	13,15.35	13,42.43	13,69.52	13,96.60	14,23.68	14,50.77
18	13,16.25	13,43.33	13,70.42	13,97.50	14,24.59	14,51.67
19	13,17.15	13,44.24	13,71.32	13,98.40	14,25.49	14,52.57
20	13,18.06	13,45.14	13,72.22	13,99.31	14,26.39	14,53.48
21	13,18.96	13,46.04	13,73.13	14,00.21	14,27.29	14,54.38
22	13,19.86	13,46.95	13,74.03	14,01.11	14,28.20	14,55.28
23	13,20.76	13,47.85	13,74.93	14,02.02	14,29.10	14,56.18
24	13,21.67	13,48.75	13,75.83	14,02.92	14,30.	14,57.09
25	13,22.57	13,49.65	13,76.74	14,03.82	14,30.91	14,57.99
26	13,23.47	13,50.56	13,77.64	14,04.72	14,31.81	14,58.89
27	13,24.38	13,51.46	13,78.54	14,05.63	14,32.71	14,59.80
28	13,25.28	13,52.36	13,79.45	14,06.53	14,33.61	14,60.70
29	13,26.18	13,53.27	13,80.35	14,07.43	14,34.52	14,61.60

13 fr. **Intérêt simple,**

Nombre de jours.	6 mois :	7 mois :	8 mois :	9 mois :	10 mois :	11 mois :
	14,62.50	14,89.59	15,16.67	15,43.76	15,70.84	15,97.92
	Jours :	Jours :	Jours :	Jours :	Jours :	Jours :
	fr. c. dixm.	fr. c. dixm.	fr. c. dixm.	fr. c. dixm.	fr. c. dixm.	fr. c. dixm.
1	14,63.41	14,90.49	15,17.57	15,44.66	15,71.74	15,98.83
2	14,64.31	14,91.39	15,18.48	15,45.56	15,72.65	15,99.73
3	14,65.21	14,92.30	15,19.38	15,46.46	15,73.55	16,00.63
4	14,66.12	14,93.20	15,20.28	15,47.37	15,74.45	16,01.53
5	14,67.02	14,94.10	15,21.19	15,48.27	15,75.35	16,02.44
6	14,67.92	14,95.	15,22.09	15,49.17	15,76.26	16,03.34
7	14,68.82	14,95.91	15,22.99	15,50.08	15,77.16	16,04.24
8	14,69.73	14,96.81	15,23.89	15,50.98	15,78.06	16,05.15
9	14,70.63	14,97.71	15,24.80	15,51.88	15,78.96	16,06.05
10	14,71.53	14,98.62	15,25.70	15,52.78	15,79.87	16,06.95
11	14,72.43	14,99.52	15,26.60	15,53.69	15,80.77	16,07.85
12	14,73.34	15,00.42	15,27.51	15,54.59	15,81.67	16,08.76
13	14,74.24	15,01.32	15,28.41	15,55.49	15,82.58	16,09.66
14	14,75.14	15,02.23	15,29.31	15,56.40	15,83.48	16,10.56
15	14,76.05	15,03.13	15,30.21	15,57.30	15,84.38	16,11.47
16	14,76.95	15,04.03	15,31.12	15,58.20	15,85.28	16,12.37
17	14,77.85	15,04.94	15,32.02	15,59.40	15,86.19	16,13.27
18	14,78.75	15,05.84	15,32.92	15,60.01	15,87.09	16,14.17
19	14,79.66	15,06.74	15,33.83	15,60.91	15,87.99	16,15.08
20	14,80.56	15,07.64	15,34.73	15,61.81	15,88.90	16,15.98
21	14,81.46	15,08.55	15,35.63	15,62.71	15,89.80	16,16.88
22	14,82.37	15,09.45	15,36.53	15,63.62	15,90.70	16,17.79
23	14,83.27	15,10.35	15,37.44	15,64.52	15,91.60	16,18.69
24	14,84.17	15,11.26	15,38.34	15,65.42	15,92.51	16,19.59
25	14,85.07	15,12.16	15,39.24	15,66.33	15,93.41	16,20.49
26	14,85.98	15,13.06	15,40.14	15,67.23	15,94.31	16,21.40
27	14,86.88	15,13.96	15,41.05	15,68.13	15,95.22	16,22.30
28	14,87.78	15,14.87	15,41.95	15,69.03	15,96.12	16,23.20
29	14,88.69	15,15.77	15,42.85	15,69.94	15,97.02	16,24.10

Au bout de 5 ans 16,25.00

3 fr. 50 p. 0/0. **0 AN :**

Nombre de jours.	0 mois : » »	1 mois : 0,29.17	2 mois : 0,58.33	3 mois : 0,87.50	4 mois : 1,16.66	5 mois : 1,45.83
	Jours :	Jours :	Jours :	Jours :	Jours :	Jours :
	fr. c. dixm.	fr. c. dixm	fr. c. dixm	fr. c. dixm.	fr. c. dixm.	fr. c. dixm
1	0,00.97	0,30.14	0,59.30	0,88.47	1,17.64	1,46.80
2	0,01.94	0,31.11	0,60.28	0,89.44	1,18.61	1,47.77
3	0,02.92	0,32.08	0,61.25	0,90.41	1,19.58	1,48.75
4	0,03.89	0,33.05	0,62.22	0,91.39	1,20.55	1,49.72
5	0,04.86	0,34.03	0,63.19	0,92.36	1,21.52	1,50.69
6	0,05.83	0,35.	0,64.17	0,93.33	1,22.50	1,51.66
7	0,06.81	0,35.97	0,65.14	0,94.30	1,23.47	1,52.64
8	0,07.78	0,36.94	0,66.11	0,95.28	1,24.44	1,53.61
9	0,08.75	0,37.92	0,67.08	0,96.25	1,25.41	1,54.58
10	0,09.72	0,38.89	0,68.05	0,97.22	1,26.39	1,55.55
11	0,10.69	0,39.86	0,69.03	0,98.19	1,27.36	1,56.52
12	0,11.67	0,40.83	0,70.	0,99.16	1,28.33	1,57.50
13	0,12.64	0,41.80	0,70.97	1,00.14	1,29.30	1,58.47
14	0,13.61	0,42.78	0,71.94	1,01.11	1,30.27	1,59.44
15	0,14.58	0,43.75	0,72.91	1,02.08	1,31.25	1,60.44
16	0,15.55	0,44.72	0,73.89	1,03.05	1,32.22	1,61.39
17	0,16.53	0,45.69	0,74.86	1,04.03	1,33.19	1,62.36
18	0,17.50	0,46.67	0,75.83	1,05.	1,34.46	1,63.33
19	0,18.47	0,47.64	0,76.80	1,05.97	1,35.14	1,64.30
20	0,19.44	0,48.61	0,77.78	1,06.94	1,36.11	1,65.27
21	0,20.42	0,49.58	0,78.75	1,07.91	1,37.08	1,66.25
22	0,21.39	0,50.55	0,79.72	1,08.89	1,38.05	1,67.22
23	0,22.36	0,51.53	0,80.69	1,09.86	1,39.02	1,68.19
24	0,23.33	0,52.50	0,81.66	1,10.83	1,40.	1,69.16
25	0,24.30	0,53.47	0,82.64	1,11.80	1,40.97	1,70.13
26	0,25.28	0,54.44	0,83.61	1,12.78	1,41.94	1,71.11
27	0,26.25	0,55.42	0,84.58	1,13.75	1,42.91	1,72.08
28	0,27.22	0,56.39	0,85.55	1,14.72	1,43.89	1,73.05
29	0,28.19	0,57.36	0,86.53	1,15.69	1,44.86	1,74.02

Intérêt simple.

Nombre de jours.	6 mois : 1,75.00	7 mois : 2,04.16	8 mois : 2,33.33	9 mois : 2,62.49	10 mois : 2,91.66	11 mois : 3,20.83
	Jours :	Jours :	Jours :	Jours :	Jours :	Jours :
	fr. c. dixm.	fr. c. dixm.	fr. c. dixm.	fr. c. dixm	fr. c. dixm.	fr. c. dixm.
1	1,75.97	2,05.13	2,34.30	2,63.47	2,92.63	3,21.80
2	1,76.94	2,06.11	2,35.27	2,64.44	2,93.60	3,22.77
3	1,77.91	2,07.08	2,36.24	2,65.41	2,94.58	3,23.74
4	1,78.88	2,08 05	2,37.22	2,66.38	2,95.55	3,24.71
5	1,79.86	2,09.02	2,38.19	2,67.35	2,96.52	3,25.69
6	1,80.83	2,10.	2,39.16	2,68.33	2,97.49	3,26.66
7	1,81.80	2,10.97	2,40.13	2,69.30	2,98.47	3,27.63
8	1,82.77	2,11.94	2,41.11	2,70.27	2,99.44	3,28 60
9	1,83.75	2,12.91	2,42.08	2,71.24	3,00.41	3,29.58
10	1,84.72	2,13.88	2,43.05	2,72.22	3,01.38	3,30.55
11	1,85.69	2,14.86	2,44.02	2,73.19	3,02.35	3,31.52
12	1,86.66	2,15.83	2,45.	2,74.16	3,03.33	3,32.49
13	1,87.63	2,16.80	2,45.97	2,75.13	3,04.30	3,33.46
14	1,88.61	2,17.77	2,46.94	2,76.10	3,05.27	3,34.44
15	1,89.58	2,18.75	2,47.91	2,77.08	3,06.24	3,35.41
16	1,90.55	2,19.72	2,48.88	2,78.05	3,07.22	3,36 38
17	1,91.52	2,20.69	2,49.86	2,79.02	3,08.19	3,37.35
18	1,92.50	2,21.66	2,50.83	2,80.	3,09.16	3,38.33
19	1,93.47	2,22.63	2,51.80	2,80.97	3,10.13	3,39.30
20	1,94.44	2,23.61	2,52.77	2,81.94	3,11.10	3,40.27
21	1,95.41	2,24.58	2,53.74	2,82.91	3,12.08	3,41.24
22	1,96.38	2,25.55	2,54.72	2,83.88	3,13.05	3,42.21
23	1,97.36	2,26.52	2,55.69	2,84.85	3,14.02	3,43.19
24	1,98.33	2,27.49	2,56.66	2,85.83	3,15.	3,44.16
25	1,99.30	2,28.47	2,57.63	2,86.80	3,15.96	3,45.13
26	2,00.27	2,29.44	2,58.61	2,87.77	3,16.94	3,46.10
27	2,01.25	2,30.41	2,59.58	2,88.74	3,17.91	3,47.08
28	2,02.22	2,31.38	2,60.55	2,89.72	3,18.88	3,48.05
29	2,03.19	2,32.36	2,61.52	2,90.69	3,19.85	3,49.02

3 fr. 50 p. 0/0   **1 AN :**

Nombre de jours.	0 mois : » »	1 mois : 3,79.17	2 mois : 4,08.33	3 mois : 4,37.50	4 mois : 4,66.66	5 mois : 4,95.83
	Jours :	Jours :	Jours :	Jours :	Jours :	Jours :
	fr. c. dixm.	fr. c. dixm.	fr. c. dixm.	fr. c. dixm.	fr. c. dixm.	fr. c. dixm.
1	3,50.97	3,80.14	4,09.30	4,38.47	4,67.64	4,96.80
2	3,51.94	3,81.11	4,10.28	4,39.44	4,68.61	4,97.77
3	3,52.92	3,82.08	4,11.25	4,40.41	4,69.58	4,98.75
4	3,53.89	3,83.05	4,12.22	4,41.39	4,70.55	4,99.72
5	3,54.86	3,84.03	4,13.19	4,42.36	4,71.52	5,00.69
6	3,55.83	3,85.	4,14.17	4,43.33	4,72.50	5,01.66
7	3,56.81	3,85.97	4,15.14	4,44.30	4,73.47	5,02.64
8	3,57.78	3,86.94	4,16.11	4,45.28	4,74.44	5,03.61
9	3,58.75	3,87.92	4,17.08	4,46.25	4,75.41	5,04.58
10	3,59.72	3,88.89	4,18.05	4,47.22	4,76.39	5,05.55
11	3,60.69	3,89.86	4,19.03	4,48.19	4,77.36	5,06.52
12	3,61.67	3,90.83	4,20.	4,49.16	4,78.33	5,07.50
13	3,62.64	3,91.80	4,20.97	4,50.14	4,79.30	5,08.47
14	3,63.61	3,92.78	4,21.94	4,51.11	4,80.27	5,09.44
15	3,64.58	3,93.75	4,22.91	4,52.08	4,81.25	5,10.41
16	3,65.56	3,94.72	4,23.89	4,53.05	4,82.22	5,11.39
17	3,66.53	3,95.69	4,24.86	4,54.03	4,83.19	5,12.36
18	3,67.50	3,96.67	4,25.83	4,55.	4,84.16	5,13.33
19	3,68.47	3,97.64	4,26.80	4,55.97	4,85.14	5,14.30
20	3,69.44	3,98.61	4,27.78	4,56.94	4,86.11	5,15.27
21	3,70.42	3,99.58	4,28.75	4,57.91	4,87.08	5,16.25
22	3,71.39	4,00.55	4,29.72	4,58.89	4,88.05	5,17.22
23	3,72.36	4,01.53	4,30.69	4,59.86	4,89.02	5,18.19
24	3,73.33	4,02.50	4,31.66	4,60.83	4,90.	5,19.16
25	3,74.30	4,03.47	4,32.64	4,61.80	4,90.97	5,20.13
26	3,75.28	4,04.44	4,33.61	4,62.78	4,91.94	5,21.11
27	3,76.25	4,05.42	4,34.58	4,63.75	4,92.91	5,22.08
28	3,77.22	4,06.39	4,35.55	4,64.72	4,93.89	5,23.05
29	3,78.19	4,07.36	4,36.53	4,65.69	4,94.86	5,24.02

3 fr. 50.   **Intérêt simple.**

Nombre de jours	6 mois : 5,25.00	7 mois : 5,54.16	8 mois : 5,83.33	9 mois : 6,12.49	10 mois : 6,44.66	11 mois : 6,70.83
	Jours :	Jours :	Jours :	Jours :	Jours :	Jours :
	fr. c. dixm.	fr. c. dixm.	fr. c. dixm.	fr. c. dixm.	fr. c. dixm.	fr. c. dixm.
1	5,25.97	5,55.13	5,84.30	6,13.47	6,42.63	6,71.80
2	5,26.94	5,56.11	5,85.27	6,14.44	6,43.60	6,72.77
3	5,27.91	5,57.08	5,86.24	6,15.41	6,44.58	6,73.74
4	5,28.88	5,58.05	5,87.22	6,16.38	6,45.55	6,74.71
5	5,29.86	5,59.02	5,88.19	6,17.35	6,46.52	6,75.69
6	5,30.83	5,60.	5,89.16	6,18.33	6,47.49	6,76.66
7	5,31.80	5,60.97	5,90.13	6,19.30	6,48.47	6,77.63
8	5,32.77	5,61.94	5,91.11	6,20.27	6,49.44	6,78.60
9	5,33.75	5,62.91	5,92.08	6,21.24	6,50.41	6,79.58
10	5,34.72	5,63.88	5,93.05	6,22.22	6,51.38	6,80.55
11	5,35.69	5,64.86	5,94.02	6,23.19	6,52.35	6,81.52
12	5,36.66	5,65.83	5,95.	6,24.16	6,53.33	6,82.49
13	5,37.63	5,66.80	5,95.97	6,25.13	6,54.30	6,83.46
14	5,38.61	5,67.77	5,96.94	6,26.10	6,55.27	6,84.44
15	5,39.58	5,68.74	5,97.91	6,27.08	6,56.24	6,85.41
16	5,40.55	5,69.72	5,98.88	6,28.05	6,57.22	6,86.38
17	5,41.52	5,70.69	5,99.86	6,29.02	6,58.19	6,87.35
18	5,42.50	5,71.66	6,00.83	6,30.	6,59.16	6,88.33
19	5,43.47	5,72.63	6,01.80	6,30.97	6,60.43	6,89.30
20	5,44.44	5,73.61	6,02.77	6,31.94	6,61.40	6,90.27
21	5,45.41	5,74.58	6,03.74	6,32.91	6,62.08	6,91.24
22	5,46.38	5,75.55	6,04.72	6,33.88	6,63.05	6,92.21
23	5,47.36	5,76.52	6,05.69	6,34.85	6,64.02	6,93.19
24	5,48.33	5,77.49	6,06.66	6,35.83	6,65.	6,94.16
25	5,49.30	5,78.47	6,07.63	6,36.80	6,65.96	6,95.13
26	5,50.27	5,79.44	6,08.61	6,37.77	6,66.94	6,96.10
27	5,51.25	5,80.41	6,09.58	6,38.74	6,67.91	6,97.08
28	5,52.22	5,81.38	6,10.55	6,39.72	6,68.88	6,98.05
29	5,53.19	5,82.36	6,11.52	6,40.69	6,69.85	6,99.02

3 fr. 50 p. 0/0.   **2 ANS :**

Nombre de jours	0 mois : » »	1 mois : 7,29.47	2 mois : 7,58.33	3 mois : 7,87.50	4 mois : 8,16.66	5 mois : 8,45.83
	Jours :	Jours :	Jours :	Jours :	Jours :	Jours :
	fr. c. dixm.	fr. c. dixm.	fr. c. dixm.	fr. c. dixm.	fr. c. dixm.	fr. c. dixm.
1	7,00.97	7,30.14	7,59.30	7,88.47	8,17.64	8,46.80
2	7,01.94	7,31.11	7,60.28	7,89.44	8,18.61	8,47.77
3	7,02.92	7,32.08	7,61.25	7,90.41	8,19.58	8,48.75
4	7,03.89	7,33.05	7,62.22	7,91.39	8,20.55	8,49.72
5	7,04.86	7,34.03	7,63.19	7,92.36	8,21.52	8,50.69
6	7,05.83	7,35.	7,64.17	7,93.33	8,22.50	8,51.66
7	7,06.81	7,35.97	7,65.14	7,94.30	8,23.47	8,52.64
8	7,07.78	7,36.94	7,66.11	7,95.28	8,24.44	8,53.61
9	7,08.75	7,37.92	7,67.08	7,96.25	8,25.41	8,54.58
10	7,09.72	7,38.89	7,68.05	7,97.22	8,26.39	8,55.55
11	7,10.69	7,39.86	7,69.03	7,98.19	8,27.36	8,56.52
12	7,11.67	7,40.83	7,70.	7,99.16	8,28.33	8,57.50
13	7,12.64	7,41.80	7,70.97	8,00.14	8,29.30	8,58.47
14	7,13.61	7,42.78	7,71.94	8,01.11	8,30.27	8,59.44
15	7,14.58	7,43.75	7,72.91	8,02.08	8,31.25	8,60.41
16	7,15.56	7,44.72	7,73.89	8,03.05	8,32.22	8,61.39
17	7,16.53	7,45.69	7,74.86	8,04.03	8,33.19	8,62.36
18	7,17.50	7,46.67	7,75.83	8,05.	8,34.16	8,63.33
19	7,18.47	7,47.64	7,76.80	8,05.97	8,35.14	8,64.30
20	7,19.44	7,48.61	7,77.78	8,06.94	8,36.11	8,65.27
21	7,20.42	7,49.58	7,78.75	8,07.91	8,37.08	8,66.25
22	7,21.39	7,50.55	7,79.72	8,08.89	8,38.05	8,67.22
23	7,22.36	7,51.53	7,80.69	8,09.86	8,39.02	8,68.19
24	7,23.33	7,52.50	7,81.66	8,10.83	8,40.	8,69.16
25	7,24.80	7,53.47	7,82.64	8,11.80	8,40.97	8,70.13
26	7,25.28	7,54.44	7,83.61	8,12.78	8,41.94	8,71.44
27	7,26.25	7,55.42	7,84.58	8,13.75	8,42.91	8,72.08
28	7,27.22	7,56.39	7,85.55	8,14.72	8,43.89	8,73.05
29	7,28.19	7,57.36	7,86.53	8,15.69	8,44.86	8,74.02

7 fr.   **Intérêt simple.**

Nombre de jours	6 mois : 8,75.00	7 mois : 9,04.16	8 mois : 9,33.33	9 mois : 9,62.49	10 mois : 9,91.66	11 mois : 10,20.83
	Jours :	Jours :	Jours :	Jours :	Jours :	Jours :
	fr. c. dixm.	fr. c. dixm.	fr. c. dixm.	fr. c. dixm.	fr. c. dixm.	fr. c. dixm.
1	8,75.97	9,05.13	9,34.30	9,63.47	9,92.63	10,21.80
2	8,76.94	9,06.11	9,35.27	9,64.44	9,93.60	10,22.77
3	8,77.91	9,07.08	9,36.24	9,65.41	9,94.58	10,23.74
4	8,78.88	9,08.05	9,37.22	9,66.38	9,95.55	10,24.71
5	8,79.86	9,09.02	9,38.19	9,67.35	9,96.52	10,25.69
6	8,80.83	9,10.	9,39.16	9,68.33	9,97.49	10,26.66
7	8,81.80	9,10.97	9,40.13	9,69.30	9,98.47	10,27.63
8	8,82.77	9,11.94	9,41.11	9,70.27	9,99.44	10,28.60
9	8,83.75	9,12.91	9,42.08	9,71.24	10,00.41	10,29.58
10	8,84.72	9,13.88	9,43.05	9,72.22	10,01.38	10,30.55
11	8,85.69	9,14.86	9,44.02	9,73.19	10,02.35	10,31.52
12	8,86.66	9,15.83	9,45.	9,74.16	10,03.33	10,32.49
13	8,87.63	9,16.80	9,45.97	9,75.13	10,04.30	10,33.46
14	8,88.61	9,17.77	9,46.94	9,76.10	10,05.27	10,34.44
15	8,89.58	9,18.75	9,47.91	9,77.08	10,06.24	10,35.41
16	8,90.55	9,19.72	9,48.88	9,78.05	10,07.22	10,36.38
17	8,91.52	9,20.69	9,49.86	9,79.02	10,08.19	10,37.35
18	8,92.50	9,21.66	9,50.83	9,80.	10,09.16	10,38.33
19	8,93.47	9,22.63	9,51.80	9,80.97	10,10.13	10,39.30
20	8,94.44	9,23.61	9,52.77	9,81.94	10,11.40	10,40.27
21	8,95.41	9,24.58	9,53.74	9,82.91	10,42.08	10,41.24
22	8,96.38	9,25.55	9,54.72	9,83.88	10,13.05	10,42.21
23	8,97.36	9,26.52	9,55.69	9,84.85	10,14.02	10,43.19
24	8,98.33	9,27.49	9,56.66	9,85.83	10,15.	10,44.16
25	8,99.30	9,28.47	9,57.63	9,86.80	10,15.97	10,45.13
26	9,00.27	9,29.44	9,58.61	9,87.77	10,16.94	10,46.10
27	9,01.25	9,30.41	9,59.58	9,88.74	10,17.91	10,47.08
28	9,02.22	9,31.38	9,60.55	9,89.72	10,18.88	10,48.05
29	9,03.19	9,32.36	9,61.52	9,90.69	10,19.85	10,49.02

3 fr. 50 p. 0/0. **3 ANS :**

Nombre de jours.	0 mois : » »	1 mois : 10,79.17	2 mois : 11,08.33	3 mois : 11,37.50	4 mois : 11,66.66	5 mois : 11,95.83
Jours :	Jours :	Jours :	Jours :	Jours :	Jours :	
	fr. c. dixm.	fr. c. dixm.	fr. c. dixm.	fr. c. dixm.	fr. c. dixm.	fr. c. dixm.
1	10,50.97	10,80.14	11,09.30	11,38.47	11,67.64	11,96.80
2	10,51.94	10,81.11	11,10.28	11,39.44	11,68.61	11,97.77
3	10,52.92	10,82.08	11,11.25	11,40.41	11,69.58	11,98.75
4	10,53.89	10,83.05	11,12.22	11,41.39	11,70.55	11,99.72
5	10,54.86	10,84.03	11,13.19	11,42.36	11,71.52	12,00.69
6	10,55.83	10,85.	11,14.17	11,43.33	11,72.50	12,01.66
7	10,56.81	10,85.97	11,15.14	11,44.30	11,73.47	12,02.64
8	10,57.78	10,86.94	11,16.11	11,45.28	11,74.44	12,03.61
9	10,58.75	10,87.92	11,17.08	11,46.25	11,75.41	12,04.58
10	10,59.72	10,88.89	11,18.05	11,47.22	11,76.39	12,05.55
11	10,60.69	10,89.86	11,19.03	11,48.19	11,77.36	12,06.52
12	10,61,67	10,90.83	11,20.	11,49.16	11,78.33	12,07.50
13	10,62,64	10,91.80	11,20.97	11,50.14	11,79.30	12,08.47
14	10,63.61	10,92.78	11,21.94	11,51.11	11,80.27	12,09.44
15	10,64.58	10,93.75	11,22.91	11,52.08	11,81.25	12,10.41
16	10,65.56	10,94.72	11,23.89	11,53.05	11,82.22	12,11.39
17	10,66.53	10,95.69	11,24.86	11,54.03	11,83.19	12,12.36
18	10,67.50	10,96.67	11,25.83	11,55.	11,84.16	12,13.33
19	10,68.47	10,97.64	11,26.80	11,55.97	11,85.14	12,14.30
20	10,69.44	10,98.61	11,27.78	11,56.94	11,86.11	12,15.27
21	10,70.42	10,99.58	11,28.75	11,57.91	11,87.08	12,16.25
22	10,71.39	11,00.55	11,29.72	11,58.89	11,88.05	12,17.22
23	10,72.36	11,01.53	11,30.69	11,59.86	11,89.02	12,18.19
24	10,73.33	11,02.50	11,31.66	11,60.83	11,90.	12,19.16
25	10,74.30	11,03.47	11,32.64	11,61.80	11,90.97	12,20.13
26	10,75.28	11,04.44	11,33.61	11,62.78	11,91.94	12,21.11
27	10,76.25	11,05.42	11,34.58	11,63.75	11,92.91	12,22.08
28	10,77.22	11,06.39	11,35.55	11,64.72	11,93.89	12,23.05
29	10,78.19	11,07.36	11,36.53	11,65.69	11,94.86	12,24.02

10 fr. 50. **Intérêt simple,**

Nombre de jours.	6 mois : 12,25.00	7 mois : 12,54.16	8 mois : 12,83.33	9 mois : 13,12.49	10 mois : 13,41.66	11 mois : 13,70.83
Jours :	Jours :	Jours :	Jours :	Jours :	Jours :	
	fr. c. dixm.	fr. c. dixm.	fr. c. dixm.	fr. c. dixm.	fr. c. dixm.	fr. c. dixm.
1	12,25.97	12,55.13	12,84.30	13,13.47	13,42.63	13,71.80
2	12,26.94	12,56.11	12,85.27	13,14.44	13,43.60	13,72.77
3	12,27.91	12,57.08	12,86.24	13,15.41	13,44.58	13,73.74
4	12,28.88	12,58.05	12,87.22	13,16.38	13,45.55	13,74.71
5	12,29.86	12,59.02	12,88.19	13,17.35	13,46.52	13,75.69
6	12,30.83	12,60.	12,89.16	13,18.33	13,47.49	13,76.66
7	12,31.80	12,60.97	12,90.13	13,19.30	13,48.47	13,77.63
8	12,32.77	12,61.94	12,91.11	13,20.27	13,49.44	13,78.60
9	12,33.75	12,62.91	12,92.08	13,21.24	13,50.41	13,79.58
10	12,34.72	12,63.88	12,93.05	13,22.22	13,51.38	13,80.55
11	12,35.69	12,64.86	12,94.02	13,23.19	13,52.35	13,81.52
12	12,36.66	12,65.83	12,95.	13,24.16	13,53.33	13,82.49
13	12,37.63	12,66.80	12,95.97	13,25.13	13,54.30	13,83.46
14	12,38.61	12,67.77	12,96.94	13,26.10	13,55.27	13,84.44
15	12,39.58	12,68.74	12,97.91	13,27.08	13,56.24	13,85.41
16	12,40.55	12,69.72	12,98.88	13,28.05	13,57.22	13,86.38
17	12,41.52	12,70.69	12,99.86	13,29.02	13,58.19	13,87.35
18	12,42.50	12,71.66	13,00.83	13,30.	13,59.16	13,88.33
19	12,43.47	12,72.63	13,01.80	13,30.97	13,60.13	13,89.30
20	12,44.44	12,73.61	13,02.77	13,31.94	13,61.10	13,90.27
21	12,45.41	12,74.58	13,03.74	13,32.91	13,62.08	13,91.24
22	12,46.38	12,75.55	13,04.72	13,33.88	13,63.05	13,92.21
23	12,47.36	12,76.52	13,05.69	13,34.85	13,64.02	13,93.19
24	12,48.33	12,77.49	13,06.66	13,35.83	13,65.	13,94.16
25	12,49.30	12,78.47	13,07.63	13,36.80	13,65.97	13,95.13
26	12,50.27	12,79.44	13,08.61	13,37.77	13,66.94	13,96.10
27	12,51.25	12,80.41	13,09.58	13,38.74	13,67.91	13,97.08
28	12,52.22	12,81.38	13,10.55	13,39.72	13,68.88	13,98.05
29	12,53.19	12,82.36	13,11.52	13,40.69	13,69.85	13,99.02

3 fr. 50 p. 0/0. **4 ANS :**

Nombre de jours	0 mois : » »	1 mois : 14,29.17	2 mois : 14,58.33	3 mois : 14,87.50	4 mois : 15,16.66	5 mois : 15,45.83
	Jours :	Jours :	Jours :	Jours :	Jours :	Jours :
	fr. c. dixm.	fr. c. dixm.	fr. c. dixm.	fr. c. dixm.	fr. c. dixm.	fr. c. dixm.
1	14,00.97	14,30.14	14,59.30	14,88.47	15,17.64	15,46.80
2	14,01.94	14,31.11	14,60.28	14,89.44	15,18.61	15,47.77
3	14,02.92	14,32.08	14,61.25	14,90.41	15,19.58	15,48.75
4	14,03.89	14,33.05	14,62.22	14,91.39	15,20.55	15,49.72
5	14,04.86	14,34.03	14,63.19	14,92.36	15,21.52	15,50.69
6	14,05.83	14,35.	14,64.47	14,93.33	15,22.50	15,51.66
7	14,06.81	14,35.97	14,65.14	14,94.30	15,23.47	15,52.64
8	14,07.78	14,36.94	14,66.11	14,95.28	15,24.44	15,53.61
9	14,08.75	14,37.92	14,67.08	14,96.25	15,25.41	15,54.58
10	14,09.72	14,38.89	14,68.05	14,97.22	15,26.39	15,55.55
11	14,10.69	14,39.86	14,69.03	14,98.19	15,27.36	15,56.52
12	14,11.67	14,40.83	14,70.	14,99.16	15,28.33	15,57.50
13	14,12.64	14,41.80	14,70.97	15,00.14	15,29.30	15,58.47
14	14,13.61	14,42.78	14,71.94	15,01.11	15,30.27	15,59.44
15	14,14.58	14,43.75	14,72.91	15,02.08	15,31.25	15,60.41
16	14,15.56	14,44.72	14,73.89	15,03.05	15,32.22	15,61.39
17	14,16.53	14,45.69	14,74.86	15,04.03	15,33.19	15,62.36
18	14,17.50	14,46.67	14,75.83	15,05.	15,34.16	15,63.33
19	14,18.47	14,47.64	14,76.80	15,05.97	15,35.14	15,64.30
20	14,19.44	14,48.61	14,77.78	15,06.94	15,36.11	15,65.27
21	14,20.42	14,49.58	14,78.75	15,07.91	15,37.08	15,66.25
22	14,21.39	14,50.55	14,79.72	15,08.89	15,38.05	15,67.22
23	14,22.36	14,51.53	14,80.69	15,09.86	15,39.02	15,68.19
24	14,23.33	14,52.50	14,81.66	15,10.83	15,40.	15,69.16
25	14,24.30	14,53.47	14,82.64	15,11.80	15,40.97	15,70.13
26	14,25.28	14,54.44	14,83.61	15,12.78	15,41.94	15,71.11
27	14,26.25	14,55.42	14,84.58	15,13.75	15,42.91	15,72.08
28	14,27.22	14,56.39	14,85.55	15,14.72	15,43.89	15,73.05
29	14,28.19	14,57.36	14,86.53	15,15.69	15,44.86	15,74.02

14 fr. **Intérêt simple.**

Nombre de jours	6 mois : 15,75.00	7 mois : 16,04.16	8 mois : 16,33.33	9 mois : 16,62.49	10 mois : 16,91.66	11 mois : 17,20.83
	Jours :	Jours :	Jours :	Jours :	Jours :	Jours :
	fr. c. dixm.	fr. c. dixm.	fr. c. dixm.	fr. c. dixm.	fr. c. dixm.	fr. c. dixm.
1	15,75.97	16,05.13	16,34.30	16,63.47	16,92.63	17,21.80
2	15,76.94	16,06.11	16,35.27	16,64.44	16,93.60	17,22.77
3	15,77.91	16,07.08	16,36.24	16,65.41	16,94.58	17,23.74
4	15,78.88	16,08.05	16,37.22	16,66.38	16,95.55	17,24.71
5	15,79.86	16,09.02	16,38.19	16,67.35	16,96.52	17,25.69
6	15,80.83	16,10.	16,39.16	16,68.33	16,97.49	17,26.66
7	15,81.80	16,10.97	16,40.13	16,69.30	16,98.47	17,27.63
8	15,82.77	16,11.94	16,41.11	16,70.27	16,99.44	17,28.60
9	15,83.75	16,12.91	16,42.08	16,71.24	17,00.41	17,29.58
10	15,84.72	16,13.88	16,43.05	16,72.22	17,01.38	17,30.55
11	15,85.69	16,14.86	16,44.02	16,73.19	17,02.35	17,31.52
12	15,86.66	16,15.83	16,45.	16,74.16	17,03.33	17,32.49
13	15,87.63	16,16.80	16,45.97	16,75.13	17,04.30	17,33.46
14	15,88.61	16,17.77	16,46.94	16,76.10	17,05.27	17,34.44
15	15,89.58	16,18.75	16,47.91	16,77.08	17,06.24	17,35.41
16	15,90.55	16,19.72	16,48.88	16,78.05	17,07.22	17,36.38
17	15,91.52	16,20.69	16,49.86	16,79.02	17,08.19	17,37.35
18	15,92.50	16,21.66	16,50.83	16,80.	17,09.16	17,38.33
19	15,93.47	16,22.63	16,51.80	16,80.97	17,10.13	17,39.30
20	15,94.44	16,23.61	16,52.77	16,81.94	17,11.10	17,40.27
21	15,95.41	16,24.58	16,53.74	16,82.91	17,12.08	17,41.24
22	15,96.38	16,25.55	16,54.72	16,83.88	17,13.05	17,42.21
23	15,97.36	16,26.52	16,55.69	16,84.85	17,14.02	17,43.19
24	15,98.33	16,27.49	16,56.66	16,85.83	17,15.	17,44.16
25	15,99.30	16,28.47	16,57.63	16,86.80	17,15.96	17,45.13
26	16,00.27	16,29.44	16,58.61	16,87.77	17,16.94	17,46.10
27	16,01.25	16,30.41	16,59.58	16,88.74	17,17.91	17,47.08
28	16,02.22	16,31.38	16,60.55	16,89.72	17,18.88	17,48.05
29	16,03.19	16,32.36	16,61.52	16,90.69	17,19.85	17,49.02

Au bout de 5 ans 17,50.00

3 fr. 75 p. 0/0. **0 AN :**

Nombre de jours	0 mois : » »	1 mois : 0,31.25	2 mois : 0,62.50	3 mois : 0,93.75	4 mois : 1,25.00	5 mois : 1,56.25
	Jours :	Jours :	Jours ·	Jours :	Jours :	Jours :
	fr. c. dixm.	fr. c. dixm	fr. c. dixm	fr. c. dixm.	fr. c. dixm.	fr. c. dixm.
1	0,01.04	0,32.29	0,63.54	0,94.79	1,26.04	1,57.29
2	0,02.08	0,33.33	0,64.58	0,95.83	1,27.08	1,58.33
3	0,03.12	0,34.37	0,65.62	0,96.87	1,28.12	1,59.37
4	0,04.17	0,35.42	0,66.67	0,97.92	1,29.17	1,60.42
5	0,05.21	0,36.46	0,67.71	0,98.96	1,30.21	1,61.46
6	0,06.25	0,37.50	0,68.75	1,00.00	1,31.25	1,62.50
7	0,07.29	0,38.54	0,69.79	1,01.04	1,32.29	1,63.54
8	0,08.33	0,39.58	0,70.83	1,02.08	1,33.33	1,64.58
9	0,09.37	0,40.62	0,71.87	1,03.12	1,34.37	1,65.62
10	0,10.42	0,41.67	0,72.92	1,04.17	1,35.42	1,66.67
11	0,11.46	0,42.71	0,73.96	1,05.21	1,36.46	1,67.71
12	0,12.50	0,43.75	0,75.	1,06.25	1,37.50	1,68.75
13	0,13.54	0,44.79	0,76.04	1,07.29	1,38.54	1,69.79
14	0,14.58	0,45.83	0,77.08	1,08.33	1,39.58	1,70.83
15	0,15.62	0,46.87	0,78.12	1,09.37	1,40.62	1,71.87
16	0,16.67	0,47.92	0,79.17	1,10.42	1,41.67	1,72.92
17	0,17.71	0,48.96	0,80.21	1,11.46	1,42.71	1,73.96
18	0,18.75	0,50.	0,81.25	1,12.50	1,43.75	1,75.
19	0,19.79	0,51.04	0,82.29	1,13.54	1,44.79	1,76.04
20	0,20.83	0,52.08	0,83.33	1,14.58	1,45.83	1,77.08
21	0,21.87	0,53.12	0,84.37	1,15.62	1,46.87	1,78.12
22	0,22.92	0,54.17	0,85.42	1,16.67	1,47.92	1,79.17
23	0,23.96	0,55.21	0,86.46	1,17.71	1,48.96	1,80.21
24	0,25.	0,56.25	0,87.50	1,18.75	1,50.	1,81.25
25	0,26.04	0,57.29	0,88.54	1,19.79	1,51.04	1,82.29
26	0,27.08	0,58.33	0,89.58	1,20.83	1,52.08	1,83.33
27	0,28.12	0,59.37	0,90.62	1,21.87	1,53.12	1,84.37
28	0,29.17	0,60.42	0,91.67	1,22.92	1,54.17	1,85.42
29	0,30.21	0,61.46	0,92.71	1,23.96	1,55.21	1,86.46

Intérêt simple.

Nombre de jours	6 mois : 1,87.50	7 mois : 2,18.75	8 mois : 2,50.00	9 mois : 2,81.25	10 mois : 3,12.50	11 mois : 3,43.75
	Jours :	Jours :	Jours :	Jours :	Jours :	Jours :
	fr. c. dixm.	fr. c. dixm.	fr. c. dixm.	fr. c. dixm.	fr. c. dixm.	fr. c. dixm.
1	1,88.54	2,19.79	2,51.04	2,82.29	3,13.54	3,44.79
2	1,89.58	2,20.83	2,52.08	2,83.33	3,14.58	3,45.83
3	1,90.62	2,21.87	2,53.12	2,84.37	3,15.62	3,46.87
4	1,91.67	2,22.92	2,54.17	2,85.42	3,16.67	3,47.92
5	1,92.71	2,23.96	2,55.21	2,86.46	3,17.71	3,48.96
6	1,93.75	2,25.	2,56.25	2,87.50	3,18.75	3,50.
7	1,94.79	2,26.04	2,57.29	2,88.54	3,19.79	3,51.04
8	1,95.83	2,27.08	2,58.33	2,89.58	3,20.83	3,52.08
9	1,96.87	2,28.12	2,59.37	2,90.62	3,21.87	3,53.12
10	1,97.92	2,29.17	2,60.42	2,91.67	3,22.92	3,54.17
11	1,98.96	2,30.21	2,61.46	2,92.71	3,23.96	3,55.21
12	2,00.00	2,31.25	2,62.50	2,93.75	3,25.	3,56.25
13	2,01.04	2,32.29	2,63.54	2,94.79	3,26.04	3,57.29
14	2,02.08	2,33.33	2,64.58	2,95.83	3,27.08	3,58.33
15	2,03.12	2,34.37	2,65.62	2,96.87	3,28.12	3,59.37
16	2,04.17	2,35.42	2,66.67	2,97.92	3,29.17	3,60.42
17	2,05.21	2,36.46	2,67.71	2,98.96	3,30.21	3,61.46
18	2,06.25	2,37.50	2,68.75	3,00.00	3,31.25	3,62.50
19	2,07.29	2,38.54	2,69.79	3,01.04	3,32.29	3,63.54
20	2,08.33	2,39.58	2,70.83	3,02.08	3,33.33	3,64.58
21	2,09.37	2,40.62	2,71.87	3,03.12	3,34.37	3,65.62
22	2,10.42	2,41.67	2,72.92	3,04.17	3,35.42	3,66.67
23	2,11.46	2,42.71	2,73.96	3,05.21	3,36.46	3,67.71
24	2,12.50	2,43.75	2,75.	3,06.25	3,37.50	3,68.75
25	2,13.54	2,44.79	2,76.04	3,07.29	3,38.54	3,69.79
26	2,14.58	2,45.83	2,77.08	3,08.33	3,39.58	3,70.83
27	2,15.62	2,46.87	2,78.12	3,09.37	3,40.62	3,71.87
28	2,16.67	2,47.92	2,79.17	3,10.42	3,41.67	3,72.92
29	2,17.71	2,48.96	2,80.21	3,11.46	3,42.71	3,73.96

3 fr. 75 p. 0/0.   **1 AN :**

Nombre de jours	0 mois : p. »	1 mois : 4,06.25	2 mois : 4,37.50	3 mois : 4,68.75	4 mois : 5,00.00	5 mois : 5,31.25
	Jours :	Jours :	Jours :	Jours :	Jours :	Jours :
	fr. c. dixm.	fr. c. dixm.	fr. c. dixm.	fr. c. dixm.	fr. c. dixm.	fr. c. dixm.
1	3,76.04	4,07.29	4,38.54	4,69.79	5,01.04	5,32.29
2	3,77.08	4,08.33	4,39.58	4,70.83	5,02.08	5,33.33
3	3,78.12	4,09.37	4,40.62	4,71.87	5,03.12	5,34.37
4	3,79.17	4,10.42	4,41.67	4,72.92	5,04.17	5,35.42
5	3,80.21	4,11.46	4,42.71	4,73.96	5,05.21	5,36.46
6	3,81.25	4,12.50	4,43.75	4,75.	5,06.25	5,37.50
7	3,82.29	4,13.54	4,44.79	4,76.04	5,07.29	5,38.54
8	3,83.33	4,14.58	4,45.83	4,77.08	5,08.33	5,39.58
9	3,84.37	4,15.62	4,46.87	4,78.12	5,09.37	5,40.62
10	3,85.42	4,16.67	4,47.92	4,79.17	5,10.42	5,41.67
11	3,86.46	4,17.71	4,48.96	4,80.21	5,11.46	5,42.71
12	3,87.50	4,18.75	4,50.	4,81.25	5,12.50	5,43.75
13	3,88.54	4,19.79	4,51.04	4,82.29	5,13.54	5,44.79
14	3,89.58	4,20.83	4,52.08	4,83.33	5,14.58	5,45.83
15	3,90.62	4,21.87	4,53.12	4,84.37	5,15.62	5,46.87
16	3,91.67	4,22.92	4,54.17	4,85.42	5,16.67	5,47.92
17	3,92.71	4,23.96	4,55.21	4,86.46	5,17.71	5,48.96
18	3,93.75	4,25.	4,56.25	4,87.50	5,18.75	5,50.
19	3,94.79	4,26.04	4,57.29	4,88.54	5,19.79	5,51.04
20	3,95.83	4,27.08	4,58.33	4,89.58	5,20.83	5,52.08
21	3,96.87	4,28.12	4,59.37	4,90.62	5,21.87	5,53.12
22	3,97.92	4,29.17	4,60.42	4,91.67	5,22.92	5,54.17
23	3,98.96	4,30.21	4,61.46	4,92.71	5,23.96	5,55.21
24	4,00.00	4,31.25	4,62.50	4,93.75	5,25.	5,56.25
25	4,01.04	4,32.29	4,63.54	4,94.79	5,26.04	5,57.29
26	4,02.08	4,33.33	4,64.58	4,95.83	5,27.08	5,58.33
27	4,03.12	4,34.37	4,65.62	4,96.87	5,28.12	5,59.37
28	4,04.17	4,35.42	4,66.67	4,97.92	5,29.17	5,60.42
29	4,05.21	4,36.46	4,67.71	4,98.96	5,30.21	5,61.46

3 fr. 75.   **Intérêt simple.**

Nombre de jours	6 mois : 5,62.50	7 mois : 5,93.75	8 mois : 6,25.00	9 mois : 6,56.25	10 mois : 6,87.50	11 mois : 7,18.75
	Jours :	Jours :	Jours :	Jours :	Jours :	Jours :
	fr. c. dixm.	fr. c. dixm.	fr. c. dixm.	fr. c. dixm.	fr. c. dixm.	fr. c. dixm.
1	5,63.54	5,94.79	6,26.04	6,57.29	6,88.54	7,19.79
2	5,64.58	5,95.83	6,27.08	6,58.33	6,89.58	7,20.83
3	5,65.62	5,96.87	6,28.12	6,59.37	6,90.62	7,21.87
4	5,66.67	5,97.92	6,29.17	6,60.42	6,91.67	7,22.92
5	5,67.71	5,98.96	6,30.21	6,61.46	6,92.71	7,23.96
6	5,68.75	6,00.00	6,31.25	6,62.50	6,93.75	7,25.
7	5,69.79	6,01.04	6,32.29	6,63.54	6,94.79	7,26.04
8	5,70.83	6,02.08	6,33.33	6,64.58	6,95.83	7,27.08
9	5,71.87	6,03.12	6,34.37	6,65.62	6,96.87	7,28.12
10	5,72.92	6,04.17	6,35.42	6,66.67	6,97.92	7,29.17
11	5,73.96	6,05.21	6,36.46	6,67.71	6,98.96	7,30.21
12	5,75.	6,06.25	6,37.50	6,68.75	7,00.00	7,31.25
13	5,76.04	6,07.29	6,38.54	6,69.79	7,01.04	7,32.29
14	5,77.08	6,08.33	6,39.58	6,70.83	7,02.08	7,33.33
15	5,78.12	6,09.37	6,40.62	6,71.87	7,03.12	7,34.37
16	5,79.17	6,10.42	6,41.67	6,72.92	7,04.17	7,35.42
17	5,80.21	6,11.46	6,42.71	6,73.96	7,05.21	7,36.46
18	5,81.25	6,12.50	6,43.75	6,75.	7,06.25	7,37.50
19	5,82.29	6,13.54	6,44.79	6,76.04	7,07.29	7,38.54
20	5,83.33	6,14.58	6,45.83	6,77.08	7,08.33	7,39.58
21	5,84.37	6,15.62	6,46.87	6,78.12	7,09.37	7,40.62
22	5,85.42	6,16.67	6,47.92	6,79.17	7,10.42	7,41.67
23	5,86.46	6,17.71	6,48.96	6,80.21	7,11.46	7,42.71
24	5,87.50	6,18.75	6,50.	6,81.25	7,12.50	7,43.75
25	5,88.54	6,19.79	6,51.04	6,82.29	7,13.54	7,44.79
26	5,89.58	6,20.83	6,52.08	6,83.33	7,14.58	7,45.83
27	5,90.62	6,21.87	6,53.12	6,84.37	7,15.62	7,46.87
28	5,91.67	6,22.92	6,54.17	6,85.42	7,16.67	7,47.92
29	5,92.71	6,23.96	6,55.21	6,86.46	7,17.71	7,48.96

3 fr. 75 p. 0/0   **2 ANS :**

Nombre de jours	0 mois :	1 mois :	2 mois :	3 mois :	4 mois :	5 mois :
	n n	7,81.25	8,12.50	8,43.75	8,75.00	9,06.25
	Jours :	Jours :	Jours :	Jours :	Jours :	Jours :
	fr. c. dixm.	fr. c. dixm.	fr. c. dixm.	fr. c. dixm.	fr. c. dixm.	fr. c. dixm.
1	7,51.04	7,82.29	8,13.54	8,44.79	8,76.04	9,07.29
2	7,52.08	7,83.33	8,14.58	8,45.83	8,77.08	9,08.33
3	7,53.12	7,84.37	8,15.62	8,46.87	8,78.12	9,09.37
4	7,54.17	7,85.42	8,16.67	8,47.92	8,79.17	9,10.42
5	7,55.21	7,86.46	8,17.71	8,48.96	8,80.21	9,11.46
6	7,56.25	7,87.50	8,18.75	8,50.	8,81.25	9,12.50
7	7,57.29	7,88.54	8,19.79	8,51.04	8,82.29	9,13.54
8	7,58.33	7,89.58	8,20.83	8,52.08	8,83.33	9,14.58
9	7,59.37	7,90.62	8,21.87	8,53.12	8,84.37	9,15.62
10	7,60.42	7,91.67	8,22.92	8,54.17	8,85.42	9,16.67
11	7,61.46	7,92.71	8,23.96	8,55.21	8,86.46	9,17.71
12	7,62.50	7,93.75	8,25.	8,56.25	8,87.50	9,18.75
13	7,63.54	7,94.79	8,26.04	8,57.29	8,88.54	9,19.79
14	7,64.58	7,95.83	8,27.08	8,58.33	8,89.58	9,20.83
15	7,65.62	7,96.87	8,28.12	8,59.37	8,90.62	9,21.87
16	7,66.67	7,97.92	8,29.17	8,60.42	8,91.67	9,22.92
17	7,67.71	7,98.96	8,30.21	8,61.46	8,92.71	9,23.96
18	7,68.75	8,00.00	8,31.25	8,62.50	8,93.75	9,25.
19	7,69.79	8,01.04	8,32.29	8,63.54	8,94.79	9,26.04
20	7,70.83	8,02.08	8,33.33	8,64.58	8,95.83	9,27.08
21	7,71.87	8,03.12	8,34.37	8,65.62	8,96.87	9,28.12
22	7,72.92	8,04.17	8,35.42	8,66.67	8,97.92	9,29.17
23	7,73.96	8,05.21	8,36.46	8,67.71	8,98.96	9,30.21
24	7,75.	8,06.25	8,37.50	8,68.75	9,00.00	9,31.25
25	7,76.04	8,07.29	8,38.54	8,69.79	9,01.04	9,32.29
26	7,77.08	8,08.33	8,39.58	8,70.83	9,02.08	9,33.33
27	7,78.12	8,09.37	8,40.62	8,71.87	9,03.12	9,34.37
28	7,79.17	8,10.42	8,41.67	8,72.92	9,04.17	9,35.42
29	7,80.21	8,11.46	8,42.71	8,73.96	9,05.21	9,36.46

7 fr. 50.   **Intérêt simple.**

Nombre de jours	6 mois :	7 mois :	8 mois :	9 mois :	10 mois :	11 mois :
	9,37.50	9,68.75	10,00.00	10,31.25	10,62.50	10,93.75
	Jours :	Jours :	Jours :	Jours :	Jours :	Jours :
	fr. c. dixm.	fr. c. dixm.	fr. c. dixm.	fr. c. dixm.	fr. c. dixm.	fr. c. dixm.
1	9,38.54	9,69.79	10,01.04	10,32.29	10,63.54	10,94.79
2	9,39.58	9,70.83	10,02.08	10,33.33	10,64.58	10,95.83
3	9,40.62	9,71.87	10,03.12	10,34.37	10,65.62	10,96.87
4	9,41.67	9,72.92	10,04.17	10,35.42	10,66.67	10,97.92
5	9,42.71	9,73.96	10,05.21	10,36.46	10,67.71	10,98.96
6	9,43.75	9,75.	10,06.25	10,37.50	10,68.75	11,00.00
7	9,44.79	9,76.04	10,07.29	10,38.54	10,69.79	11,01.04
8	9,45.83	9,77.08	10,08.33	10,39.58	10,70.83	11,02.08
9	9,46.87	9,78.12	10,09.37	10,40.62	10,71.87	11,03.12
10	9,47.92	9,79.17	10,10.42	10,41.67	10,72.92	11,04.17
11	9,48.96	9,80.21	10,11.46	10,42.71	10,73.96	11,05.21
12	9,50.	9,81.25	10,12.50	10,43.75	10,75.	11,06.25
13	9,51.04	9,82.29	10,13.54	10,44.79	10,76.04	11,07.29
14	9,52.08	9,83.33	10,14.58	10,45.83	10,77.08	11,08.33
15	9,53.12	9,84.37	10,15.62	10,46.87	10,78.12	11,09.37
16	9,54.17	9,85.42	10,16.67	10,47.92	10,79.17	11,10.42
17	9,55.21	9,86.46	10,17.71	10,48.96	10,80.21	11,11.46
18	9,56.25	9,87.50	10,18.75	10,50.	10,81.25	11,12.50
19	9,57.29	9,88.54	10,19.79	10,51.04	10,82.29	11,13.54
20	9,58.33	9,89.58	10,20.83	10,52.08	10,83.33	11,14.58
21	9,59.37	9,90.62	10,21.87	10,53.12	10,84.37	11,15.62
22	9,60.42	9,91.67	10,22.92	10,54.17	10,85.42	11,16.67
23	9,61.46	9,92.71	10,23.96	10,55.21	10,86.46	11,17.71
24	9,62.50	9,93.75	10,25.	10,56.25	10,87.50	11,18.75
25	9,63.54	9,94.79	10,26.04	10,57.29	10,88.54	11,19.79
26	9,64.58	9,95.83	10,27.08	10,58.33	10,89.58	11,20.83
27	9,65.62	9,96.87	10,28.12	10,59.37	10,90.62	11,21.87
28	9,66.67	9,97.92	10,29.17	10,60.42	10,91.67	11,22.92
29	9,67.71	9,98.96	10,30.21	10,61.46	10,92.71	11,23.96

3 fr. 75 p. 0/0.   **3 ANS :**

Nombre de jours.	0 mois : » »	1 mois : 11,56.25	2 mois : 11,87.50	3 mois : 12,18.75	4 mois : 12,50.00	5 mois : 12,81.25
	Jours :	Jours :	Jours :	Jours :	Jours :	Jours :
	fr. c. dixm.	fr. c. dixm.	fr. c. dixm.	fr. c. dixm.	fr. c. dixm.	fr. c. dixm.
1	11,26.04	11,57.29	11,88.54	12,19.79	12,51.04	12,82.29
2	11,27.08	11,58.33	11,89.58	12,20.83	12,52.08	12,83.33
3	11,28.12	11,59.37	11,90.62	12,21.87	12,53.12	12,84.37
4	11,29.17	11,60.42	11,91.67	12,22.92	12,54.17	12,85.42
5	11,30.21	11,61.46	11,92.71	12,23.96	12,55.21	12,86.46
6	11,31.25	11,62.50	11,93.75	12,25.	12,56.25	12,87.50
7	11,32.29	11,63.54	11,94.79	12,26.04	12,57.29	12,88.54
8	11,33.33	11,64.58	11,95.83	12,27.08	12,58.33	12,89.58
9	11,34.37	11,65.62	11,96.87	12,28.12	12,59.37	12,90.62
10	11,35.42	11,66.67	11,97.92	12,29.17	12,60.42	12,91.67
11	11,36.46	11,67.71	11,98.96	12,30.21	12,61.46	12,92.71
12	11,37.50	11,68.75	12,00.	12,31.25	12,62.50	12,93.75
13	11,38.54	11,69.79	12,01.04	12,32.29	12,63.54	12,94.79
14	11,39.58	11,70.83	12,02.08	12,33.33	12,64.58	12,95.83
15	11,40.62	11,71.87	12,03.12	12,34.37	12,65.62	12,96.87
16	11,41.67	11,72.92	12,04.17	12,35.42	12,66.67	12,97.92
17	11,42.71	11,73.96	12,05.21	12,36.46	12,67.71	12,98.96
18	11,43.75	11,75.	12,06.25	12,37.50	12,68.75	13,00.
19	11,44.79	11,76.04	12,07.29	12,38.54	12,69.79	13,01.04
20	11,45.83	11,77.08	12,08.33	12,39.58	12,70.83	13,02.08
21	11,46.87	11,78.12	12,09.37	12,40.62	12,71.87	13,03.12
22	11,47.92	11,79.17	12,10.42	12,41.67	12,72.92	13,04.17
23	11,48.96	11,80.21	12,11.46	12,42.71	12,73.96	13,05.21
24	11,50.	11,81.25	12,12.50	12,43.75	12,75.	13,06.25
25	11,51.04	11,82.29	12,13.54	12,44.79	12,76.04	13,07.29
26	11,52.08	11,83.33	12,14.58	12,45.83	12,77.08	13,08.33
27	11,53.12	11,84.37	12,15.62	12,46.87	12,78.12	13,09.37
28	11,54.17	11,85.42	12,16.67	12,47.92	12,79.17	13,10.42
29	11,55.21	11,86.46	12,17.71	12,48.96	12,80.21	13,11.46

11 fr. 25.   **Intérêt simple.**

Nombre de jours.	6 mois : 13,12.50	7 mois : 13,43.75	8 mois : 13,75,00	9 mois : 14,06.25	10 mois : 14,37.50	11 mois : 14,68.75
	Jours :	Jours :	Jours :	Jours :	Jours :	Jours :
	fr. c. dixm.	fr. c. dixm.	fr. c. dixm.	fr. c. dixm.	fr. c. dixm.	fr. c. dixm.
1	13,13.54	13,44.79	13,76.04	14,07.29	14,38.54	14,69.79
2	13,14.58	13,45.83	13,77.08	14,08.33	14,39.58	14,70.83
3	13,15.62	13,46.87	13,78.12	14,09.37	14,40.62	14,71.87
4	13,16.67	13,47.92	13,79.17	14,10.42	14,41.67	14,72.92
5	13,17.71	13,48.96	13,80.21	14,11.46	14,42.71	14,73.96
6	13,18.75	13,50.	13,81.25	14,12.50	14,43.75	14,75.
7	13,19.79	13,51.04	13,82.29	14,13.54	14,44.79	14,76.04
8	13,20.83	13,52.08	13,83.33	14,14.58	14,45.83	14,77.08
9	13,21.87	13,53.12	13,84.37	14,15.62	14,46.87	14,78.12
10	13,22.92	13,54.17	13,85.42	14,16.67	14,47.92	14,79.17
11	13,23.96	13,55.21	13,86.46	14,17.71	14,48.96	14,80.21
12	13,25.	13,56.25	13,87.50	14,18.75	14,50.	14,81.25
13	13,26.04	13,57.29	13,88.54	14,19.79	14,51.04	14,82.29
14	13,27.08	13,58.33	13,89.58	14,20.83	14,52.08	14,83.33
15	13,28.12	13,59.37	13,90.62	14,21.87	14,53.12	14,84.37
16	13,29.17	13,60.42	13,91.67	14,22.92	14,54.17	14,85.42
17	13,30.21	13,61.46	13,92.71	14,23.96	14,55.21	14,86.46
18	13,31.25	13,62.50	13,93.75	14,25.	14,56.25	14,87.50
19	13,32.29	13,63.54	13,94.79	14,26.04	14,57.29	14,88.54
20	13,33.33	13,64.58	13,95.83	14,27.08	14,58.33	14,89.58
21	13,34.37	13,65.62	13,96.87	14,28.12	14,59.37	14,90.62
22	13,35.42	13,66.67	13,97.92	14,29.17	14,60.42	14,91.67
23	13,36.46	13,67.71	13,98.96	14,30.21	14,61.46	14,92.74
24	13,37.50	13,68.75	14,00.	14,31.25	14,62.50	14,93.75
25	13,38.54	13,69.79	14,01.04	14,32.29	14,63.54	14,94.79
26	13,39.58	13,70.83	14,02.08	14,33.33	14,64.58	14,95.83
27	13,40.62	13,71.87	14,03.12	14,34.37	14,65.62	14,96.87
28	13,41.67	13,72.92	14,04.17	14,35.42	14,66.67	14,97.92
29	13,42.71	13,73.96	14,05.21	14,36.46	14,67.71	14,98.96

3 fr. 75 p. 0/0. **4 ANS :**

Nombre de jours.	0 mois : » »	1 mois : 15,31.25	2 mois : 15,62.50	3 mois : 15,93.75	4 mois : 16,25.00	5 mois : 16,56.25
	Jours :	Jours :	Jours :	Jours :	Jours :	Jours :
	fr. c. dixm.	fr. c. dixm.	fr. c. dixm.	fr. c. dixm.	fr. c. dixm.	fr. c. dixm.
1	15,01.04	15,32.29	15,63.54	15,94.79	16,26.04	16,57.29
2	15,02.08	15,33.33	15,64.58	15,95.83	16,27.08	16,58.33
3	15,03.12	15,34.37	15,65.62	15,96.87	16,28.12	16,59.37
4	15,04.17	15,35.42	15,66.67	15,97.92	16,29.17	16,60.42
5	15,05.21	15,36.46	15,67.71	15,98.96	16,30.24	16,61.46
6	15,06.25	15,37.50	15,68.75	16,00.00	16,31.25	16,62.50
7	15,07.29	15,38.54	15,69.79	16,01.04	16,32.29	16,63.54
8	15,08.33	15,39.58	15,70.83	16,02.08	16,33.33	16,64.58
9	15,09.37	15,40.62	15,71.87	16,03.12	16,34.37	16,65.62
10	15,10.42	15,41.67	15,72.92	16,04.17	16,35.42	16,66.67
11	15,11.46	15,42.71	15,73.96	16,05.21	16,36.46	16,67.71
12	15,12.50	15,43.75	15,75.	16,06.25	16,37.50	16,68.75
13	15,13.54	15,44.79	15,76.04	16,07.29	16,38.54	16,69.79
14	15,14.58	15,45.83	15,77.08	16,08.33	16,39.58	16,70.83
15	15,15.62	15,46.87	15,78.12	16,09.37	16,40.62	16,71.87
16	15,16.67	15,47.92	15,79.17	16,10.42	16,41.67	16,72.92
17	15,17.71	15,48.96	15,80.21	16,11.46	16,42.71	16,73.96
18	15,18.75	15,50.	15,81.25	16,12.50	16,43.75	16,75.
19	15,19.79	15,51.04	15,82.29	16,13.54	16,44.79	16,76.04
20	15,20.83	15,52.08	15,83.33	16,14.58	16,45.83	16,77.08
21	15,21.87	15,53.12	15,84.37	16,15.62	16,46.87	16,78.12
22	15,22.92	15,54.17	15,85.42	16,16.67	16,47.92	16,79.17
23	15,23.96	15,55.21	15,86.46	16,17.71	16,48.96	16,80.21
24	15,25.	15,56.25	15,87.50	16,18.75	16,50.	16,81.25
25	15,26.04	15,57.29	15,88.54	16,19.79	16,51.04	16,82.29
26	15,27.08	15,58.33	15,89.58	16,20.83	16,52.08	16,83.33
27	15,28.12	15,59.37	15,90.62	16,21.87	16,53.12	16,84.37
28	15,29.17	15,60.42	15,91.67	16,22.92	16,54.17	16,85.42
29	15,30.21	15,61.46	15,92.74	16,23.96	16,55.21	16,86.46

15 fr. 00. **Intérêt simple.**

Nombre de jours.	6 mois : 16,87.50	7 mois : 17,18.75	8 mois : 17,50.00	9 mois : 17,81.25	10 mois : 18,12.50	11 mois : 18,43.75
	Jours :	Jours :	Jours :	Jours :	Jours :	Jours :
	fr. c. dixm.	fr. c. dixm.	fr. c. dixm.	fr. c. dixm.	fr. c. dixm.	fr. c. dixm.
1	16,88.54	17,19.79	17,51.04	17,82.29	18,13.54	18,44.79
2	16,89.58	17,20.83	17,52.08	17,83.33	18,14.58	18,45.83
3	16,90.62	17,21.87	17,53.12	17,84.37	18,15.62	18,46.87
4	16,91.67	17,22.92	17,54.17	17,85.42	18,16.67	18,47.92
5	16,92.71	17,23.96	17,55.21	17,86.46	18,17.71	18,48.96
6	16,93.75	17,25.	17,56.25	17,87.50	18,18.75	18,50.
7	16,94.79	17,26.04	17,57.29	17,88.54	18,19.79	18,51.04
8	16,95.83	17,27.08	17,58.33	17,89.58	18,20.83	18,52.08
9	16,96.87	17,28.12	17,59.37	17,90.62	18,21.87	18,53.42
10	16,97.92	17,29.17	17,60.42	17,91.67	18,22.92	18,54.17
11	16,98.96	17,30.21	17,61.46	17,92.71	18,23.96	18,55.21
12	17,00.00	17,31.25	17,62.50	17,93.75	18,25.	18,56.25
13	17,01.04	17,32.29	17,63.54	17,94.79	18,26.04	18,57.29
14	17,02.08	17,33.33	17,64.58	17,95.83	18,27.08	18,58.33
15	17,03.12	17,34.37	17,65.62	17,96.87	18,28.12	18,59.37
16	17,04.17	17,35.42	17,66.67	17,97.92	18,29.17	18,60.42
17	17,05.21	17,36.46	17,67.71	17,98.96	18,30.21	18,61.46
18	17,06.25	17,37.50	17,68.75	18,00.00	18,31.25	18,62.50
19	17,07.29	17,38.54	17,69.79	18,01.04	18,32.29	18,63.54
20	17,08.33	17,39.58	17,70.83	18,02.08	18,33.33	18,64.58
21	17,09.37	17,40.62	17,71.87	18,03.12	18,34.37	18,65.62
22	17,10.42	17,41.67	17,72.92	18,04.17	18,35.42	18,66.67
23	17,11.46	17,42.71	17,73.96	18,05.21	18,36.46	18,67.71
24	17,12.50	17,43.75	17,75.	18,06.25	18,37.50	18,68.75
25	17,13.54	17,44.79	17,76.04	18,07.29	18,38.54	18,69.79
26	17,14.58	17,45.83	17,77.08	18,08.33	18,39.58	18,70.83
27	17,15.62	17,46.87	17,78.12	18,09.37	18,40.62	18,71.87
28	17,16.67	17,47.92	17,79.17	18,10.42	18,41.67	18,72.92
29	17,17.71	17,48.96	17,80.21	18,11.46	18,42.71	18,73.96

Au bout de 5 ans 18,75.00

4 p. 0/0. **0 AN :**

Nombre de jours.	0 mois : » »	1 mois : 0,33.33	2 mois : 0,66.67	3 mois : 1,00.00	4 mois : 1,33.33	5 mois : 1,66.67
	Jours :	Jours :	Jours :	Jours :	Jours :	Jours :
	fr. c. dixm.	fr. c. dixm.	fr. c. dixm.	fr. c. dixm.	fr. c. dixm.	fr. c. dixm.
1	0,01.11	0,34.44	0,67.78	1,01.11	1,34.44	1,67.78
2	0,02.22	0,35.56	0,68.89	1,02.22	1,35.56	1,68.89
3	0,03.33	0,36.67	0,70.	1,03.33	1,36.67	1,70.
4	0,04.44	0,37.78	0,71.11	1,04.44	1,37.78	1,74.11
5	0,05.56	0,38.89	0,72.22	1,05.56	1,38.89	1,72.22
6	0,06.67	0,40.	0,73.33	1,06.67	1,40.	1,73.33
7	0,07.78	0,41.11	0,74.44	1,07.78	1,41.11	1,74.44
8	0,08.89	0,42.22	0,75.56	1,08.89	1,42.22	1,75.56
9	0,10.	0,43.33	0,76.67	1,10.	1,43.33	1,76.67
10	0,11.11	0,44.44	0,77.78	1,11.11	1,44.44	1,77.78
11	0,12.22	0,45.56	0,78.89	1,12.22	1,45.56	1,78.89
12	0,13.33	0,46.67	0,80.	1,13.33	1,46.67	1,80.
13	0,14.44	0,47.78	0,81.11	1,14.44	1,47.78	1,81.11
14	0,15.56	0,48.89	0,82.22	1,15.56	1,48.89	1,82.22
15	0,16.67	0,50.	0,83.33	1,16.67	1,50.	1,83.33
16	0,17.78	0,51.11	0,84.44	1,17.78	1,51.11	1,84.44
17	0,18.89	0,52.22	0,85.56	1,18.89	1,52.22	1,85.56
18	0,20.	0,53.33	0,86.67	1,20.	1,53.33	1,86.67
19	0,21.11	0,54.44	0,87.78	1,21.11	1,54.44	1,87.78
20	0,22.22	0,55.56	0,88.89	1,22.22	1,55.56	1,88.89
21	0,23.33	0,56.67	0,90.	1,23.33	1,56.67	1,90.
22	0,24.44	0,57.78	0,91.11	1,24.44	1,57.78	1,91.11
23	0,25.56	0,58.89	0,92.22	1,25.56	1,58.89	1,92.22
24	0,26.67	0,60.	0,93.33	1,26.67	1,60.	1,93.33
25	0,27.78	0,61.11	0,94.44	1,27.78	1,61.11	1,94.44
26	0,28.89	0,62.22	0,95.56	1,28.89	1,62.22	1,95.56
27	0,30.	0,63.33	0,96.67	1,30.	1,63.33	1,96.67
28	0,31.11	0,64.44	0,97.78	1,31.11	1,64.44	1,97.78
29	0,32.22	0,65.56	0,98.89	1,32.22	1,65.56	1,98.89

Intérêt simple.

Nombre de jours.	6 mois : 2,00.00	7 mois : 2,33.33	8 mois : 2,66.67	9 mois : 3,00.00	10 mois : 3,33.33	11 mois : 3,66.67
	Jours :	Jours :	Jours :	Jours :	Jours :	Jours :
	fr. c. dixm.	fr. c. dixm.	fr. c. dixm.	fr. c. dixm.	fr. c. dixm.	fr. c. dixm.
1	2,01.11	2,34.44	2,67.78	3,01.11	3,34.44	3,67.78
2	2,02.22	2,35.56	2,68.89	3,02.22	3,35.56	3,68.89
3	2,03.33	2,36.67	2,70.	3,03.33	3,36.67	3,70.
4	2,04.44	2,37.78	2,71.11	3,04.44	3,37.78	3,74.11
5	2,05.56	2,38.89	2,72.22	3,05.56	3,38.89	3,72.22
6	2,06.67	2,40.	2,73.33	3,06.67	3,40.	3,73.33
7	2,07.78	2,41.11	2,74.44	3,07.78	3,41.11	3,74.44
8	2,08.89	2,42.22	2,75.56	3,08.89	3,42.22	3,75.56
9	2,10.	2,43.33	2,76.67	3,10.	3,43.33	3,76.67
10	2,11.11	2,44.44	2,77.78	3,11.11	3,44.44	3,77.78
11	2,12.22	2,45.56	2,78.89	3,12.22	3,45.56	3,78.89
12	2,13.33	2,46.67	2,80.	3,13.33	3,46.67	3,80.
13	2,14.44	2,47.78	2,81.11	3,14.44	3,47.78	3,81.11
14	2,15.56	2,48.89	2,82.22	3,15.56	3,48.89	3,82.22
15	2,16.67	2,50.	2,83.33	3,16.67	3,50.	3,83.33
16	2,17.78	2,51.11	2,84.44	3,17.78	3,51.11	3,84.44
17	2,18.89	2,52.22	2,85.56	3,18.89	3,52.22	3,85.56
18	2,20.	2,53.33	2,86.67	3,20.	3,53.33	3,86.67
19	2,21.11	2,54.44	2,87.78	3,21.11	3,54.44	3,87.78
20	2,22.22	2,55.56	2,88.89	3,22.22	3,55.56	3,88.89
21	2,23.33	2,56.67	2,90.	3,23.33	3,56.67	3,90.
22	2,24.44	2,57.78	2,91.11	3,24.44	3,57.78	3,91.11
23	2,25.56	2,58.89	2,92.22	3,25.56	3,58.89	3,92.22
24	2,26.67	2,60.	2,93.33	3,26.67	3,60.	3,93.33
25	2,27.78	2,61.11	2,94.44	3,27.78	3,61.11	3,94.44
26	2,28.89	2,62.22	2,95.56	3,28.89	3,62.22	3,95.56
27	2,30.	2,63.33	2,96.67	3,30.	3,63.33	3,96.67
28	2,31.11	2,64.44	2,97.78	3,31.11	3,64.44	3,97.78
29	2,32.22	2,65.56	2,98.89	3,32.22	3,65.56	3,98.89

4 p. 0/0. 1 AN :

Nombre de jours.	0 mois : » »	1 mois : 4,33.33	2 mois : 4,66.67	3 mois : 5,00.00	4 mois : 5,33.33	5 mois : 5,66.67
	Jours :	Jours :	Jours :	Jours :	Jours :	Jours :
	fr. c. dixm.	fr. c. dixm	fr. c. dixm	fr. c. dixm.	fr. c. dixm.	fr. c. dixm
1	4,01.11	4,34.44	4,67.78	5,01.11	5,34.44	5,67.78
2	4,02.22	4,35.56	4,68.89	5,02.22	5,35.56	5,68.89
3	4,03.33	4,36.67	4,70.	5,03.33	5,36.67	5,70.
4	4,04.44	4,37.78	4,71.11	5,04.44	5,37.78	5,74.11
5	4,05.56	4,38.89	4,72.22	5,05.56	5,38.89	5,72.22
6	4,06.67	4,40.	4,73.33	5,06.67	5,40.	5,73.33
7	4,07.78	4,41.11	4,74.44	5,07.78	5,41.11	5,74.44
8	4,08.89	4,42.22	4,75.56	5,08.89	5,42.22	5,75.56
9	4,10.	4,43.33	4,76.67	5,10.	5,43.33	5,76.67
10	4,11.11	4,44.44	4,77.78	5,11.11	5,44.44	5,77.78
11	4,12.22	4,45.56	4,78.89	5,12.22	5,45.56	5,78.89
12	4,13.33	4,46.67	4,80.	5,13.33	5,46.67	5,80.
13	4,14.44	4,47.78	4,81.11	5,14.44	5,47.78	5,81.11
14	4,15.56	4,48.89	4,82.22	5,15.56	5,48.89	5,82.22
15	4,16.67	4,50.	4,83.33	5,16.67	5,50.	5,83.33
16	4,17.78	4,51.11	4,84.44	5,17.78	5,51.11	5,84.44
17	4,18.89	4,52.22	4,85.56	5,18.89	5,52.22	5,85.56
18	4,20.	4,53.33	4,86.67	5,20.	5,53.33	5,86.67
19	4,21.11	4,54.44	4,87.78	5,21.11	5,54.44	5,87.78
20	4,22.22	4,55.56	4,88.89	5,22.22	5,55.56	5,88.89
21	4,23.33	4,56.67	4,90.	5,23.33	5,56.67	5,90.
22	4,24.44	4,57.78	4,91.11	5,24.44	5,57.78	5,91.11
23	4,25.56	4,58.89	4,92.22	5,25.56	5,58.89	5,92.22
24	4,26.67	4,60.	4,93.33	5,26.67	5,60.	5,93.33
25	4,27.78	4,61.11	4,94.44	5,27.78	5,61.11	5,94.44
26	4,28.89	4,62.22	4,95.56	5,28.89	5,62.22	5,95.56
27	4,30.	4,63.33	4,96.67	5,30.	5,63.33	5,96.67
28	4,31.11	4,64.44	4,97.78	5,31.11	5,64.44	5,97.78
29	4,32.22	4,65.56	4,98.89	5,32.22	5,65.56	5,98.89

4 fr. **Intérêt simple.**

Nombre de jours.	6 mois : 6,00.00	7 mois : 6,33.33	8 mois : 6,66.67	9 mois : 7,00.00	10 mois : 7,33.33	11 mois : 7,66.67
	Jours :	Jours :	Jours :	Jours :	Jours :	Jours :
	fr. c. dixm	fr. c. dixm	fr. c. dixm	fr. c. dixm	fr. c. dixm	fr. c. dixm
1	6,01.11	6,34.44	6,67.78	7,01.11	7,34.44	7,67.78
2	6,02.22	6,35.56	6,68.89	7,02.22	7,35.56	7,68.89
3	6,03.33	6,36.67	6,70.	7,03.33	7,36.67	7,70.
4	6,04.44	6,37.78	6,71.11	7,04.44	7,37.78	7,71.11
5	6,05.56	6,38.89	6,72.22	7,05.56	7,38.89	7,72.22
6	6,06.67	6,40.	6,73.33	7,06.67	7,40.	7,73.33
7	6,07.78	6,41.11	6,74.44	7,07.78	7,41.11	7,74.44
8	6,08.89	6,42.22	6,75.56	7,08.89	7,42.22	7,75.56
9	6,10.	6,43.33	6,76.67	7,10.	7,43.33	7,76.67
10	6,11.11	6,44.44	6,77.78	7,11.11	7,44.44	7,77.78
11	6,12.22	6,45.56	6,78.89	7,12.22	7,45.56	7,78.89
12	6,13.33	6,46.67	6,80.	7,13.33	7,46.67	7,80.
13	6,14.44	6,47.78	6,81.11	7,14.44	7,47.78	7,81.11
14	6,15.56	6,48.89	6,82.22	7,15.56	7,48.89	7,82.22
15	6,16.67	6,50.	6,83.33	7,16.67	7,50.	7,83.33
16	6,17.78	6,51.11	6,84.44	7,17.78	7,51.11	7,84.44
17	6,18.89	6,52.22	6,85.56	7,18.89	7,52.22	7,85.56
18	6,20.	6,53.33	6,86.67	7,20.	7,53.33	7,86.67
19	6,21.11	6,54.44	6,87.78	7,21.11	7,54.44	7,87.78
20	6,22.22	6,55.56	6,88.89	7,22.22	7,55.56	7,88.89
21	6,23.33	6,56.67	6,90.	7,23.33	7,56.67	7,90.
22	6,24.44	6,57.78	6,91.11	7,24.44	7,57.78	7,91.11
23	6,25.56	6,58.89	6,92.22	7,25.56	7,58.89	7,92.22
24	6,26.67	6,60.	6,93.33	7,26.67	7,60.	7,93.33
25	6,27.78	6,61.11	6,94.44	7,27.78	7,61.11	7,94.44
26	6,28.89	6,62.22	6,95.56	7,28.89	7,62.22	7,95.56
27	6,30.	6,63.33	6,96.67	7,30.	7,63.33	7,96.67
28	6,31.11	6,64.44	6,97.78	7,31.11	7,64.44	7,97.78
29	6,32.22	6,65.56	6,98.89	7,32.22	7,65.56	7,98.89

4 p. 0/0 **2 ANS :**

Nombre de jours.	0 mois : » »	1 mois : 8,33.33	2 mois : 8,66.67	3 mois : 9,00.00	4 mois : 9,33.33	5 mois : 9,66.67
	Jours :	Jours :	Jours :	Jours :	Jours :	Jours :
	fr. c. dixm.	fr. c. dixm.	fr. c. dixm.	fr. c. dixm.	fr. c. dixm.	fr. c. dixm.
1	8,01.11	8,34.44	8,67.78	9,01.11	9,34.44	9,67.78
2	8,02.22	8,35.56	8,68.89	9,02.22	9,35.56	9,68.89
3	8,03.33	8,36.67	8,70.	9,03.33	9,36.67	9,70.
4	8,04.44	8,37.78	8,71.11	9,04.44	9,37.78	9,71.11
5	8,05.56	8,38.89	8,72.22	9,05.56	9,38.89	9,72.22
6	8,06.67	8,40.	8,73.33	9,06.67	9,40.	9,73.33
7	8,07.78	8,41.11	8,74.44	9,07.78	9,41.11	9,74.44
8	8,08.89	8,42.22	8,75.56	9,08.89	9,42.22	9,75.56
9	8,10.	8,43.33	8,76.67	9,10.	9,43.33	9,76.67
10	8,11.11	8,44.44	8,77.78	9,11.11	9,44.44	9,77.78
11	8,12.22	8,45.56	8,78.89	9,12.22	9,45.56	9,78.89
12	8,13.33	8,46.67	8,80.	9,13.33	9,46.67	9,80.
13	8,14.44	8,47.78	8,81.11	9,14.44	9,47.78	9,81.11
14	8,15.56	8,48.89	8,82.22	9,15.56	9,48.89	9,82.22
15	8,16.67	8,50.	8,83.33	9,16.67	9,50.	9,83.33
16	8,17.78	8,51.11	8,84.44	9,17.78	9,51.11	9,84.44
17	8,18.89	8,52.22	8,85.56	9,18.89	9,52.22	9,85.56
18	8,20.	8,53.33	8,86.67	9,20.	9,53.33	9,86.67
19	8,21.11	8,54.44	8,87.78	9,21.11	9,54.44	9,87.78
20	8,22.22	8,55.56	8,88.89	9,22.22	9,55.56	9,88.89
21	8,23.33	8,56.67	8,90.	9,23.33	9,56.67	9,90.
22	8,24.44	8,57.78	8,91.11	9,24.44	9,57.78	9,91.11
23	8,25.56	8,58.89	8,92.22	9,25.56	9,58.89	9,92.22
24	8,26.67	8,60.	8,93.33	9,26.67	9,60.	9,93.33
25	8,27.78	8,61.11	8,94.44	9,27.78	9,61.11	9,94.44
26	8,28.89	8,62.22	8,95.56	9,28.89	9,62.22	9,95.56
27	8,30.	8,63.33	8,96.67	9,30.	9,63.33	9,96.67
28	8,31.11	8,64.44	8,97.78	9,31.11	9,64.44	9,97.78
29	8,32.22	8,65.56	8,98.89	9,32.22	9,65.56	9,98.89

8 fr. **Intérêt simple.**

Nombre de jours.	6 mois : 10,00.00	7 mois : 10,33.33	8 mois : 10,66.67	9 mois : 11,00.00	10 mois : 11,33.33	11 mois : 11,66.67
	Jours :	Jours :	Jours :	Jours :	Jours :	Jours :
	fr. c. dixm.	fr. c. dixm.	fr. c. dixm.	fr. c. dixm.	fr. c. dixm.	fr. c. dixm.
1	10,01.11	10,34.44	10,67.78	11,01.11	11,34.44	11,67.78
2	10,02.22	10,35.56	10,68.89	11,02.22	11,35.56	11,68.89
3	10,03.33	10,36.67	10,70.	11,03.33	11,36.67	11,70.
4	10,04.44	10,37.78	10,71.11	11,04.44	11,37.78	11,71.11
5	10,05.56	10,38.89	10,72.22	11,05.56	11,38.89	11,72.22
6	10,06.67	10,40.	10,73.33	11,06.67	11,40.	11,73.33
7	10,07.78	10,41.11	10,74.44	11,07.78	11,41.11	11,74.44
8	10,08.89	10,42.22	10,75.56	11,08.89	11,42.22	11,75.56
9	10,10.	10,43.33	10,76.67	11,10.	11,43.33	11,76.67
10	10,11.11	10,44.44	10,77.78	11,11.11	11,44.44	11,77.78
11	10,12.22	10,45.56	10,78.89	11,12.22	11,45.56	11,78.89
12	10,13.33	10,46.67	10,80.	11,13.33	11,46.67	11,80.
13	10,14.44	10,47.78	10,81.11	11,14.44	11,47.78	11,81.11
14	10,15.56	10,48.89	10,82.22	11,15.56	11,48.89	11,82.22
15	10,16.67	10,50.	10,83.33	11,16.67	11,50.	11,83.33
16	10,17.78	10,51.11	10,84.44	11,17.78	11,51.11	11,84.44
17	10,18.89	10,52.22	10,85.56	11,18.89	11,52.22	11,85.56
18	10,20.	10,53.33	10,86.67	11,20.	11,53.33	11,86.67
19	10,21.11	10,54.44	10,87.78	11,21.11	11,54.44	11,87.78
20	10,22.22	10,55.56	10,88.89	11,22.22	11,55.56	11,88.89
21	10,23.33	10,56.67	10,90.	11,23.33	11,56.67	11,90.
22	10,24.44	10,57.78	10,91.11	11,24.44	11,57.78	11,91.11
23	10,25.56	10,58.89	10,92.22	11,25.56	11,58.89	11,92.22
24	10,26.67	10,60.	10,93.33	11,26.67	11,60.	11,93.33
25	10,27.78	10,61.11	10,94.44	11,27.78	11,61.11	11,94.44
26	10,28.89	10,62.22	10,95.56	11,28.89	11,62.22	11,95.56
27	10,30.	10,63.33	10,96.67	11,30.	11,63.33	11,96.67
28	10,31.11	10,64.44	10,97.78	11,31.11	11,64.44	11,97.78
29	10,32.22	10,65.56	10,98.89	11,32.22	11,65.56	11,98.89

4 p. 0/0 **3 ANS**

Nombre de jours	0 mois: » »	1 mois: 12,33.33	2 mois: 12,66.67	3 mois: 13,00.00	4 mois: 13,33.33	5 mois: 13,66.67
	Jours:	Jours:	Jours:	Jours:	Jours:	Jours:
	fr. c. dixm.	fr. c. dixm.	fr. c. dixm.	fr. c. dixm.	fr. c. dixm.	fr. c. dixm.
1	12,01.11	12,34.44	12,67.78	13,01.11	13,34.44	13,67.78
2	12,02.22	12,35.56	12,68.89	13,02.22	13,35.56	13,68.89
3	12,03.33	12,36.67	12,70.	13,03.33	13,36.67	13,70.
4	12,04.44	12,37.78	12,71.11	13,04.44	13,37.78	13,71.11
5	12,05.56	12,38.89	12,72.22	13,05.56	13,38.89	13,72.22
6	12,06.67	12,40.	12,73.33	13,06.67	13,40.	13,73.33
7	12,07.78	12,41.11	12,74.44	13,07.78	13,41.11	13,74.44
8	12,08.89	12,42.22	12,75.56	13,08.89	13,42.22	13,75.56
9	12,10.	12,43.33	12,76.67	13,10.	13,43.33	13,76.67
10	12,11.11	12,44.44	12,77.78	13,11.11	13,44.44	13,77.78
11	12,12.22	12,45.56	12,78.89	13,12.22	13,45.56	13,78.89
12	12,13.33	12,46.67	12,80.	13,13.33	13,46.67	13,80.
13	12,14.44	12,47.78	12,81.11	13,14.44	13,47.78	13,81.11
14	12,15.56	12,48.89	12,82.22	13,15.56	13,48.89	13,82.22
15	12,16.67	12,50.	12,83.33	13,16.67	13,50.	13,83.33
16	12,17.78	12,51.11	12,84.44	13,17.78	13,51.11	13,84.44
17	12,18.89	12,52.22	12,85.56	13,18.89	13,52.22	13,85.56
18	12,20.	12,53.33	12,86.67	13,20.	13,53.33	13,86.67
19	12,21.11	12,54.44	12,87.78	13,21.11	13,54.44	13,87.78
20	12,22.22	12,55.55	12,88.89	13,22.22	13,55.56	13,88.89
21	12,23.33	12,56.67	12,90.	13,23.33	13,56.67	13,90.
22	12,24.44	12,57.78	12,91.11	13,24.44	13,57.78	13,91.11
23	12,25.56	12,58.89	12,92.22	13,25.56	13,58.89	13,92.22
24	12,26.67	12,60.	12,93.33	13,26.67	13,60.	13,93.33
25	12,27.78	12,61.11	12,94.44	13,27.78	13,61.11	13,94.44
26	12,28.89	12,62.22	12,95.56	13,28.89	13,62.22	13,95.56
27	12,30.	12,63.33	12,96.67	13,30.	13,63.33	13,96.67
28	12,31.11	12,64.44	12,97.78	13,31.11	13,64.44	13,97.78
29	12,32.22	12,65.56	12,98.89	13,32.22	13,65.56	13,98.89

12 fr. **Intérêt simple.**

Nombre de jours	6 mois: 14,00.00	7 mois: 14,33.33	8 mois: 14,66.67	9 mois: 15,00.00	10 mois: 15,33.33	11 mois: 15,66.67
	Jours:	Jours:	Jours:	Jours:	Jours:	Jours:
	fr. c. dixm.	fr. c. dixm.	fr. c. dixm.	fr. c. dixm.	fr. c. dixm.	fr. c. dixm.
1	14,01.11	14,34.44	14,67.78	15,01.11	15,34.44	15,67.78
2	14,02.22	14,35.56	14,68.89	15,02.22	15,35.56	15,68.89
3	14,03.33	14,36.67	14,70.	15,03.33	15,36.67	15,70.
4	14,04.44	14,37.78	14,71.11	15,04.44	15,37.78	15,71.11
5	14,05.56	14,38.89	14,72.22	15,05.56	15,38.89	15,72.22
6	14,06.67	14,40.	14,73.33	15,06.67	15,40.	15,73.33
7	14,07.78	14,41.11	14,74.44	15,07.78	15,41.11	15,74.44
8	14,08.89	14,42.22	14,75.56	15,08.89	15,42.22	15,75.56
9	14,10.	14,43.33	14,76.67	15,10.	15,43.33	15,76.67
10	14,11.11	14,44.44	14,77.78	15,11.11	15,44.44	15,77.78
11	14,12.22	14,45.56	14,78.89	15,12.22	15,45.56	15,78.89
12	14,13.33	14,46.67	14,80.	15,13.33	15,46.67	15,80.
13	14,14.44	14,47.78	14,81.11	15,14.44	15,47.78	15,81.11
14	14,15.56	14,48.89	14,82.22	15,15.56	15,48.89	15,82.22
15	14,16.67	14,50.	14,83.33	15,16.67	15,50.	15,83.33
16	14,17.78	14,51.11	14,84.44	15,17.78	15,51.11	15,84.44
17	14,18.89	14,52.22	14,85.56	15,18.89	15,52.22	15,85.56
18	14,20.	14,53.33	14,86.67	15,20.	15,53.33	15,86.67
19	14,21.11	14,54.44	14,87.78	15,21.11	15,54.44	15,87.78
20	14,22.22	14,55.56	14,88.89	15,22.22	15,55.56	15,88.89
21	14,23.33	14,56.67	14,90.	15,23.33	15,56.67	15,90.
22	14,24.44	14,57.78	14,91.11	15,24.44	15,57.78	15,91.11
23	14,25.56	14,58.89	14,92.22	15,25.56	15,58.89	15,92.22
24	14,26.67	14,60.	14,93.33	15,26.67	15,60.	15,93.33
25	14,27.78	14,61.11	14,94.44	15,27.78	15,61.11	15,94.44
26	14,28.89	14,62.22	14,95.56	15,28.89	15,62.22	15,95.56
27	14,30.	14,63.33	14,96.67	15,30.	15,63.33	15,96.67
28	14,31.11	14,64.44	14,97.78	15,31.11	15,64.44	15,97.78
29	14,32.22	14,65.56	14,98.89	15,32.22	15,65.56	15,98.89

4 p. 0/0. **4 ANS :**

Nombre de jours	0 mois : » »	1 mois : 16,33.33	2 mois : 16,66.67	3 mois : 17,00.00	4 mois : 17,33.33	5 mois : 17,66.67
	Jours : fr. c. dixm.	Jours : fr. c. dixm.	Jours : fr. c. dixm.	Jours : fr. c. dixm.	Jours : fr. c. dixm.	Jours : fr. c. dixm.
1	16,01.11	16,34.44	16,67.78	17,01.11	17,34.44	17,67.78
2	16,02.22	16,35.56	16,68.89	17,02.22	17,35.56	17,68.89
3	16,03.33	16,36.67	16,70.	17,03.33	17,36.67	17,70.
4	16,04.44	16,37.78	16,71.11	17,04.44	17,37.78	17,71.11
5	16,05.56	16,38.89	16,72.22	17,05.56	17,38.89	17,72.22
6	16,06.67	16,40.	16,73.33	17,06.67	17,40.	17,73.33
7	16,07.78	16,41.11	16,74.44	17,07.78	17,41.11	17,74.44
8	16,08.89	16,42.22	16,75.56	17,08.89	17,42.22	17,75.56
9	16,10.	16,43.33	16,76.67	17,10.	17,43.33	17,76.67
10	16,11.11	16,44.44	16,77.78	17,11.11	17,44.44	17,77.78
11	16,12.22	16,45.56	16,78.89	17,12.22	17,45.56	17,78.89
12	16,13.33	16,46.67	16,80.	17,13.33	17,46.67	17,80.
13	16,14.44	16,47.78	16,81.11	17,14.44	17,47.78	17,81.11
14	16,15.56	16,48.89	16,82.22	17,15.56	17,48.89	17,82.22
15	16,16.67	16,50.	16,83.33	17,16.67	17,50.	17,83.33
16	16,17.78	16,51.11	16,84.44	17,17.78	17,51.11	17,84.44
17	16,18.89	16,52.22	16,85.56	17,18.89	17,52.22	17,85.56
18	16,20.	16,53.33	16,86.67	17,20.	17,53.33	17,86.67
19	16,21.11	16,54.44	16,87.78	17,21.11	17,54.44	17,87.78
20	16,22.22	16,55.56	16,88.89	17,22.22	17,55.56	17,88.89
21	16,23.33	16,56.67	16,90.	17,23.33	17,56.67	17,90.
22	16,24.44	16,57.78	16,91.11	17,24.44	17,57.78	17,91.11
23	16,25.56	16,58.89	16,92.22	17,25.56	17,58.89	17,92.22
24	16,26.67	16,60.	16,93.33	17,26.67	17,60.	17,93.33
25	16,27.78	16,61.11	16,94.44	17,27.78	17,61.11	17,94.44
26	16,28.89	16,62.22	16,95.56	17,28.89	17,62.22	17,95.56
27	16,30.	16,63.33	16,96.67	17,30.	17,63.33	17,96.67
28	16,31.11	16,64.44	16,97.78	17,31.11	17,64.44	17,97.78
29	16,32.22	16,65.56	16,98.89	17,32.22	17,65.56	17,98.89

16 fr. **Intérêt simple.**

Nombre de jours	6 mois : 18,00.00	7 mois : 18,33.33	8 mois : 18,66.67	9 mois : 19,00.00	10 mois : 19,33.33	11 mois : 19,66.67
	Jours : fr. c. dixm.	Jours : fr. c. dixm.	Jours : fr. c. dixm.	Jours : fr. c. dixm.	Jours : fr. c. dixm.	Jours : fr. c. dixm.
1	18,01.11	18,34.44	18,67.78	19,01.11	19,34.44	19,67.78
2	18,02.22	18,35.56	18,68.89	19,02.22	19,35.56	19,68.89
3	18,03.33	18,36.67	18,70.	19,03.33	19,36.67	19,70.
4	18,04.44	18,37.78	18,71.11	19,04.44	19,37.78	19,71.11
5	18,05.56	18,38.89	18,72.22	19,05.56	19,38.89	19,72.22
6	18,06.67	18,40.	18,73.33	19,06.67	19,40.	19,73.33
7	18,07.78	18,41.11	18,74.44	19,07.78	19,41.11	19,74.44
8	18,08.89	18,42.22	18,75.56	19,08.89	19,42.22	19,75.56
9	18,10.	18,43.33	18,76.67	19,10.	19,43.33	19,76.67
10	18,11.11	18,44.44	18,77.78	19,11.11	19,44.44	19,77.78
11	18,12.22	18,45.56	18,78.89	19,12.22	19,45.56	19,78.89
12	18,13.33	18,46.67	18,80.	19,13.33	19,46.67	19,80.
13	18,14.44	18,47.78	18,81.11	19,14.44	19,47.78	19,81.11
14	18,15.56	18,48.89	18,82.22	19,15.56	19,48.89	19,82.22
15	18,16.67	18,50.	18,83.33	19,16.67	19,50.	19,83.33
16	18,17.78	18,51.11	18,84.44	19,17.78	19,51.11	19,84.44
17	18,18.89	18,52.22	18,85.56	19,18.89	19,52.22	19,85.56
18	18,20.	18,53.33	18,86.67	19,20.	19,53.33	19,86.67
19	18,21.11	18,54.44	18,87.78	19,21.11	19,54.44	19,87.78
20	18,22.22	18,55.56	18,88.89	19,22.22	19,55.56	19,88.89
21	18,23.33	18,56.67	18,90.	19,23.33	19,56.67	19,90.
22	18,24.44	18,57.78	18,91.11	19,24.44	19,57.78	19,91.11
23	18,25.56	18,58.89	18,92.22	19,25.56	19,58.89	19,92.22
24	18,26.67	18,60.	18,93.33	19,26.67	19,60.	19,93.33
25	18,27.78	18,61.11	18,94.44	19,27.78	19,61.11	19,94.44
26	18,28.89	18,62.22	18,95.56	19,28.89	19,62.22	19,95.56
27	18,30.	18,63.33	18,96.67	19,30.	19,63.33	19,96.67
28	18,31.11	18,64.44	18,97.78	19,31.11	19,64.44	19,97.78
29	18,32.22	18,65.56	18,98.89	19,32.22	19,65.56	19,98.89

Au bout de 5 ans 20,00.00

4 fr. 25 p. 0/0. **0 AN :**

Nombre de jours.	0 mois : D D	1 mois : 0,35.42	2 mois : 0,70.83	3 mois : 1,06.25	4 mois : 1,41.67	5 mois : 1,77.08
	Jours :	Jours :	Jours :	Jours :	Jours :	Jours :
	fr. c. dixm.	fr. c. dixm.	fr. c. dixm.	fr. c. dixm.	fr. c. dixm.	fr. c. dixm.
1	0,01.18	0,36.60	0,72.01	1,07.43	1,42.85	1,78.26
2	0,02.36	0,37.78	0,73.19	1,08.61	1,44.03	1,79.44
3	0,03.54	0,38.96	0,74.37	1,09.79	1,45.21	1,80.62
4	0,04.72	0,40.14	0,75.56	1,10.97	1,46.39	1,81.80
5	0,05.90	0,41.32	0,76.74	1,12.15	1,47.57	1,82.99
6	0,07.08	0,42.50	0,77.92	1,13.33	1,48.75	1,84.17
7	0,08.26	0,43.68	0,79.10	1,14.51	1,49.93	1,85.35
8	0,09.44	0,44.86	0,80.28	1,15.69	1,51.11	1,86.53
9	0,10.62	0,46.04	0,81.46	1,16.87	1,52.29	1,87.71
10	0,11.81	0,47.22	0,82.64	1,18.05	1,53.47	1,88.89
11	0,12.99	0,48.40	0,83.82	1,19.24	1,54.65	1,90.07
12	0,14.17	0,49.58	0,85.	1,20.42	1,55.83	1,91.25
13	0,15.35	0,50.76	0,86.48	1,21.60	1,57.01	1,92.43
14	0,16.53	0,51.94	0,87.36	1,22.78	1,58.19	1,93.61
15	0,17.71	0,53.12	0,88.54	1,23.96	1,59.37	1,94.79
16	0,18.89	0,54.31	0,89.72	1,25.14	1,60.55	1,95.97
17	0,20.07	0,55.49	0,90.90	1,26.32	1,61.74	1,97.15
18	0,21.25	0,56.67	0,92.08	1,27.50	1,62.92	1,98.33
19	0,22.43	0,57.85	0,93.26	1,28.68	1,64.10	1,99.51
20	0,23.61	0,59.03	0,94.44	1,29.86	1,65.28	2,00.69
21	0,24.79	0,60.21	0,95.62	1,31.04	1,66.46	2,01.87
22	0,25.97	0,61.39	0,96.81	1,32.22	1,67.64	2,03.05
23	0,27.15	0,62.57	0,97.99	1,33.40	1,68.82	2,04.24
24	0,28.33	0,63.75	0,99.17	1,34.58	1,70.	2,05.42
25	0,29.51	0,64.93	1,00.35	1,35.76	1,71.18	2,06.60
26	0,30.69	0,66.11	1,01.53	1,36.94	1,72.36	2,07.78
27	0,31.87	0,67.29	1,02.71	1,38.12	1,73.54	2,08.96
28	0,33.06	0,68.47	1,03.89	1,39.30	1,74.72	2,10.14
29	0,34.24	0,69.65	1,05.07	1,40.49	1,75.90	2,11.32

Intérêt simple.

Nombre de jours.	6 mois : 2,12.50	7 mois : 2,47.92	8 mois : 2,83.33	9 mois : 3,18.75	10 mois : 3,54.16	11 mois : 3,89.58
	Jours :	Jours :	Jours :	Jours :	Jours :	Jours :
	fr. c. dixm.	fr. c. dixm.	fr. c. dixm.	fr. c. dixm	fr. c. dixm.	fr. c. dixm
1	2,13.68	2,49.10	2,84.51	3,19.93	3,55.35	3,90.76
2	2,14.86	2,50.28	2,85.69	3,21.11	3,56.53	3,91.94
3	2,16.04	2,51.46	2,86.87	3,22.29	3,57.71	3,93.12
4	2,17.22	2,52.64	2,88.05	3,23.47	3,58.89	3,94.30
5	2,18.40	2,53.82	2,89.23	3,24.65	3,60.07	3,95.48
6	2,19.58	2,55.	2,90.42	3,25.83	3,61.25	3,96.66
7	2,20.76	2,56.48	2,91.60	3,27.01	3,62.43	3,97.85
8	2,21.94	2,57.36	2,92.78	3,28.19	3,63.64	3,99.03
9	2,23.12	2,58.54	2,93.96	3,29.37	3,64.79	4,00.21
10	2,24.30	2,59.72	2,95.14	3,30.55	3,65.97	4,01.39
11	2,25.48	2,60.90	2,96.32	3,31.73	3,67.15	4,02.57
12	2,26.67	2,62.08	2,97.50	3,32.92	3,68.33	4,03.75
13	2,27.85	2,63.26	2,98.68	3,34.10	3,69.51	4,04.93
14	2,29.03	2,64.44	2,99.86	3,35.28	3,70.69	4,06.11
15	2,30.21	2,65.62	3,01.04	3,36.46	3,71.87	4,07.29
16	2,31.39	2,66.80	3,02.22	3,37.64	3,73.05	4,08.47
17	2,32.57	2,67.98	3,03.40	3,38.82	3,74.23	4,09.65
18	2,33.75	2,69.17	3,04.58	3,40.	3,75.41	4,10.83
19	2,34.93	2,70.35	3,05.76	3,41.18	3,76.60	4,12.01
20	2,36.11	2,71.53	3,06.94	3,42.36	3,77.78	4,13.19
21	2,37.29	2,72.71	3,08.12	3,43.54	3,78.96	4,14.37
22	2,38.47	2,73.89	3,09.30	3,44.72	3,80.14	4,15.55
23	2,39.65	2,75.07	3,10.48	3,45.90	3,81.32	4,16.73
24	2,40.83	2,76.25	3,11.67	3,47.08	3,82.50	4,17.91
25	2,42.01	2,77.43	3,12.85	3,48.26	3,83.68	4,19.10
26	2,43.49	2,78.61	3,14.03	3,49.44	3,84.86	4,20.28
27	2,44.37	2,79.79	3,15.21	3,50.62	3,86.04	4,21.46
28	2,45.55	2,80.97	3,16.39	3,51.80	3,87.22	4,22.64
29	2,46.73	2,82.15	3,17.57	3,52.98	3,88.40	4,23.82

4 fr. 25 p. 0/0. **1 AN :**

Nombre de jours	0 mois : » »	1 mois : 4,60.42	2 mois : 4,95.83	3 mois : 5,31.25	4 mois : 5,66.67	5 mois : 6,02.08
	Jours :	Jours :	Jours :	Jours :	Jours :	Jours :
	fr. c. dixm.	fr. c. dixm.	fr. c. dixm.	fr. c. dixm.	fr. c. dixm.	fr. c. dixm.
1	4,26.18	4,61.60	4,97.01	5,32.43	5,67.85	6,03.26
2	4,27.36	4,62.78	4,98.19	5,33.61	5,69.03	6,04.44
3	4,28.54	4,63.96	4,99.37	5,34.79	5,70.21	6,05.62
4	4,29.72	4,65.14	5,00.56	5,35.97	5,71.39	6,06.80
5	4,30.90	4,66.32	5,01.74	5,37.15	5,72.57	6,07.98
6	4,32.08	4,67.50	5,02.92	5,38.33	5,73.75	6,09.17
7	4,33.26	4,68.68	5,04.10	5,39.51	5,74.93	6,10.35
8	4,34.44	4,69.86	5,05.28	5,40.69	5,76.11	6,11.53
9	4,35.62	4,71.04	5,06.46	5,41.87	5,77.29	6,12.71
10	4,36.81	4,72.22	5,07.64	5,43.05	5,78.47	6,13.89
11	4,37.99	4,73.40	5,08.82	5,44.24	5,79.65	6,15.07
12	4,39.17	4,74.58	5,10.00	5,45.42	5,80.83	6,16.25
13	4,40.35	4,75.76	5,11.18	5,46.60	5,82.01	6,17.43
14	4,41.53	4,76.94	5,12.36	5,47.78	5,83.19	6,18.61
15	4,42.71	4,78.12	5,13.54	5,48.96	5,84.37	6,19.79
16	4,43.89	4,79.31	5,14.72	5,50.14	5,85.55	6,20.97
17	4,45.07	4,80.49	5,15.90	5,51.32	5,86.74	6,22.15
18	4,46.25	4,81.67	5,17.08	5,52.50	5,87.92	6,23.33
19	4,47.43	4,82.85	5,18.26	5,53.68	5,89.10	6,24.51
20	4,48.61	4,84.03	5,19.44	5,54.86	5,90.28	6,25.69
21	4,49.79	4,85.21	5,20.62	5,56.04	5,91.46	6,26.87
22	4,50.97	4,86.39	5,21.80	5,57.22	5,92.64	6,28.05
23	4,52.15	4,87.57	5,22.99	5,58.40	5,93.82	6,29.23
24	4,53.33	4,88.75	5,24.17	5,59.58	5,95.00	6,30.42
25	4,54.51	4,89.93	5,25.35	5,60.76	5,96.18	6,31.60
26	4,55.69	4,91.11	5,26.53	5,61.94	5,97.36	6,32.78
27	4,56.87	4,92.29	5,27.71	5,63.12	5,98.54	6,33.96
28	4,58.06	4,93.47	5,28.89	5,64.30	5,99.72	6,35.14
29	4,59.24	4,94.65	5,30.07	5,65.49	6,00.90	6,36.32

4 fr. 25. **Intérêt simple.**

Nombre de jours	6 mois : 6,37.50	7 mois : 6,72.92	8 mois : 7,08.33	9 mois : 7,43.75	10 mois : 7,79.16	11 mois : 8,14.58
	Jours :	Jours :	Jours :	Jours :	Jours :	Jours :
	fr. c. dixm.	fr. c. dixm.	fr. c. dixm.	fr. c. dixm.	fr. c. dixm.	fr. c. dixm.
1	6,38.68	6,74.10	7,09.51	7,44.93	7,80.35	8,15.76
2	6,39.86	6,75.28	7,10.69	7,46.11	7,81.53	8,16.94
3	6,41.04	6,76.46	7,11.87	7,47.29	7,82.71	8,18.12
4	6,42.22	6,77.64	7,13.05	7,48.47	7,83.89	8,19.30
5	6,43.40	6,78.82	7,14.23	7,49.65	7,85.07	8,20.48
6	6,44.58	6,80.00	7,15.41	7,50.83	7,86.25	8,21.66
7	6,45.76	6,81.18	7,16.60	7,52.01	7,87.43	8,22.85
8	6,46.94	6,82.36	7,17.78	7,53.19	7,88.61	8,24.03
9	6,48.12	6,83.54	7,18.96	7,54.37	7,89.79	8,25.21
10	6,49.30	6,84.72	7,20.14	7,55.55	7,90.97	8,26.39
11	6,50.48	6,85.90	7,21.32	7,56.73	7,92.15	8,27.57
12	6,51.67	6,87.08	7,22.50	7,57.91	7,93.33	8,28.75
13	6,52.85	6,88.26	7,23.68	7,59.10	7,94.51	8,29.93
14	6,54.03	6,89.44	7,24.86	7,60.28	7,95.69	8,31.11
15	6,55.21	6,90.62	7,26.04	7,61.46	7,96.87	8,32.29
16	6,56.39	6,91.80	7,27.22	7,62.64	7,98.05	8,33.47
17	6,57.57	6,92.98	7,28.40	7,63.82	7,99.23	8,34.65
18	6,58.75	6,94.17	7,29.58	7,65.00	8,00.41	8,35.83
19	6,59.93	6,95.35	7,30.76	7,66.18	8,01.60	8,37.01
20	6,61.11	6,96.53	7,31.94	7,67.36	8,02.78	8,38.19
21	6,62.29	6,97.74	7,33.12	7,68.54	8,03.96	8,39.37
22	6,63.47	6,98.89	7,34.30	7,69.72	8,05.14	8,40.55
23	6,64.65	7,00.07	7,35.48	7,70.90	8,06.32	8,41.73
24	6,65.83	7,01.25	7,36.66	7,72.08	8,07.50	8,42.91
25	6,67.01	7,02.43	7,37.85	7,73.26	8,08.68	8,44.10
26	6,68.19	7,03.61	7,39.03	7,74.44	8,09.86	8,45.28
27	6,69.37	7,04.79	7,40.21	7,75.62	8,11.04	8,46.46
28	6,70.55	7,05.97	7,41.39	7,76.80	8,12.22	8,47.64
29	6,71.73	7,07.15	7,42.57	7,77.98	8,13.40	8,48.82

4 fr. 25 p. 0/0.

Nombre de jours	0 mois : » »	1 mois : 8,85.42	2 mois : 9,20.83	3 mois : 9,56.25	4 mois : 9,91.67	5 mois : 10,27.08
	Jours :	Jours :	Jours :	Jours :	Jours :	Jours :
	fr. c. dixm.	fr. c. dixm.	fr. c. dixm.	fr. c. dixm.	fr. c. dixm.	fr. c. dixm.
1	8,51.48	8,86.60	9,22.01	9,57.43	9,92.85	10,28.26
2	8,52.36	8,87.78	9,23.19	9,58.61	9,94.03	10,29.44
3	8,53.54	8,88.96	9,24.37	9,59.79	9,95.24	10,30.62
4	8,54.72	8,90.14	9,25.56	9,60.97	9,96.39	10,31.80
5	8,55.90	8,91.32	9,26.74	9,62.15	9,97.57	10,32.98
6	8,57.08	8,92.50	9,27.92	9,63.33	9,98.75	10,34.17
7	8,58.26	8,93.68	9,29.10	9,64.51	9,99.93	10,35.35
8	8,59.44	8,94.86	9,30.28	9,65.69	10,01.11	10,36.53
9	8,60.62	8,96.04	9,31.46	9,66.87	10,02.29	10,37.71
10	8,61.81	8,97.22	9,32.64	9,68.05	10,03.47	10,38.89
11	8,62.99	8,98.40	9,33.82	9,69.24	10,04.65	10,40.07
12	8,64.17	8,99.58	9,35.	9,70.42	10,05.83	10,41.25
13	8,65.35	9,00.76	9,36.18	9,71.60	10,07.01	10,42.43
14	8,66.53	9,01.94	9,37.36	9,72.78	10,08.19	10,43.61
15	8,67.71	9,03.12	9,38.54	9,73.96	10,09.37	10,44.79
16	8,68.89	9,04.30	9,39.72	9,75.14	10,10.55	10,45.97
17	8,70.07	9,05.49	9,40.90	9,76.32	10,11.74	10,47.15
18	8,71.25	9,06.67	9,42.08	9,77.50	10,12.92	10,48.33
19	8,72.43	9,07.85	9,43.26	9,78.68	10,14.10	10,49.51
20	8,73.61	9,09.03	9,44.44	9,79.86	10,15.28	10,50.69
21	8,74.79	9,10.21	9,45.62	9,81.04	10,16.46	10,51.87
22	8,75.97	9,11.39	9,46.80	9,82.22	10,17.64	10,53.05
23	8,77.15	9,12.57	9,47.99	9,83.40	10,18.82	10,54.23
24	8,78.33	9,13.75	9,49.17	9,84.58	10,20.	10,55.42
25	8,79.51	9,14.93	9,50.35	9,85.76	10,21.18	10,56.60
26	8,80.69	9,16.11	9,51.53	9,86.94	10,22.36	10,57.78
27	8,81.87	9,17.29	9,52.71	9,88.12	10,23.54	10,58.96
28	8,83.06	9,18.47	9,53.89	9,89.30	10,24.72	10,60.44
29	8,84.24	9,19.65	9,55.07	9,90.49	10,25.90	10,64.32

2 ANS — 8 fr. 50.

Nombre de jours	6 mois : 10,62.50	7 mois : 10,97.92	8 mois : 11,33.33	9 mois : 11,68.75	10 mois : 12,04.16	11 mois : 12,39.58
	Jours :	Jours :	Jours :	Jours :	Jours :	Jours :
	fr. c. dixm.	fr. c. dixm.	fr. c. dixm.	fr. c. dixm.	fr. c. dixm.	fr. c. dixm.
1	10,63.68	10,99.10	11,34.51	11,69.93	12,05.35	12,40.76
2	10,64.86	11,00.28	11,35.69	11,71.11	12,06.53	12,41.94
3	10,66.04	11,01.46	11,36.87	11,72.29	12,07.71	12,43.12
4	10,67.22	11,02.64	11,38.05	11,73.47	12,08.89	12,44.30
5	10,68.40	11,03.82	11,39.23	11,74.65	12,10.07	12,45.48
6	10,69.58	11,05.	11,40.41	11,75.83	12,11.25	12,46.66
7	10,70.76	11,06.18	11,41.60	11,77.01	12,12.43	12,47.85
8	10,71.94	11,07.36	11,42.78	11,78.19	12,13.61	12,49.03
9	10,73.12	11,08.54	11,43.96	11,79.37	12,14.79	12,50.21
10	10,74.30	11,09.72	11,45.14	11,80.55	12,15.97	12,51.39
11	10,75.48	11,10.90	11,46.32	11,81.73	12,17.15	12,52.57
12	10,76.67	11,12.08	11,47.50	11,82.91	12,18.33	12,53.75
13	10,77.85	11,13.26	11,48.68	11,84.10	12,19.51	12,54.93
14	10,79.03	11,14.44	11,49.86	11,85.28	12,20.69	12,56.11
15	10,80.21	11,15.62	11,51.04	11,86.46	12,21.87	12,57.29
16	10,81.39	11,16.80	11,52.22	11,87.64	12,23.05	12,58.47
17	10,82.57	11,17.98	11,53.40	11,88.82	12,24.23	12,59.65
18	10,83.75	11,19.17	11,54.58	11,90.	12,25.41	12,60.83
19	10,84.93	11,20.35	11,55.76	11,91.48	12,26.60	12,62.01
20	10,86.11	11,21.53	11,56.94	11,92.36	12,27.78	12,63.19
21	10,87.29	11,22.71	11,58.12	11,93.54	12,28.96	12,64.37
22	10,88.47	11,23.89	11,59.30	11,94.72	12,30.14	12,65.55
23	10,89.65	11,25.07	11,60.48	11,95.90	12,31.32	12,66.73
24	10,90.83	11,26.25	11,61.66	11,97.08	12,32.50	12,67.91
25	10,92.01	11,27.43	11,62.85	11,98.26	12,33.68	12,69.10
26	10,93.19	11,28.61	11,64.03	11,99.44	12,34.86	12,70.28
27	10,94.37	11,29.79	11,65.21	12,00.62	12,36.04	12,71.46
28	10,95.55	11,30.97	11,66.39	12,01.80	12,37.22	12,72.64
29	10,96.73	11,32.45	11,67.57	12,02.98	12,38.40	12,73.82

4 fr. 25 p. 0/0 — **3 ANS** — **12 fr. 75.**

Nombre de jours	0 mois : » »	1 mois : 13,10.42	2 mois : 13,45.83	3 mois : 13,81.25	4 mois : 14,16.67	5 mois : 14,52.08
	Jours :	Jours :	Jours :	Jours :	Jours :	Jours :
	fr. c. dixm.	fr. c. dixm.	fr. c. dixm.	fr. c. dixm.	fr. c. dixm.	fr. c. dixm.
1	12,76.18	13,11.60	13,47.01	13,82.43	14,17.85	14,53.26
2	12,77.36	13,12.78	13,48.19	13,83.61	14,19.03	14,54.44
3	12,78.54	13,13.96	13,49.37	13,84.79	14,20.21	14,55.62
4	12,79.72	13,15.14	13,50.55	13,85.97	14,21.39	14,56.80
5	12,80.90	13,16.32	13,51.74	13,87.15	14,22.57	14,57.98
6	12,82.08	13,17.50	13,52.92	13,88.33	14,23.75	14,59.17
7	12,83.26	13,18.68	13,54.10	13,89.51	14,24.93	14,60.35
8	12,84.44	13,19.86	13,55.28	13,90.69	14,26.11	14,61.53
9	12,85.62	13,21.04	13,56.46	13,91.87	14,27.29	14,62.71
10	12,86.81	13,22.22	13,57.64	13,93.05	14,28.47	14,63.89
11	12,87.99	13,23.40	13,58.82	13,94.24	14,29.65	14,65.07
12	12,89.17	13,24.58	13,60.	13,95.42	14,30.83	14,66.25
13	12,90.35	13,25.76	13,61.18	13,96.60	14,32.01	14,67.43
14	12,91.53	13,26.94	13,62.36	13,97.78	14,33.19	14,68.61
15	12,92.71	13,28.12	13,63.54	13,98.96	14,34.37	14,69.79
16	12,93.89	13,29.30	13,64.72	14,00.14	14,35.55	14,70.97
17	12,95.07	13,30.49	13,65.90	14,01.32	14,36.73	14,72.15
18	12,96.25	13,31.67	13,67.08	14,02.50	14,37.92	14,73.33
19	12,97.43	13,32.85	13,68.26	14,03.68	14,39.10	14,74.51
20	12,98.61	13,34.03	13,69.44	14,04.86	14,40.28	14,75.69
21	12,99.79	13,35.21	13,70.62	14,06.04	14,41.46	14,76.87
22	13,00.97	13,36.39	13,71.80	14,07.22	14,42.64	14,78.05
23	13,02.15	13,37.57	13,72.99	14,08.40	14,43.82	14,79.23
24	13,03.33	13,38.75	13,74.17	14,09.58	14,45.	14,80.42
25	13,04.51	13,39.93	13,75.35	14,10.76	14,46.18	14,81.60
26	13,05.69	13,41.11	13,76.53	14,11.94	14,47.36	14,82.78
27	13,06.87	13,42.29	13,77.71	14,13.12	14,48.54	14,83.96
28	13,08.05	13,43.47	13,78.89	14,14.30	14,49.72	14,85.14
29	13,09.24	13,44.65	13,80.07	14,15.48	14,50.90	14,86.32

Intérêt simple.

Nombre de jours	6 mois : 14,87.50	7 mois : 15,22.92	8 mois : 15,58.33	9 mois : 15,93.75	10 mois : 16,29.16	11 mois : 16,64.58
	Jours :	Jours :	Jours :	Jours :	Jours :	Jours :
	fr. c. dixm.	fr. c. dixm.	fr. c. dixm.	fr. c. dixm.	fr. c. dixm.	fr. c. dixm.
1	14,88.68	15,24.10	15,59.51	15,94.93	16,30.35	16,65.76
2	14,89.86	15,25.28	15,60.69	15,96.11	16,31.53	16,66.94
3	14,91.04	15,26.46	15,61.87	15,97.29	16,32.71	16,68.12
4	14,92.22	15,27.64	15,63.05	15,98.47	16,33.89	16,69.30
5	14,93.40	15,28.82	15,64.23	15,99.65	16,35.07	16,70.48
6	14,94.58	15,30.	15,65.41	16,00.83	16,36.25	16,71.66
7	14,95.76	15,31.48	15,66.60	16,02.01	16,37.43	16,72.85
8	14,96.94	15,32.36	15,67.78	16,03.19	16,38.61	16,74.03
9	14,98.12	15,33.54	15,68.96	16,04.37	16,39.79	16,75.21
10	14,99.30	15,34.72	15,70.14	16,05.55	16,40.97	16,76.39
11	15,00.48	15,35.90	15,71.32	16,06.73	16,42.15	16,77.57
12	15,01.67	15,37.08	15,72.50	16,07.91	16,43.33	16,78.75
13	15,02.85	15,38.26	15,73.68	16,09.10	16,44.51	16,79.93
14	15,04.03	15,39.44	15,74.86	16,10.28	16,45.69	16,81.11
15	15,05.21	15,40.62	15,76.04	16,11.46	16,46.87	16,82.29
16	15,06.39	15,41.80	15,77.22	16,12.64	16,48.05	16,83.47
17	15,07.57	15,42.98	15,78.40	16,13.82	16,49.23	16,84.65
18	15,08.75	15,44.17	15,79.58	16,15.	16,50.41	16,85.83
19	15,09.93	15,45.35	15,80.76	16,16.48	16,51.60	16,87.01
20	15,11.14	15,46.53	15,81.94	16,17.36	16,52.78	16,88.19
21	15,12.29	15,47.71	15,83.12	16,18.54	16,53.96	16,89.37
22	15,13.47	15,48.89	15,84.30	16,19.72	16,55.14	16,90.55
23	15,14.65	15,50.07	15,85.48	16,20.90	16,56.32	16,91.73
24	15,15.83	15,51.25	15,86.66	16,22.08	16,57.50	16,92.91
25	15,17.01	15,52.43	15,87.85	16,23.26	16,58.68	16,94.10
26	15,18.19	15,53.61	15,89.03	16,24.44	16,59.86	16,95.28
27	15,19.37	15,54.79	15,90.21	16,25.62	16,61.04	16,96.46
28	15,20.55	15,55.97	15,91.39	16,26.80	16,62.22	16,97.64
29	15,21.73	15,57.15	15,92.57	16,27.98	16,63.40	16,98.82

4 fr. 25 p. 0/0. **4 ANS :**

Nombre de jours	0 mois : » »	1 mois : 17,35.42	2 mois : 17,70.83	3 mois : 18,06.25	4 mois : 18,44.67	5 mois : 18,77.08
	Jours :	Jours :	Jours :	Jours :	Jours :	Jours :
	fr. c. dixm.	fr. c. dixm.	fr. c. dixm.	fr. c. dixm.	fr. c. dixm.	fr. c. dixm.
1	17,04.18	17,36.60	17,72.01	18,07.43	18,42.85	18,78.26
2	17,02.36	17,37.78	17,73.19	18,08.61	18,44.03	18,79.44
3	17,03.54	17,38.96	17,74.37	18,09.79	18,45.21	18,80.62
4	17,04.72	17,40.14	17,75.55	18,10.97	18,46.39	18,81.80
5	17,05.90	17,41.32	17,76.74	18,12.15	18,47.57	18,82.99
6	17,07.08	17,42.50	17,77.92	18,13.33	18,48.75	18,84.17
7	17,08.26	17,43.68	17,79.10	18,14.51	18,49.93	18,85.35
8	17,09.44	17,44.86	17,80.28	18,15.69	18,51.11	18,86.53
9	17,10.62	17,46.04	17,81.46	18,16.87	18,52.29	18,87.74
10	17,11.81	17,47.22	17,82.64	18,18.05	18,53.47	18,88.89
11	17,12.99	17,48.40	17,83.82	18,19.24	18,54.65	18,90.07
12	17,14.17	17,49.58	17,85.	18,20.42	18,55.83	18,91.25
13	17,15.35	17,50.76	17,86.18	18,21.60	18,57.01	18,92.43
14	17,16.53	17,51.94	17,87.36	18,22.78	18,58.19	18,93.61
15	17,17.71	17,53.12	17,88.54	18,23.96	18,59.37	18,94.79
16	17,18.89	17,54.31	17,89.72	18,25.14	18,60.55	18,95.97
17	17,20.07	17,55.49	17,90.90	18,26.32	18,61.74	18,97.15
18	17,21.25	17,56.67	17,92.08	18,27.50	18,62.92	18,98.33
19	17,22.43	17,57.85	17,93.26	18,28.68	18,64.10	18,99.51
20	17,23.61	17,59.03	17,94.44	18,29.86	18,65.28	19,00.69
21	17,24.79	17,60.21	17,95.62	18,31.04	18,66.46	19,01.87
22	17,25.97	17,61.39	17,96.80	18,32.22	18,67.64	19,03.05
23	17,27.15	17,62.57	17,97.99	18,33.40	18,68.82	19,04.23
24	17,28.33	17,63.75	17,99.17	18,34.58	18,70.	19,05.42
25	17,29.51	17,64.93	18,00.35	18,35.76	18,71.18	19,06.60
26	17,30.69	17,66.11	18,01.53	18,36.94	18,72.36	19,07.78
27	17,31.87	17,67.29	18,02.71	18,38.12	18,73.54	19,08.96
28	17,33.06	17,68.47	18,03.89	18,39.30	18,74.72	19,10.14
29	17,34.24	17,69.65	18,05.07	18,40.49	18,75.90	19,11.32

17 fr. **Intérêt simple.**

Nombre de jours	6 mois : 19,12.50	7 mois : 19,47.91	8 mois : 19,83.33	9 mois : 20,18.75	10 mois : 20,54.16	11 mois : 20,89.58
	Jours :	Jours :	Jours :	Jours :	Jours :	Jours :
	fr. c. dixm.	fr. c. dixm.	fr. c. dixm.	fr. c. dixm.	fr. c. dixm.	fr. c. dixm.
1	19,13.68	19,49.10	19,84.51	20,19.93	20,55.35	20,90.76
2	19,14.86	19,50.28	19,85.69	20,21.11	20,56.53	20,91.94
3	19,16.04	19,51.46	19,86.87	20,22.29	20,57.74	20,93.12
4	19,17.22	19,52.64	19,88.05	20,23.47	20,58.89	20,94.30
5	19,18.40	19,53.82	19,89.23	20,24.65	20,60.07	20,95.48
6	19,19.58	19,55.	19,90.42	20,25.83	20,61,25	20,96.66
7	19,20.76	19,56.18	19,91.60	20,27.01	20,62,43	20,97.85
8	19,21.94	19,57.36	19,92.78	20,28.19	20,63.61	20,99.03
9	19,23.12	19,58.54	19,93.96	20,29.37	20,64.79	21,00.21
10	19,24.30	19,59.72	19,95.14	20,30.55	20,65.97	21,01.39
11	19,25.48	19,60.90	19,96.32	20,31.73	20,67.15	21,02.57
12	19,26.67	19,62.08	19,97.50	20,32.91	20,68.33	21,03.75
13	19,27.85	19,63.26	19,98.68	20,34.10	20,69.51	21,04.93
14	19,29.03	19,64.44	19,99.86	20,35.28	20,70.69	21,06.11
15	19,30.21	19,65.62	20,01.04	20,36.46	20,71.87	21,07.29
16	19,31.39	19,66.80	20,02.22	20,37.64	20,73.05	21,08.47
17	19,32.57	19,67.98	20,03.40	20,38.82	20,74.23	21,09.65
18	19,33.75	19,69.17	20,04.58	20,40.	20,75.41	21,10.83
19	19,34.93	19,70.35	20,05.76	20,41.18	20,76.60	21,12.01
20	19,36.11	19,71.53	20,06.94	20,42.36	20,77.78	21,13.19
21	19,37.29	19,72.71	20,08.12	20,43.54	20,78.96	21,14.37
22	19,38.47	19,73.89	20,09.30	20,44.72	20,80.14	21,15.55
23	19,39.65	19,75.07	20,10.48	20,45.90	20,81.32	21,16.73
24	19,40.83	19,76.25	20,11.66	20,47.08	20,82.50	21,17.91
25	19,42.01	19,77.43	20,12.85	20,48.26	20,83.68	21,19.10
26	19,43.19	19,78.61	20,14.03	20,49.44	20,84.86	21,20.28
27	19,44.37	19,79.79	20,15.21	20,50.62	20,86.04	21,21.46
28	19,45.55	19,80.97	20,16.39	20,51.80	20,87.22	21,22.64
29	19,46.73	19,82.15	20,17.57	20,52.98	20,88.40	21,23.82

Au bout de 5 ans 21,25.00

4 fr. 50 p. 0/0. **0 AN :**

Nombre de jours.	0 mois : » »	1 mois : 0,37.50	2 mois : 0,75.00	3 mois : 1,12.50	4 mois : 1,50.00	5 mois : 1,87.50
	Jours :	Jours :	Jours :	Jours :	Jours :	Jours :
	fr. c. dixm.	fr. c. dixm.	fr. c. dixm.	fr. c. dixm.	fr. c. dixm.	fr. c. dixm.
1	0,01.25	0,38.75	0,76.25	1,13.75	1,51.25	1,88.75
2	0,02.50	0,40.	0,77.50	1,15.	1,52.50	1,90.
3	0,03.75	0,41.25	0,78.75	1,16.25	1,53.75	1,91.25
4	0,05.	0,42.50	0,80.	1,17.50	1,55.	1,92.50
5	0,06.25	0,43.75	0,81.25	1,18.75	1,56.25	1,93.75
6	0,07.50	0,45.	0,82.50	1,20..	1,57.50	1,95.
7	0,08.75	0,46.25	0,83.75	1,21.25	1,58.75	1,96.25
8	0,10.	0,47.50	0,85.	1,22.50	1,60.	1,97.50
9	0,11.25	0,48.75	0,86.25	1,23.75	1,61.25	1,98.75
10	0,12.50	0,50.	0,87.50	1,25.	1,62.50	2,00.
11	0,13.75	0,51.25	0,88.75	1,26.25	1,63.75	2,01.25
12	0,15.	0,52.50	0,90.	1,27.50	1,65.	2,02.50
13	0,16.25	0,53.75	0,91.25	1,28.75	1,66.25	2,03.75
14	0,17.50	0,55.	0,92.50	1,30.	1,67.50	2,05.
15	0,18.75	0,56.25	0,93.75	1,31.25	1,68.75	2,06.25
16	0,20.	0,57.50	0,95.	1,32.50	1,70.	2,07.50
17	0,21.25	0,58.75	0,96.25	1,33.75	1,71.25	2,08.75
18	0,22.50	0,60.	0,97.50	1,35.	1,72.50	2,10.
19	0,23.75	0,61.25	0,98.75	1,36.25	1,73.75	2,11.25
20	0,25.	0,62.50	1,00.	1,37.50	1,75.	2,12.50
21	0,26.25	0,63.75	1,01.25	1,38.75	1,76.25	2,13.75
22	0,27.50	0,65.	1,02.50	1,40.	1,77.50	2,15.
23	0,28.75	0,66.25	1,03.75	1,41.25	1,78.75	2,16.25
24	0,30.	0,67.50	1,05.	1,42.50	1,80.	2,17.50
25	0,31.25	0,68.75	1,06.25	1,43.75	1,81.25	2,18.75
26	0,32.50	0,70.	1,07.50	1,45.	1,82.50	2,20.
27	0,33.75	0,71.25	1,08.75	1,46.25	1,83.75	2,21.25
28	0,35.	0,72.50	1,10.	1,47.50	1,85.	2,22.50
29	0,36.25	0,73.75	1,11.25	1,48.75	1,86.25	2,23.75

Intérêt simple.

Nombre de jours.	6 mois : 2,25.00	7 mois : 2,62.50	8 mois : 3,00.00	9 mois : 3,37.50	10 mois : 3,75.00	11 mois : 4,12.50
	Jours :	Jours :	Jours :	Jours :	Jours :	Jours :
	fr. c. dixm.	fr. c. dixm.	fr. c. dixm.	fr. c. dixm.	fr. c. dixm.	fr. c. dixm.
1	2,26.25	2,63.75	3,01.25	3,38.75	3,76.25	4,13.75
2	2,27.50	2,65.	3,02.50	3,40.	3,77.50	4,15.
3	2,28.75	2,66.25	3,03.75	3,41.25	3,78.75	4,16.25
4	2,30.	2,67.50	3,05.	3,42.50	3,80.	4,17.50
5	2,31.25	2,68.75	3,06.25	3,43.75	3,81.25	4,18.75
6	2,32.50	2,70.	3,07.50	3,45.	3,82.50	4,20.
7	2,33.75	2,71.25	3,08.75	3,46.25	3,83.75	4,21.25
8	2,35.	2,72.50	3,10.	3,47.50	3,85.	4,22.50
9	2,36.25	2,73.75	3,11.25	3,48.75	3,86.25	4,23.75
10	2,37.50	2,75.	3,12.50	3,50.	3,87.50	4,25.
11	2,38.75	2,76.25	3,13.75	3,51.25	3,88.75	4,26.25
12	2,40.	2,77.50	3,15.	3,52.50	3,90.	4,27.50
13	2,41.25	2,78.75	3,16.25	3,53.75	3,91.25	4,28.75
14	2,42.50	2,80.	3,17.50	3,55.	3,92.50	4,30.
15	2,43.75	2,81.25	3,18.75	3,56.25	3,93.75	4,31.25
16	2,45.	2,82.50	3,20.	3,57.50	3,95.	4,32.50
17	2,46.25	2,83.75	3,21.25	3,58.75	3,96.25	4,33.75
18	2,47.50	2,85.	3,22.50	3,60.	3,97.50	4,35.
19	2,48.75	2,86.25	3,23.75	3,61.25	3,98.75	4,36.25
20	2,50.	2,87.50	3,25.	3,62.50	4,00.	4,37.50
21	2,51.25	2,88.75	3,26.25	3,63.75	4,01.25	4,38.75
22	2,52.50	2,90.	3,27.50	3,65.	4,02.50	4,40.
23	2,53.75	2,91.25	3,28.75	3,66.25	4,03.75	4,41.25
24	2,55.	2,92.50	3,30.	3,67.50	4,05.	4,42.50
25	2,56.25	2,93.75	3,31.25	3,68.75	4,06.25	4,43.75
26	2,57.50	2,95.	3,32.50	3,70.	4,07.50	4,45.
27	2,58.75	2,96.25	3,33.75	3,71.25	4,08.75	4,46.25
28	2,60.	2,97.50	3,35.	3,72.50	4,10.	4,47.50
29	2,61.25	2,98.75	3,36.25	3,73.75	4,11.25	4,48.75

4 fr. 50 p. 0/0 :   **1 AN :**

Nombre de jours.	0 mois : » »	1 mois : 4,87.50	2 mois : 5,25.00	3 mois : 5,62.50	4 mois : 6,00.00	5 mois : 6,37.50
	Jours :	Jours :	Jours :	Jours :	Jours :	Jours :
	fr. c. dixm.	fr. c. dixm.	fr. c. dixm.	fr. c. dixm.	fr. c. dixm.	fr. c. dixm.
1	4,51.25	4,88.75	5,26.25	5,63.75	6,01.25	6,38.75
2	4,52.50	4,90.	5,27.50	5,65.	6,02.50	6,40.
3	4,53.75	4,91.25	5,28.75	5,66.25	6,03.75	6,41.25
4	4,55.	4,92.50	5,30.	5,67.50	6,05.	6,42.50
5	4,56.25	4,93.75	5,31.25	5,68.75	6,06.25	6,43.75
6	4,57.50	4,95.	5,32.50	5,70.	6,07.50	6,45.
7	4,58.75	4,96.25	5,33.75	5,71.25	6,08.75	6,46.25
8	4,60.	4,97.50	5,35.	5,72.50	6,10.	6,47.50
9	4,61.25	4,98.75	5,36.25	5,73.75	6,11.25	6,48.75
10	4,62.50	5,00.	5,37.50	5,75.	6,12.50	6,50.
11	4,63.75	5,01.25	5,38.75	5,76.25	6,13.75	6,51.25
12	4,65.	5,02.50	5,40.	5,77.50	6,15.	6,52.50
13	4,66.25	5,03.75	5,41.25	5,78.75	6,16.25	6,53.75
14	4,67.50	5,05.	5,42.50	5,80.	6,17.50	6,55.
15	4,68.75	5,06.25	5,43.75	5,81.25	6,18.75	6,56.25
16	4,70.	5,07.50	5,45.	5,82.50	6,20.	6,57.50
17	4,71.25	5,08.75	5,46.25	5,83.75	6,21.25	6,58.75
18	4,72.50	5,10.	5,47.50	5,85.	6,22.50	6,60.
19	4,73.75	5,11.25	5,48.75	5,86.25	6,23.75	6,61.25
20	4,75.	5,12.50	5,50.	5,87.50	6,25.	6,62.50
21	4,76.25	5,13.75	5,51.25	5,88.75	6,26.25	6,63.75
22	4,77.50	5,15.	5,52.50	5,90.	6,27.50	6,65.
23	4,78.75	5,16.25	5,53.75	5,91.25	6,28.75	6,66.25
24	4,80.	5,17.50	5,55.	5,92.50	6,30.	6,67.50
25	4,81.25	5,18.75	5,56.25	5,93.75	6,31.25	6,68.75
26	4,82.50	5,20.	5,57.50	5,95.	6,32.50	6,70.
27	4,83.75	5,21.25	5,58.75	5,96.25	6,33.75	6,71.25
28	4,85.	5,22.50	5,60.	5,97.50	6,35.	6,72.50
29	4,86.25	5,23.75	5,61.25	5,98.75	6,36.25	6,73.75

4 fr. 50.   **Intérêt simple.**

Nombre de jours.	6 mois : 6,75.00	7 mois : 7,12.50	8 mois : 7,50.00	9 mois : 7,87.50	10 mois : 8,25.00	11 mois : 8,62.50
	Jours :	Jours :	Jours :	Jours :	Jours :	Jours :
	fr. c. dixm.	fr. c. dixm.	fr. c. dixm.	fr. c. dixm.	fr. c. dixm.	fr. c. dixm.
1	6,76.25	7,13.75	7,51.25	7,88.75	8,26.25	8,63.75
2	6,77.50	7,15.	7,52.50	7,90.	8,27.50	8,65.
3	6,78.75	7,16.25	7,53.75	7,91.25	8,28.75	8,66.25
4	6,80.	7,17.50	7,55.	7,92.50	8,30.	8,67.50
5	6,81.25	7,18.75	7,56.25	7,93.75	8,31.25	8,68.75
6	6,82.50	7,20.	7,57.50	7,95.	8,32.50	8,70.
7	6,83.75	7,21.25	7,58.75	7,96.25	8,33.75	8,71.25
8	6,85.	7,22.50	7,60.	7,97.50	8,35.	8,72.50
9	6,86.25	7,23.75	7,61.25	7,98.75	8,36.25	8,73.75
10	6,87.50	7,25.	7,62.50	8,00.	8,37.50	8,75.
11	6,88.75	7,26.25	7,63.75	8,01.25	8,38.75	8,76.25
12	6,90.	7,27.50	7,65.	8,02.50	8,40.	8,77.50
13	6,91.25	7,28.75	7,66.25	8,03.75	8,41.25	8,78.75
14	6,92.50	7,30.	7,67.50	8,05.	8,42.50	8,80.
15	6,93.75	7,31.25	7,68.75	8,06.25	8,43.75	8,81.25
16	6,95.	7,32.50	7,70.	8,07.50	8,45.	8,82.50
17	6,96.25	7,33.75	7,71.25	8,08.75	8,46.25	8,83.75
18	6,97.50	7,35.	7,72.50	8,10.	8,47.50	8,85.
19	6,98.75	7,36.25	7,73.75	8,11.25	8,48.75	8,86.25
20	7,00.	7,37.50	7,75.	8,12.50	8,50.	8,87.50
21	7,01.25	7,38.75	7,76.25	8,13.75	8,51.25	8,88.75
22	7,02.50	7,40.	7,77.50	8,15.	8,52.50	8,90.
23	7,03.75	7,41.25	7,78.75	8,16.25	8,53.75	8,91.25
24	7,05.	7,42.50	7,80.	8,17.50	8,55.	8,92.50
25	7,06.25	7,43.75	7,81.25	8,18.75	8,56.25	8,93.75
26	7,07.50	7,45.	7,82.50	8,20.	8,57.50	8,95.
27	7,08.75	7,46.25	7,83.75	8,21.25	8,58.75	8,96.25
28	7,10.	7,47.50	7,85.	8,22.50	8,60.	8,97.50
29	7,11.25	7,48.75	7,86.25	8,23.75	8,61.25	8,98.75

4 fr. 50 p. 0/0   **2 ANS :**

Nombre de jours.	0 mois : » »	1 mois : 9,37.50	2 mois : 9,75.00	3 mois : 10,12.50	4 mois : 10,50.00	5 mois : 10,87.50
	Jours :	Jours :	Jours :	Jours :	Jours :	Jours :
	fr. c. dixm.	fr. c. dixm.	fr. c. dixm.	fr. c. dixm.	fr. c. dixm.	fr. c. dixm
1	9,04.25	9,38.75	9,76.25	10,13.75	10,51.25	10,88.75
2	9,02.50	9,40.	9,77.50	10,15.	10,52.50	10,90.
3	9,03.75	9,41.25	9,78.75	10,16.25	10,53.75	10,91.25
4	9,05.	9,42.50	9,80.	10,17.50	10,55.	10,92.50
5	9,06.25	9,43.75	9,81.25	10,18.75	10,56.25	10,93.75
6	9,07.50	9,45.	9,82.50	10,20.	10,57.50	10,95.
7	9,08.75	9,46.25	9,83.75	10,21.25	10,58.75	10,96.25
8	9,10.	9,47.50	9,85.	10,22.50	10,60.	10,97.50
9	9,11.25	9,48.75	9,86.25	10,23.75	10,61.25	10,98.75
10	9,12.50	9,50.	9,87.50	10,25.	10,62.50	11,00.
11	9,13.75	9,51.25	9,88.75	10,26.25	10,63.75	11,01.25
12	9,15.	9,52.50	9,90.	10,27.50	10,65.	11,02.50
13	9,16.25	9,53.75	9,91.25	10,28.75	10,66.25	11,03.75
14	9,17.50	9,55.	9,92.50	10,30.	10,67.50	11,05.
15	9,18.75	9,56.25	9,93.75	10,31.25	10,68.75	11,06.25
16	9,20.	9,57.50	9,95.	10,32.50	10,70.	11,07.50
17	9,21.25	9,58.75	9,96.25	10,33.75	10,71.25	11,08.75
18	9,22.50	9,60.	9,97.50	10,35.	10,72.50	11,10.
19	9,23.75	9,61.25	9,98.75	10,36.25	10,73.75	11,11.25
20	9,25.	9,62.50	10,00.	10,37.50	10,75.	11,12.50
21	9,26.25	9,63.75	10,01.25	10,38.75	10,76.25	11,13.75
22	9,27.50	9,65.	10,02.50	10,40.	10,77.50	11,15.
23	9,28.75	9,66.25	10,03.75	10,41.25	10,78.75	11,16.25
24	9,30.	9,67.50	10,05.	10,42.50	10,80.	11,17.50
25	9,31.25	9,68.75	10,06.25	10,43.75	10,81.25	11,18.75
26	9,32.50	9,70.	10,07.50	10,45.	10,82.50	11,20.
27	9,33.75	9,71.25	10,08.75	10,46.25	10,83.75	11,21.25
28	9,35.	9,72.50	10,10.	10,47.50	10,85.	11,22.50
29	9,36.25	9,73.75	10,11.25	10,48.75	10,86.25	11,23.75

9 fr.   **Intérêt simple.**

Nombre de jours.	6 mois : 11,25.00	7 mois : 11,62.50	8 mois : 12,00.00	9 mois : 12,37.50	10 mois : 12,75.00	11 mois : 13,12.50
	Jours :	Jours :	Jours :	Jours :	Jours :	Jours :
	fr. c. dixm.	fr. c. dixm.	fr. c. dixm.	fr. c. dixm.	fr. c. dixm.	fr. c. dixm
1	11,26.25	11,63.75	12,01.25	12,38.75	12,76.25	13,13.75
2	11,27.50	11,65.	12,02.50	12,40.	12,77.50	13,15.
3	11,28.75	11,66.25	12,03.75	12,41.25	12,78.75	13,16.25
4	11,30.	11,67.50	12,05.	12,42.50	12,80.	13,17.50
5	11,31.25	11,68.75	12,06.25	12,43.75	12,81.25	13,18.75
6	11,32.50	11,70.	12,07.50	12,45.	12,82.50	13,20.
7	11,33.75	11,71.25	12,08.75	12,46.25	12,83.75	13,21.25
8	11,35.	11,72.50	12,10.	12,47.50	12,85.	13,22.50
9	11,36.25	11,73.75	12,11.25	12,48.75	12,86.25	13,23.75
10	11,37.50	11,75.	12,12.50	12,50.	12,87.50	13,25.
11	11,38.75	11,76.25	12,13.75	12,51.25	12,88.75	13,26.25
12	11,40.	11,77.50	12,15.	12,52.50	12,90.	13,27.50
13	11,41.25	11,78.75	12,16.25	12,53.75	12,91.25	13,28.75
14	11,42.50	11,80.	12,17.50	12,55.	12,92.50	13,30.
15	11,43.75	11,81.25	12,18.75	12,56.25	12,93.75	13,31.25
16	11,45.	11,82.50	12,20.	12,57.50	12,95.	13,32.50
17	11,46.25	11,83.75	12,21.25	12,58.75	12,96.25	13,33.75
18	11,47.50	11,85.	12,22.50	12,60.	12,97.50	13,35.
19	11,48.75	11,86.25	12,23.75	12,61.25	12,98.75	13,36.25
20	11,50.	11,87.50	12,25.	12,62.50	13,00.	13,37.50
21	11,51.25	11,88.75	12,26.25	12,63.75	13,01.25	13,38.75
22	11,52.50	11,90.	12,27.50	12,65.	13,02.50	13,40.
23	11,53.75	11,91.25	12,28.75	12,66.25	13,03.75	13,41.25
24	11,55.	11,92.50	12,30.	12,67.50	13,05.	13,42.50
25	11,56.25	11,93.75	12,31.25	12,68.75	13,06.25	13,43.75
26	11,57.50	11,95.	12,32.50	12,70.	13,07.50	13,45.
27	11,58.75	11,96.25	12,33.75	12,71.25	13,08.75	13,46.25
28	11,60.	11,97.50	12,35.	12,72.50	13,10.	13,47.50
29	11,61.25	11,98.75	12,36.25	12,73.75	13,11.25	13,48.75

4 fr. 50 p. 0/0.   3 ANS :

Nombre de jours.	0 mois : » »	1 mois : 13,87.50	2 mois : 14,25.00	3 mois : 14,62.50	4 mois : 15,00.00	5 mois : 15,37.50
	Jours :	Jours :	Jours :	Jours :	Jours :	Jours :
	fr. c. dixm.	fr. c. dixm.	fr. c. dixm.	fr. c. dixm.	fr. c. dixm.	fr. c. dixm.
1	13,51.25	13,88.75	14,26.25	14,63.75	15,01.25	15,38.75
2	13,52.50	13,90.	14,27.50	14,65.	15,02.50	15,40.
3	13,53.75	13,91.25	14,28.75	14,66.25	15,03.75	15,41.25
4	13,55.	13,92.50	14,30.	14,67.50	15,05.	15,42.50
5	13,56.25	13,93.75	14,31.25	14,68.75	15,06.25	15,43.75
6	13,57.50	13,95.	14,32.50	14,70.	15,07.50	15,45.
7	13,58.75	13,96.25	14,33.75	14,71.25	15,08.75	15,46.25
8	13,60.	13,97.50	14,35.	14,72.50	15,10.	15,47.50
9	13,61.25	13,98.75	14,36.25	14,73.75	15,11.25	15,48.75
10	13,62.50	14,00.	14,37.50	14,75.	15,12.50	15,50.
11	13,63.75	14,01.25	14,38.75	14,76.25	15,13.75	15,51.25
12	13,65.	14,02.50	14,40.	14,77.50	15,15.	15,52.50
13	13,66.25	14,03.75	14,41.25	14,78.75	15,16.25	15,53.75
14	13,67.50	14,05.	14,42.50	14,80.	15,17.50	15,55.
15	13,68.75	14,06.25	14,43.75	14,81.25	15,18.75	15,56.25
16	13,70.	14,07.50	14,45.	14,82.50	15,20.	15,57.50
17	13,71.25	14,08.75	14,46.25	14,83.75	15,21.25	15,58.75
18	13,72.50	14,10.	14,47.50	14,85.	15,22.50	15,60.
19	13,73.75	14,11.25	14,48.75	14,86.25	15,23.75	15,61.25
20	13,75.	14,12.50	14,50.	14,87.50	15,25.	15,62.50
21	13,76.25	14,13.75	14,51.25	14,88.75	15,26.25	15,63.75
22	13,77.50	14,15.	14,52.50	14,90.	15,27.50	15,65.
23	13,78.75	14,16.25	14,53.75	14,91.25	15,28.75	15,66.25
24	13,80.	14,17.50	14,55.	14,92.50	15,30.	15,67.50
25	13,81.25	14,18.75	14,56.25	14,93.75	15,31.25	15,68.75
26	13,82.50	14,20.	14,57.50	14,95.	15,32.50	15,70.
27	13,83.75	14,21.25	14,58.75	14,96.25	15,33.75	15,71.25
28	13,85.	14,22.50	14,60.	14,97.50	15,35.	15,72.50
29	13,86.25	14,23.75	14,61.25	14,98.75	15,36.25	15,73.75

13 fr. 50.   Intérêt simple.

Nombre de jours.	6 mois : 15,75.00	7 mois: 16,12.50	8 mois: 16,50.00	9 mois : 16,87.50	10 mois : 17,25.00	11 mois : 17,62.50
	Jours :	Jours :	Jours :	Jours :	Jours :	Jours :
	fr. c. dixm.	fr. c. dixm.	fr. c. dixm.	fr. c. dixm	fr. c. dixm.	fr. c. dixm.
1	15,76.25	16,13.75	16,51.25	16,88.75	17,26.25	17,63.75
2	15,77.50	16,15.	16,52.50	16,90.	17,27.50	17,65.
3	15,78.75	16,16.25	16,53.75	16,91.25	17,28.75	17,66.25
4	15,80.	16,17.50	16,55.	16,92.50	17,30.	17,67.50
5	15,81.25	16,18.75	16,56.25	16,93.75	17,31.25	17,68.75
6	15,82.50	16,20.	16,57.50	16,95.	17,32.50	17,70.
7	15,83.75	16,21.25	16,58.75	16,96.25	17,33.75	17,71.25
8	15,85.	16,22.50	16,60.	16,97.50	17,35.	17,72.50
9	15,86.25	16,23.75	16,61.25	16,98.75	17,36.25	17,73.75
10	15,87.50	16,25.	16,62.50	17,00.	17,37.50	17,75.
11	15,88.75	16,26.25	16,63.75	17,01.25	17,38.75	17,76.25
12	15,90.	16,27.50	16,65.	17,02.50	17,40.	17,77.50
13	15,91.25	16,28.75	16,66.25	17,03.75	17,41.25	17,78.75
14	15,92.50	16,30.	16,67.50	17,05.	17,42.50	17,80.
15	15,93.75	16,31.25	16,68.75	17,06.25	17,43.75	17,81.25
16	15,95.	16,32.50	16,70.	17,07.50	17,45.	17,82.50
17	15,96.25	16,33.75	16,71.25	17,08.75	17,46.25	17,83.75
18	15,97.50	16,35.	16,72.50	17,10.	17,47.50	17,85.
19	15,98.75	16,36.25	16,73.75	17,11.25	17,48.75	17,86.25
20	16,00.	16,37.50	16,75.	17,12.50	17,50.	17,87.50
21	16,01.25	16,38.75	16,76.25	17,13.75	17,51.25	17,88.75
22	16,02.50	16,40.	16,77.50	17,15.	17,52.50	17,90.
23	16,03.75	16,41.25	16,78.75	17,16.25	17,53.75	17,91.25
24	16,05.	16,42.50	16,80.	17,17.50	17,55.	17,92.50
25	16,06.25	16,43.75	16,81.25	17,18.75	17,56.25	17,93.75
26	16,07.50	16,45.	16,82.50	17,20.	17,57.50	17,95.
27	16,08.75	16,46.25	16,83.75	17,21.25	17,58.75	17,96.25
28	16,10.	16,47.50	16,85.	17,22.50	17,60.	17,97.50
29	16,11.25	16,48.75	16,86.25	17,23.75	17,61.25	17,98.75

4 fr. 50 p. 0/0. **4 ANS :**

Nombre de jours	0 mois : » »	1 mois : 18,37.50	2 mois : 18,75.00	3 mois : 19,12.50	4 mois : 19,50.00	5 mois : 19,87.50
	Jours : fr. c. dixm.	Jours : fr. c. dixm.	Jours : fr. c. dixm.	Jours : fr. c. dixm.	Jours : fr. c. dixm.	Jours : fr. c. dixm.
1	18,01.25	18,38.75	18,76.25	19,13.75	19,51.25	19,88.75
2	18,02.50	18,40.	18,77.50	19,15.	19,52.50	19,90.
3	18,03.75	18,41.25	18,78.75	19,16.25	19,53.75	19,91.25
4	18,05.	18,42.50	18,80.	19,17.50	19,55.	19,92.50
5	18,06.25	18,43.75	18,81.25	19,18.75	19,56.25	19,93.75
6	18,07.50	18,45.	18,82.50	19,20.	19,57.50	19,95.
7	18,08.75	18,46.25	18,83.75	19,21.25	19,58.75	19,96.25
8	18,10.	18,47.50	18,85.	19,22.50	19,60.	19,97.50
9	18,11.25	18,48.75	18,86.25	19,23.75	19,61.25	19,98.75
10	18,12.50	18,50.	18,87.50	19,25.	19,62.50	20,00.
11	18,13.75	18,51.25	18,88.75	19,26.25	19,63.75	20,01.25
12	18,15.	18,52.50	18,90.	19,27.50	19,65.	20,02.50
13	18,16.25	18,53.75	18,91.25	19,28.75	19,66.25	20,03.75
14	18,17.50	18,55.	18,92.50	19,30.	19,67.50	20,05.
15	18,18.75	18,56.25	18,93.75	19,31.25	19,68.75	20,06.25
16	18,20.	18,57.50	18,95.	19,32.50	19,70.	20,07.50
17	18,21.25	18,58.75	18,96.25	19,33.75	19,71.25	20,08.75
18	18,22.50	18,60.	18,97.50	19,35.	19,72.50	20,10.
19	18,23.75	18,61.25	18,98.75	19,36.25	19,73.75	20,11.25
20	18,25.	18,62.50	19,00.	19,37.50	19,75.	20,12.50
21	18,26.25	18,63.75	19,01.25	19,38.75	19,76.25	20,13.75
22	18,27.50	18,65.	19,02.50	19,40.	19,77.50	20,15.
23	18,28.75	18,66.25	19,03.75	19,41.25	19,78.75	20,16.25
24	18,30.	18,67.50	19,05.	19,42.50	19,80.	20,17.50
25	18,31.25	18,68.75	19,06.25	19,43.75	19,81.25	20,18.75
26	18,32.50	18,70.	19,07.50	19,45.	19,82.50	20,20.
27	18,33.75	18,71.25	19,08.75	19,46.25	19,83.75	20,21.25
28	18,35.	18,72.50	19,10.	19,47.50	19,85.	20,22.50
29	18,36.25	18,73.75	19,11.25	19,48.75	19,86.25	20,23.75

18 fr. **Intérêt simple.**

Nombre de jours	6 mois : 20,25.00	7 mois : 20,62.50	8 mois : 21,00.00	9 mois : 21,37.50	10 mois : 21,75.00	11 mois : 22,12.50
	Jours : fr. c. dixm.	Jours : fr. c. dixm.	Jours : fr. c. dixm.	Jours : fr. c. dixm.	Jours : fr. c. dixm.	Jours : fr. c. dixm.
1	20,26.25	20,63.75	21,01.25	21,38.75	21,76.25	22,13.75
2	20,27.50	20,65.	21,02.50	21,40.	21,77.50	22,15.
3	20,28.75	20,66.25	21,03.75	21,41.25	21,78.75	22,16.25
4	20,30.	20,67.50	21,05.	21,42.50	21,80.	22,17.50
5	20,31.25	20,68.75	21,06.25	21,43.75	21,81.25	22,18.75
6	20,32.50	20,70.	21,07.50	21,45.	21,82.50	22,20.
7	20,33.75	20,71.25	21,08.75	21,46.25	21,83.75	22,21.25
8	20,35.	20,72.50	21,10.	21,47.50	21,85.	22,22.50
9	20,36.25	20,73.75	21,11.25	21,48.75	21,86.25	22,23.75
10	20,37.50	20,75.	21,12.50	21,50.	21,87.50	22,25.
11	20,38.75	20,76.25	21,13.75	21,51.25	21,88.75	22,26.25
12	20,40.	20,77.50	21,15.	21,52.50	21,90.	22,27.50
13	20,41.25	20,78.75	21,16.25	21,53.75	21,91.25	22,28.75
14	20,42.50	20,80.	21,17.50	21,55.	21,92.50	22,30.
15	20,43.75	20,81.25	21,18.75	21,56.25	21,93.75	22,31.25
16	20,45.	20,82.50	21,20.	21,57.50	21,95.	22,32.50
17	20,46.25	20,83.75	21,21.25	21,58.75	21,96.25	22,33.75
18	20,47.50	20,85.	21,22.50	21,60.	21,97.50	22,35.
19	20,48.75	20,86.25	21,23.75	21,61.25	21,98.75	22,36.25
20	20,50.	20,87.50	21,25.	21,62.50	22,00.	22,37.50
21	20,51.25	20,88.75	21,26.25	21,63.75	22,01.25	22,38.75
22	20,52.50	20,90.	21,27.50	21,65.	22,02.50	22,40.
23	20,53.75	20,91.25	21,28.75	21,66.25	22,03.75	22,41.25
24	20,55.	20,92.50	21,30.	21,67.50	22,05.	22,42.50
25	20,56.25	20,93.75	21,31.25	21,68.75	22,06.25	22,43.75
26	20,57.50	20,95.	21,32.50	21,70.	22,07.50	22,45.
27	20,58.75	20,96.25	21,33.75	21,71.25	22,08.75	22,46.25
28	20,60.	20,97.50	21,35.	21,72.50	22,10.	22,47.50
29	20,61.25	20,98.75	21,36.25	21,73.75	22,11.25	22,48.75

Au bout de 5 ans 22,50.00

8

4 fr. 75 p. 0/0. — **O AN :**

Nombre de jours.	0 mois : » »	1 mois : 0,39.58	2 mois : 0,79.47	3 mois : 1,18.75	4 mois : 1,58.33	5 mois : 1,97.92
Jours :	fr. c. dixm.	fr. c. dixm.	fr. c. dixm.	fr. c. dixm.	fr. c. dixm.	fr. c. dixm.
1	0,01.32	0,40.90	0,80.49	1,20.07	1,59.65	1,99.24
2	0,02.64	0,42.22	0,81.81	1,21.39	1,60.97	2,00.55
3	0,03.96	0,43.54	0,83.12	1,22.71	1,62.29	2,01.87
4	0,05.28	0,44.86	0,84.44	1,24.03	1,63.61	2,03.19
5	0,06.60	0,46.18	0,85.76	1,25.35	1,64.93	2,04.51
6	0,07.92	0,47.50	0,87.08	1,26.67	1,66.25	2,05.83
7	0,09.24	0,48.82	0,88.40	1,27.99	1,67.57	2,07.15
8	0,10.55	0,50.14	0,89.72	1,29.30	1,68.89	2,08.47
9	0,11.87	0,51.46	0,91.04	1,30.62	1,70.21	2,09.79
10	0,13.19	0,52.78	0,92.36	1,31.94	1,71.53	2,11.11
11	0,14.51	0,54.10	0,93.68	1,33.26	1,72.85	2,12.43
12	0,15.83	0,55.42	0,95.	1,34.58	1,74.17	2,13.75
13	0,17.15	0,56.74	0,96.32	1,35.90	1,75.49	2,15.07
14	0,18.47	0,58.06	0,97.64	1,37.22	1,76.80	2,16.39
15	0,19.79	0,59.37	0,98.96	1,38.54	1,78.12	2,17.71
16	0,21.11	0,60.69	1,00.28	1,39.86	1,79.44	2,19.03
17	0,22.43	0,62.01	1,01.60	1,41.18	1,80.76	2,20.35
18	0,23.75	0,63.33	1,02.92	1,42.50	1,82.08	2,21.67
19	0,25.07	0,64.65	1,04.24	1,43.82	1,83.40	2,22.99
20	0,26.39	0,65.97	1,05.56	1,45.14	1,84.72	2,24.30
21	0,27.71	0,67.29	1,06.87	1,46.46	1,86.04	2,25.62
22	0,29.03	0,68.61	1,08.19	1,47.78	1,87.36	2,26.94
23	0,30.35	0,69.93	1,09.51	1,49.10	1,88.68	2,28.26
24	0,31.67	0,71.25	1,10.83	1,50.42	1,90.	2,29.58
25	0,32.99	0,72.57	1,12.15	1,51.74	1,91.32	2,30.90
26	0,34.31	0,73.89	1,13.47	1,53 05	1,92.64	2,32.22
27	0,35.62	0,75.21	1,14.79	1,54.37	1,93.96	2,33.54
28	0,36.94	0,76.53	1,16.11	1,55.69	1,95.28	2,34.86
29	0,38.26	0,77.85	1,17.43	1,57.01	1,96.60	2,36.18

Intérêt simple.

Nombre de jours.	6 mois : 2,37.50	7 mois : 2,77.08	8 mois : 3,16.67	9 mois : 3,56.25	10 mois : 3,95.83	11 mois : 4,35.42
Jours :	fr. c. dixm	fr. c. dixm.	fr. c. dixm	fr. c. dixm.	fr. c. dixm.	fr. c. dixm.
1	2,38.82	2,78.40	3,17.99	3,57.57	3,97.15	4,36.74
2	2,40.14	2,79.72	3,19.31	3,58.89	3,98.47	4,38.05
3	2,41.46	2,81.04	3,20.62	3,60.21	3,99.79	4,39.37
4	2,42.78	2,82.36	3,21.94	3,61.53	4,01.11	4,40.69
5	2,44.10	2,83.68	3,23.26	3,62.85	4,02.43	4,42.01
6	2,45.42	2,85.	3,24.58	3,64.17	4,03.75	4,43.33
7	2,46.74	2,86.32	3,25.90	3,65.49	4,05.07	4,44.65
8	2,48.06	2,87.64	3,27.22	3,66.81	4,06.39	4,45.97
9	2,49.37	2,88.96	3,28.54	3,68.12	4,07.71	4,47.29
10	2,50.69	2,90.28	3,29.86	3,69.44	4,09.03	4,48.61
11	2,52.01	2,91.60	3,31.18	3,70.76	4,10.35	4,49.93
12	2,53.33	2,92.92	3,32.50	3,72.08	4,11.67	4,51.25
13	2,54.65	2,94.24	3,33.82	3,73.40	4,12.99	4,52.57
14	2,55.97	2,95.56	3,35.14	3,74.72	4,14.30	4,53.89
15	2,57.29	2,96.87	3,36.46	3,76.04	4,15.62	4,55.21
16	2,58.61	2,98.19	3,37.78	3,77.36	4,16.94	4,56.53
17	2,59.93	2,99.51	3,39.10	3,78.68	4,18.26	4,57.85
18	2,61.25	3,00.83	3,40.42	3,80.	4,19.58	4,59.17
19	2,62.57	3,02 15	3,41.74	3,81.32	4,20.90	4,60.49
20	2,63.89	3,03.47	3,43.06	3,82.64	4,22.22	4,61.80
21	2,65.21	3,04.79	3,44.37	3,83.96	4,23.54	4,63.12
22	2,66.53	3,06.11	3,45.69	3,85.28	4,24.86	4,64.44
23	2,67.85	3,07.43	3,47.01	3,86.60	4,26.18	4,65.76
24	2,69.17	3,08.75	3,48.33	3,87.92	4,27.50	4,67.08
25	2,70.49	3,10.07	3,49.65	3,89.24	4,28.82	4,68.40
26	2,71.81	3,11.39	3,50.97	3,90.55	4,30.14	4,69.72
27	2,73.12	3,12.71	3,52.29	3,91.87	4,31.46	4,71.04
28	2,74.44	3,14.03	3,53.61	3,93.19	4,32.78	4,72.36
29	2,75.76	3,15.35	3,54.93	3,94.51	4,34.10	4,73.68

4 fr. 75 p. 0/0. **1 AN :**

Nombre de jours.	0 mois : » »	1 mois : 5,14.58	2 mois : 5,54.17	3 mois : 5,93.75	4 mois : 6,33.33	5 mois : 6,72.92
	Jours :	Jours :	Jours :	Jours :	Jours :	Jours :
	fr. c. dixm.	fr. c. dixm.	fr. c. dixm.	fr. c. dixm.	fr. c. dixm.	fr. c. dixm.
1	4,76.32	5,15.90	5,55.49	5,95.07	6,34.65	6,74.24
2	4,77.64	5,17.22	5,56.81	5,96.39	6,35.97	6,75.55
3	4,78.96	5,18.54	5,58.12	5,97.71	6,37.29	6,76.87
4	4,80.28	5,19.86	5,59.44	5,99.03	6,38.61	6,78.19
5	4,81.60	5,21.18	5,60.76	6,00.35	6,39.93	6,79.51
6	4,82.92	5,22.50	5,62.08	6,01.67	6,41.25	6,80.83
7	4,84.24	5,23.82	5,63.40	6,02.99	6,42.57	6,82.15
8	4,85.55	5,25.14	5,64.72	6,04.30	6,43.89	6,83.47
9	4,86.87	5,26.46	5,66.04	6,05.62	6,45.21	6,84.79
10	4,88.19	5,27.78	5,67.36	6,06.94	6,46.53	6,86.11
11	4,89.51	5,29.10	5,68.68	6,08.26	6,47.85	6,87.43
12	4,90.83	5,30.42	5,70.	6,09.58	6,49.17	6,88.75
13	4,92.15	5,31.74	5,71.32	6,10.90	6,50.49	6,90.07
14	4,93.47	5,33.06	5,72.64	6,12.22	6,51.80	6,91.39
15	4,94.79	5,34.37	5,73.96	6,13.54	6,53.12	6,92.71
16	4,96.11	5,35.69	5,75.28	6,14.86	6,54.44	6,94.03
17	4,97.43	5,37.01	5,76.60	6,16.18	6,55.76	6,95.35
18	4,98.75	5,38.33	5,77.92	6,17.50	6,57.08	6,96.67
19	5,00.07	5,39.65	5,79.24	6,18.82	6,58.40	6,97.99
20	5,01.39	5,40.97	5,80.56	6,20.14	6,59.72	6,99.30
21	5,02.71	5,42.29	5,81.87	6,21.46	6,61.04	7,00.62
22	5,04.03	5,43.61	5,83.19	6,22.78	6,62.36	7,01.94
23	5,05.35	5,44.93	5,84.51	6,24.10	6,63.68	7,03.26
24	5,06.67	5,46.25	5,85.83	6,25.42	6,65.	7,04.58
25	5,07.99	5,47.57	5,87.15	6,26.74	6,66.32	7,05.90
26	5,09.31	5,48.89	5,88.47	6,28.05	6,67.64	7,07.22
27	5,10.62	5,50.21	5,89.79	6,29.37	6,68.96	7,08.54
28	5,11.94	5,51.53	5,91.11	6,30.69	6,70.28	7,09.86
29	5,13.26	5,52.85	5,92.43	6,32.01	6,71.60	7,11.18

4 fr. 75. **Intérêt simple.**

Nombre de jours.	6 mois : 7,12.50	7 mois : 7,52.08	8 mois : 7,91.67	9 mois : 8,31.25	10 mois : 8,70.83	11 mois : 9,10.41
	Jours :	Jours :	Jours :	Jours :	Jours :	Jours :
	fr. c. dixm.	fr. c. dixm.	fr. c. dixm.	fr. c. dixm.	fr. c. dixm.	fr. c. dixm.
1	7,13.82	7,53.40	7,92.98	8,32.57	8,72.15	9,11.73
2	7,15.14	7,54.72	7,94.30	8,33.89	8,73.47	9,13.05
3	7,16.46	7,56.04	7,95.62	8,35.21	8,74.79	9,14.37
4	7,17.78	7,57.36	7,96.94	8,36.53	8,76.11	9,15.69
5	7,19.10	7,58.68	7,98.26	8,37.85	8,77.43	9,17.01
6	7,20.42	7,60.	7,99.58	8,39.17	8,78.75	9,18.33
7	7,21.73	7,61.32	8,00.90	8,40.48	8,80.07	9,19.65
8	7,23.05	7,62.64	8,02.22	8,41.80	8,81.39	9,20.97
9	7,24.37	7,63.96	8,03.54	8,43.12	8,82.71	9,22.29
10	7,25.69	7,65.28	8,04.86	8,44.44	8,84.03	9,23.61
11	7,27.01	7,66.60	8,06.18	8,45.76	8,85.35	9,24.93
12	7,28.33	7,67.92	8,07.50	8,47.08	8,86.67	9,26.25
13	7,29.65	7,69.23	8,08.82	8,48.40	8,87.98	9,27.57
14	7,30.97	7,70.55	8,10.14	8,49.72	8,89.30	9,28.89
15	7,32.29	7,71.87	8,11.46	8,51.04	8,90.62	9,30.21
16	7,33.61	7,73.19	8,12.78	8,52.36	8,91.94	9,31.53
17	7,34.93	7,74.51	8,14.10	8,53.68	8,93.26	9,32.85
18	7,36.25	7,75.83	8,15.42	8,55.	8,94.58	9,34.17
19	7,37.57	7,77.15	8,16.73	8,56.32	8,95.90	9,35.48
20	7,38.89	7,78.47	8,18.05	8,57.64	8,97.22	9,36.80
21	7,40.21	7,79.79	8,19.37	8,58.96	8,98.54	9,38.42
22	7,41.53	7,81.11	8,20.69	8,60.28	8,99.86	9,39.44
23	7,42.85	7,82.43	8,22.01	8,61.60	9,01.18	9,40.76
24	7,44.17	7,83.75	8,23.33	8,62.92	9,02.50	9,42.08
25	7,45.48	7,85.07	8,24.65	8,64.23	9,03.82	9,43.40
26	7,46.80	7,86.39	8,25.97	8,65.55	9,05.14	9,44.72
27	7,48.12	7,87.71	8,27.29	8,66.87	9,06.46	9,46.04
28	7,49.44	7,89.03	8,28.61	8,68.19	9,07.78	9,47.36
29	7,50.76	7,90.35	8,29.93	8,69.51	9,09.10	9,48.68

4 fr. 75 p. 0/0. **2 ANS :**

Nombre de jours.	0 mois :	1 mois : 9,89.58	2 mois : 10,29.17	3 mois : 10,68.75	4 mois : 11,08.33	5 mois : 11,47.92
	Jours :	Jours :	Jours :	Jours :	Jours :	Jours :
	fr. c. dixm.	fr. c. dixm.	fr. c. dixm.	fr. c. dixm.	fr. c. dixm.	fr. c. dixm.
1	9,51.32	9,90.90	10,30.49	10,70.07	11,09.65	11,49.24
2	9,52.64	9,92.22	10,31.81	10,71.39	11,10.97	11,50.55
3	9,53.96	9,93.54	10,33.12	10,72.71	11,12.29	11,51.87
4	9,55.28	9,94.86	10,34.44	10,74.03	11,13.61	11,53.19
5	9,56.60	9,96.18	10,35.76	10,75.35	11,14.93	11,54.51
6	9,57.92	9,97.50	10,37.08	10,76.67	11,16.25	11,55.83
7	9,59.24	9,98.82	10,38.40	10,77.99	11,17.57	11,57.15
8	9,60.56	10,00.14	10,39.72	10,79.30	11,18.89	11,58.47
9	9,61.87	10,01.46	10,41.04	10,80.62	11,20.21	11,59.79
10	9,63.19	10,02.78	10,42.36	10,81.94	11,21.53	11,61.11
11	9,64.51	10,04.10	10,43.68	10,83.26	11,22.85	11,62.43
12	9,65.83	10,05.42	10,45.	10,84.58	11,24.17	11,63.75
13	9,67.15	10,06.74	10,46.32	10,85.90	11,25.49	11,65.07
14	9,68.47	10,08.05	10,47.64	10,87.22	11,26.80	11,66.39
15	9,69.79	10,09.37	10,48.96	10,88.54	11,28.12	11,67.71
16	9,71.11	10,10.69	10,50.28	10,89.86	11,29.44	11,69.03
17	9,72.43	10,12.01	10,51.60	10,91.18	11,30.76	11,70.35
18	9,73.75	10,13.33	10,52.92	10,92.50	11,32.08	11,71.67
19	9,75.07	10,14.65	10,54.24	10,93.82	11,33.40	11,72.99
20	9,76.39	10,15.97	10,55.56	10,95.14	11,34.72	11,74.30
21	9,77.71	10,17.29	10,56.87	10,96.46	11,36.04	11,75.62
22	9,79.03	10,18.61	10,58.19	10,97.78	11,37.36	11,76.94
23	9,80.35	10,19.93	10,59.51	10,99.10	11,38.68	11,78.26
24	9,81.67	10,21.25	10,60.83	11,00.42	11,40.	11,79.58
25	9,82.99	10,22.57	10,62.15	11,01.74	11,41.32	11,80.90
26	9,84.31	10,23.89	10,63.47	11,03.05	11,42.64	11,82.22
27	9,85.62	10,25.21	10,64.79	11,04.37	11,43.96	11,83.54
28	9,86.94	10,26.53	10,66.11	11,05.69	11,45.28	11,84.86
29	9,88.26	10,27.85	10,67.43	11,07.01	11,46.60	11,86.18

9 fr. 50. **Intérêt simple.**

Nombre de jours.	6 mois : 11,87.50	7 mois : 12,27.08	8 mois : 12,66.67	9 mois : 13,06.25	10 mois : 13,45.83	11 mois : 13,85.42
	Jours :	Jours :	Jours :	Jours :	Jours :	Jours :
	fr. c. dixm.	fr. c. dixm.	fr. c. dixm.	fr. c. dixm.	fr. c. dixm.	fr. c. dixm.
1	11,88.82	12,28.40	12,67.98	13,07.57	13,47.15	13,86.73
2	11,90.14	12,29.72	12,69.30	13,08.89	13,48.47	13,88.05
3	11,91.46	12,31.04	12,70.62	13,10.21	13,49.79	13,89.37
4	11,92.78	12,32.36	12,71.94	13,11.53	13,51.11	13,90.69
5	11,94.10	12,33.68	12,73.26	13,12.85	13,52.43	13,92.01
6	11,95.42	12,35.	12,74.58	13,14.17	13,53.75	13,93.33
7	11,96.74	12,36.32	12,75.90	13,15.48	13,55.07	13,94.65
8	11,98.05	12,37.64	12,77.22	13,16.80	13,56.39	13,95.97
9	11,99.37	12,38.96	12,78.54	13,18.12	13,57.71	13,97.29
10	12,00.69	12,40.28	12,79.86	13,19.44	13,59.03	13,98.61
11	12,02.01	12,41.60	12,81.18	13,20.76	13,60.35	13,99.93
12	12,03.33	12,42.92	12,82.50	13,22.08	13,61.67	14,01.25
13	12,04.65	12,44.24	12,83.82	13,23.40	13,62.98	14,02.57
14	12,05.97	12,45.55	12,85.14	13,24.72	13,64.30	14,03.89
15	12,07.29	12,46.87	12,86.46	13,26.04	13,65.62	14,05.21
16	12,08.61	12,48.19	12,87.78	13,27.36	13,66.94	14,06.53
17	12,09.93	12,49.51	12,89.10	13,28.68	13,68.26	14,07.85
18	12,11.25	12,50.83	12,90.42	13,30.	13,69.58	14,09.17
19	12,12.57	12,52.15	12,91.73	13,31.32	13,70.90	14,10.48
20	12,13.89	12,53.47	12,93.05	13,32.64	13,72.22	14,11.80
21	12,15.21	12,54.79	12,94.37	13,33.96	13,73.54	14,13.12
22	12,16.53	12,56.11	12,95.69	13,35.28	13,74.86	14,14.44
23	12,17.85	12,57.43	12,97.01	13,36.60	13,76.18	14,15.76
24	12,19.17	12,58.75	12,98.33	13,37.92	13,77.50	14,17.08
25	12,20.49	12,60.07	12,99.65	13,39.23	13,78.82	14,18.40
26	12,21.80	12,61.39	13,00.97	13,40.55	13,80.14	14,19.72
27	12,23.12	12,62.71	13,02.29	13,41.87	13,81.46	14,21.04
28	12,24.44	12,64.03	13,03.61	13,43.19	13,82.78	14,22.36
29	12,25.76	12,65.35	13,04.93	13,44.51	13,84.10	14,23.68

4 fr. 75 p. 0/0.   **3 ANS :**

Nombre de jours.	0 mois : » »	1 mois : 14,64.58	2 mois : 15,04.17	3 mois : 15,43.75	4 mois : 15,83.33	5 mois : 16,22.92
	Jours :	Jours :	Jours :	Jours :	Jours :	Jours :
	fr. c. dixm.	fr. c. dixm.	fr. c. dixm.	fr. c. dixm.	fr. c. dixm.	fr. c. dixm.
1	14,26.32	14,65.90	15,05.49	15,45.07	15,84.65	16,24.24
2	14,27.64	14,67.22	15,06.81	15,46.39	15,85.97	16,25.55
3	14,28.96	14,68.54	15,08.12	15,47.71	15,87.29	16,26.87
4	14,30.28	14,69.86	15,09.44	15,49.03	15,88.61	16,28.19
5	14,31.60	14,71.18	15,40.76	15,50.35	15,89.93	16,29.51
6	14,32.92	14,72.50	15,12.08	15,51.67	15,91.25	16,30.83
7	14,34.24	14,73.82	15,13.40	15,52.99	15,92.57	16,32.15
8	14,35.56	14,75.14	15,14.72	15,54.31	15,93.89	16,33.47
9	14,36.87	14,76.46	15,16.04	15,55.62	15,95.21	16,34.79
10	14,38.19	14,77.78	15,17.36	15,56.94	15,96.53	16,36.11
11	14,39.51	14,79.10	15,18.68	15,58.26	15,97.85	16,37.43
12	14,40.83	14,80.42	15,20.	15,59.58	15,99.17	16,38.75
13	14,42.15	14,81.74	15,21.32	15,60.90	16,00.49	16,40.07
14	14,43.47	14,83.06	15,22.64	15,62.22	16,01.80	16,41.39
15	14,44.79	14,84.37	15,23.96	15,63.54	16,03.12	16,42.71
16	14,46.11	14,85.69	15,25.28	15,64.86	16,04.44	16,44.03
17	14,47.43	14,87.01	15,26.60	15,66.18	16,05.76	16,45.35
18	14,48.75	14,88.33	15,27.92	15,67.50	16,07.08	16,46.67
19	14,50.07	14,89.65	15,29.24	15,68.82	16,08.40	16,47.99
20	14,51.39	14,90.97	15,30.56	15,70.14	16,09.72	16,49.30
21	14,52.71	14,92.29	15,31.87	15,71.46	16,11.04	16,50.62
22	14,54.03	14,93.61	15,33.19	15,72.78	16,12.36	16,51.94
23	14,55.35	14,94.93	15,34.51	15,74.10	16,13.68	16,53.26
24	14,56.67	14,96.25	15,35.83	15,75.42	16,15.	16,54.58
25	14,57.99	14,97.57	15,37.15	15,76.74	16,16.32	16,55.90
26	14,59.31	14,98.89	15,38.47	15,78.05	16,17.64	16,57.22
27	14,60.62	15,00.21	15,39.79	15,79.37	16,18.96	16,58.54
28	14,61.94	15,01.53	15,41.11	15,80.69	16,20.28	16,59.86
29	14,63.26	15,02.85	15,42.43	15,82.01	16,21.60	16,61.18

14 fr. 25.   **Intérêt simple.**

Nombre de jours.	6 mois : 16,62.50	7 mois : 17,02.08	8 mois : 17,41.67	9 mois : 17,84.25	10 mois : 18,20.83	11 mois : 18,60.42
	Jours :	Jours :	Jours :	Jours :	Jours :	Jours :
	fr. c. dixm.	fr. c. dixm.	fr. c. dixm.	fr. c. dixm.	fr. c. dixm.	fr. c. dixm.
1	16,63.82	17,03.40	17,42.98	17,82.57	18,22.15	18,61.73
2	16,65.14	17,04.72	17,44.30	17,83.89	18,23.47	18,63.05
3	16,66.46	17,06.04	17,45.62	17,85.21	18,24.79	18,64.37
4	16,67.78	17,07.36	17,46.94	17,86.53	18,26.11	18,65.69
5	16,69.10	17,08.68	17,48.26	17,87.85	18,27.43	18,67.01
6	16,70.42	17,10.	17,49.58	17,89.17	18,28.75	18,68.33
7	16,71.74	17,11.32	17,50.90	17,90.48	18,30.07	18,69.65
8	16,73.05	17,12.64	17,52.22	17,91.80	18,31.39	18,70.97
9	16,74.37	17,13.96	17,53.54	17,93.12	18,32.71	18,72.29
10	16,75.69	17,15.28	17,54.86	17,94.44	18,34.03	18,73.61
11	16,77.01	17,16.60	17,56.18	17,95.76	18,35.35	18,74.93
12	16,78.33	17,17.92	17,57.50	17,97.08	18,36.67	18,76.25
13	16,79.65	17,19.24	17,58.82	17,98.40	18,37.98	18,77.57
14	16,80.97	17,20.55	17,60.14	17,99.72	18,39.30	18,78.89
15	16,82.29	17,21.87	17,61.46	18,01.04	18,40.62	18,80.21
16	16,83.61	17,23.19	17,62.78	18,02.36	18,41.94	18,81.53
17	16,84.93	17,24.51	17,64.10	18,03.68	18,43.26	18,82.85
18	16,86.25	17,25.83	17,65.42	18,05.	18,44.58	18,84.17
19	16,87.57	17,27.15	17,66.73	18,06.32	18,45.90	18,85.48
20	16,88.89	17,28.47	17,68.05	18,07.64	18,47.22	18,86.80
21	16,90.21	17,29.79	17,69.37	18,08.96	18,48.54	18,88.12
22	16,91.53	17,31.11	17,70.69	18,10.28	18,49.86	18,89.44
23	16,92.85	17,32.43	17,72.01	18,11.60	18,51.18	18,90.76
24	16,94.17	17,33.75	17,73.33	18,12.92	18,52.50	18,92.08
25	16,95.49	17,35.07	17,74.65	18,14.23	18,53.82	18,93.40
26	16,96.80	17,36.39	17,75.97	18,15.55	18,55.14	18,94.72
27	16,98.12	17,37.71	17,77.29	18,16.87	18,56.46	18,96.04
28	16,99.44	17,39.03	17,78.61	18,18.19	18,57.78	18,97.36
29	17,00.76	17,40.35	17,79.93	18,19.51	18,59.10	18,98.68

4 fr. 75 p. 0/0.   **4 ANS :**

Nombre de jours	0 mois : » »	1 mois : 19,39.58	2 mois : 19,79.17	3 mois : 20,18.75	4 mois : 20,58.33	5 mois : 20,97.92
	Jours :	Jours :	Jours :	Jours :	Jours :	Jours :
	fr. c. dixm.	fr. c. dixm.	fr. c. dixm.	fr. c. dixm.	fr. c. dixm.	fr. c. dixm.
1	19,01.32	19,40.90	19,80.49	20,20.07	20,59.65	20,99.24
2	19,02.64	19,42.22	19,81.81	20,21.39	20,60.97	21,00.55
3	19,03.96	19,43.54	19,83.12	20,22.74	20,62.29	21,01.87
4	19,05.28	19,44.86	19,84.44	20,24.03	20,63.61	21,03.19
5	19,06.60	19,46.18	19,85.76	20,25.35	20,64.93	21,04.51
6	19,07.92	19,47.50	19,87.08	20,26.67	20,66.25	21,05.83
7	19,09.24	19,48.82	19,88.40	20,27.99	20,67.57	21,07.15
8	19,10.55	19,50.14	19,89.72	20,29.30	20,68.89	21,08.47
9	19,11.87	19,51.46	19,91.04	20,30.62	20,70.21	21,09.79
10	19,13.19	19,52.78	19,92.36	20,31.94	20,71.53	21,11.11
11	19,14.51	19,54.10	19,93.68	20,33.26	20,72.85	21,12.43
12	19,15.83	19,55.42	19,95.	20,34.58	20,74.17	21,13.75
13	19,17.15	19,56.74	19,96.32	20,35.90	20,75.49	21,15.07
14	19,18.47	19,58.06	19,97.64	20,37.22	20,76.80	21,16.39
15	19,19.79	19,59.37	19,98.96	20,38.54	20,78.12	21,17.71
16	19,21.11	19,60.69	20,00.28	20,39.86	20,79.44	21,19.03
17	19,22.43	19,62.01	20,01.60	20,41.18	20,80.76	21,20.35
18	19,23.75	19,63.33	20,02.92	20,42.50	20,82.08	21,21.67
19	19,25.07	19,64.65	20,04.24	20,43.82	20,83.40	21,22.99
20	19,26.39	19,65.97	20,05.56	20,45.14	20,84.72	21,24.30
21	19,27.71	19,67.29	20,06.87	20,46.46	20,86.04	21,25.62
22	19,29.03	19,68.61	20,08.19	20,47.78	20,87.36	21,26.94
23	19,30.35	19,69.93	20,09.51	20,49.10	20,88.68	21,28.26
24	19,31.67	19,71.25	20,10.83	20,50.42	20,90.	21,29.58
25	19,32.99	19,72.57	20,12.15	20,51.74	20,91.32	21,30.90
26	19,34.31	19,73.89	20,13.47	20,53.05	20,92.64	21,32.22
27	19,35.62	19,75.21	20,14.79	20,54.37	20,93.96	21,33.54
28	19,36.94	19,76.53	20,16.11	20,55.69	20,95.28	21,34.86
29	19,38.26	19,77.85	20,17.43	20,57.01	20,96.60	21,36.18

19 fr.   **Intérêt simple.**

Nombre de jours	6 mois : 21,37.50	7 mois : 21,77.08	8 mois : 22,16.67	9 mois : 22,56.25	10 mois : 22,95.83	11 mois : 23,35.42
	Jours :	Jours :	Jours :	Jours :	Jours :	Jours :
	fr. c. dixm.	fr. c. dixm.	fr. c. dixm.	fr. c. dixm.	fr. c. dixm.	fr. c. dixm.
1	21,38.82	21,78 40	22,17.99	22,57.57	22,97.15	23,36.74
2	21,40.14	21,79.72	22,19.31	22,58.89	22,98.47	23,38.05
3	21,41.46	21,81.04	22,20.62	22,60.21	22,99.79	23,39.37
4	21,42.78	21,82.36	22,21.94	22,61.53	23,01.11	23,40.69
5	21,44.10	21,83.68	22,23.26	22,62.85	23,02.43	23,42.01
6	21,45.42	21,85.	22,24.58	22,64.17	23,03.75	23,43.33
7	21,46.74	21,86.32	22,25.90	22,65.49	23,05.07	23,44.65
8	21,48.06	21,87.64	22,27.22	22,66.81	23,06.39	23,45.97
9	21,49.37	21,88.96	22,28.54	22,68.12	23,07.71	23,47.29
10	21,50.69	21,90.28	22,29.86	22,69.44	23,09.03	23,48.61
11	21,52.01	21,91.60	22,31.18	22,70.76	23,10.35	23,49.93
12	21,53.33	21,92.92	22,32.50	22,72.08	23,11.67	23,51.25
13	21,54.65	21,94.24	22,33.82	22,73.40	23,12.99	23,52.57
14	21,55.97	21,95.56	22,35.14	22,74.72	23,14.30	23,53.89
15	21,57.29	21,96.87	22,36.46	22,76.04	23,15.62	23,55.21
16	21,58.61	21,98.19	22,37.78	22,77.36	23,16.94	23,56.53
17	21,59.93	21,99.51	22,39.10	22,78.68	23,18.26	23,57.85
18	21,61.25	22,00.83	22,40.42	22,80.	23,19.58	23,59.17
19	21,62.57	22,02.15	22,41.74	22,81.32	23,20.90	23,60.49
20	21,63.89	22,03.47	22,43.06	22,82.64	23,22.22	23,61.80
21	21,65.21	22,04.79	22,44.37	22,83.96	23,23.54	23,63.12
22	21,66.53	22,06.11	22,45.69	22,85.28	23,24.86	23,64.44
23	21,67.85	22,07.43	22,47.01	22,86.60	23,26.18	23,65.76
24	21,69.17	22,08.75	22,48.33	22,87.92	23,27.50	23,67.08
25	21,70.49	22,10.07	22,49.65	22,89.24	23,28.82	23,68.40
26	21,71.84	22,11.39	22,50.97	22,90.55	23,30.14	23,69.72
27	21,73.12	22,12.71	22,52.29	22,91.87	23,31.46	23,71.04
28	21,74.44	22,14.03	22,53.61	22,93.19	23,32.78	23,72.36
29	21,75.76	22,15.35	22,54.93	22,94.51	23,34.10	23,73.68

Au bout de 5 ans 23,75.00

5 p. 0/0. **0 AN :**

Nombre de jours.	0 mois : » »	1 mois : 0,41.67	2 mois : 0,83.33	3 mois : 1,25.00	4 mois : 1,66.67	5 mois : 2,08.33
	Jours :	Jours :	Jours :	Jours :	Jours :	Jours :
	fr. c. dixm.	fr. c. dixm.	fr. c. dixm.	fr. c. dixm.	fr. c. dixm.	fr. c. dixm.
1	0,01.39	0,43.06	0,84.72	1,26.39	1,68.06	2,09.72
2	0,02.78	0,44.44	0,86.11	1,27.78	1,69.44	2,11.11
3	0,04.17	0,45.83	0,87.50	1,29.17	1,70.83	2,12.50
4	0,05.56	0,47.22	0,88.89	1,30.56	1,72.22	2,13.89
5	0,06.94	0,48.61	0,90.28	1,31.94	1,73.61	2,15.28
6	0,08.33	0,50.	0,91.67	1,33.33	1,75.	2,16.67
7	0,09.72	0,51.39	0,93.05	1,34.72	1,76.39	2,18.06
8	0,11.11	0,52.78	0,94.44	1,36.11	1,77.78	2,19.44
9	0,12.50	0,54.17	0,95.83	1,37.50	1,79.17	2,20.83
10	0,13.89	0,55.56	0,97.22	1,38.89	1,80.56	2,22.22
11	0,15.28	0,56.94	0,98.61	1,40.28	1,81.94	2,23.61
12	0,16.67	0,58.33	1,00.	1,41.67	1,83.33	2,25.
13	0,18.06	0,59.72	1,01.39	1,43.06	1,84.72	2,26.39
14	0,19.44	0,61.11	1,02.78	1,44.44	1,86.11	2,27.78
15	0,20.83	0,62.50	1,04.17	1,45.83	1,87.50	2,29.17
16	0,22.22	0,63.89	1,05.56	1,47.22	1,88.89	2,30.56
17	0,23.61	0,65.28	1,06.94	1,48.61	1,90.28	2,31.94
18	0,25.	0,66.67	1,08.33	1,50.	1,91.67	2,33.33
19	0,26.39	0,68.06	1,09.72	1,51.39	1,93.05	2,34.72
20	0,27.78	0,69.44	1,11.11	1,52.78	1,94.44	2,36.11
21	0,29.17	0,70.83	1,12.50	1,54.17	1,95.83	2,37.50
22	0,30.56	0,72.22	1,13.89	1,55.56	1,97.22	2,38.89
23	0,31.94	0,73.61	1,15.28	1,56.94	1,98.61	2,40.28
24	0,33.33	0,75.	1,16.67	1,58.33	2,00.	2,41.67
25	0,34.72	0,76.39	1,18.06	1,59.72	2,01.39	2,43.06
26	0,36.11	0,77.78	1,19.44	1,61.11	2,02.78	2,44.44
27	0,37.50	0,79.17	1,20.83	1,62.50	2,04.17	2,45.83
28	0,38.89	0,80.56	1,22.22	1,63.89	2,05.56	2,47.22
29	0,40.28	0,81.94	1,23.61	1,65.28	2,06.94	2,48.61

Intérêt simple.

Nombre de jours.	6 mois : 2,50.00	7 mois : 2,94.67	8 mois : 3,33.33	9 mois : 3,75.00	10 mois : 4,16.67	11 mois : 4,58.33
	Jours :	Jours :	Jours :	Jours :	Jours :	Jours :
	fr. c. dixm.	fr. c. dixm.	fr. c. dixm.	fr. c. dixm.	fr. c. dixm.	fr. c. dixm.
1	2,51.39	2,93.05	3,34.72	3,76.39	4,18.06	4,59.72
2	2,52.78	2,94.44	3,36.11	3,77.78	4,19.44	4,61.11
3	2,54.17	2,95.83	3,37.50	3,79.17	4,20.83	4,62.50
4	2,55.56	2,97.22	3,38.89	3,80.56	4,22.22	4,63.89
5	2,56.94	2,98.61	3,40.28	3,81.94	4,23.61	4,65.28
6	2,58.33	3,00.	3,41.67	3,83.33	4,25.	4,66.67
7	2,59.72	3,01.39	3,43.06	3,84.72	4,26.39	4,68.06
8	2,61.11	3,02.78	3,44.44	3,86.11	4,27.78	4,69.44
9	2,62.50	3,04.17	3,45.83	3,87.50	4,29.17	4,70.83
10	2,63.89	3,05.56	3,47.22	3,88.89	4,30.56	4,72.22
11	2,65.28	3,06.94	3,48.61	3,90.28	4,31.94	4,73.61
12	2,66.67	3,08.33	3,50.	3,91.67	4,33.33	4,75.
13	2,68.06	3,09.72	3,51.39	3,93.05	4,34.72	4,76.39
14	2,69.44	3,11.11	3,52.78	3,94.44	4,36.11	4,77.78
15	2,70.83	3,12.50	3,54.17	3,95.83	4,37.50	4,79.17
16	2,72.22	3,13.89	3,55.56	3,97.22	4,38.89	4,80.56
17	2,73.61	3,15.28	3,56.94	3,98.61	4,40.28	4,81.94
18	2,75.	3,16.67	3,58.33	4,00.	4,41.67	4,83.33
19	2,76.39	3,18.06	3,59.72	4,01.39	4,43.06	4,84.72
20	2,77.78	3,19.44	3,61.11	4,02.78	4,44.44	4,86.11
21	2,79.17	3,20.83	3,62.50	4,04.17	4,45.83	4,87.50
22	2,80.56	3,22.22	3,63.89	4,05.56	4,47.22	4,88.89
23	2,81.94	3,23.61	3,65.28	4,06.94	4,48.61	4,90.28
24	2,83.33	3,25.	3,66.67	4,08.33	4,50.	4,91.67
25	2,84.72	3,26.39	3,68.06	4,09.72	4,51.39	4,93.05
26	2,86.11	3,27.78	3,69.44	4,11.11	4,52.78	4,94.44
27	2,87.50	3,29.17	3,70.83	4,12.50	4,54.17	4,95.83
28	2,88.89	3,30.56	3,72.22	4,13.89	4,55.56	4,97.22
29	2,90.28	3,31.94	3,73.61	4,15.28	4,56.94	4,98.61

9

5 p. 0/0   **1 AN :**

Nombre de jours.	0 mois : » »	1 mois : 5,41.67	2 mois : 5,83.33	3 mois : 6,25.00	4 mois : 6,66.67	5 mois : 7,08.33
	Jours :	Jours :	Jours :	Jours :	Jours :	Jours :
	fr. c. dixm.	fr. c. dixm.	fr. c. dixm.	fr. c. dixm.	fr. c. dixm.	fr. c. dixm.
1	5,01.39	5,43.06	5,84.72	6,26.39	6,68.06	7,09.72
2	5,02.78	5,44.44	5,86.11	6,27.78	6,69.44	7,11.11
3	5,04.17	5,45.83	5,87.50	6,29.17	6,70.83	7,12.50
4	5,05.56	5,47.22	5,88.89	6,30.56	6,72.22	7,13.89
5	5,06.94	5,48.61	5,90.28	6,31.94	6,73.61	7,15.28
6	5,08.33	5,50.	5,91.67	6,33.33	6,75.	7,16.67
7	5,09.72	5,51.39	5,93.05	6,34.72	6,76.39	7,18.06
8	5,11.11	5,52.78	5,94.44	6,36.11	6,77.78	7,19.44
9	5,12.50	5,54.17	5,95.83	6,37.50	6,79.17	7,20.83
10	5,13.89	5,55.56	5,97.22	6,38.89	6,80.56	7,22.22
11	5,15.28	5,56.94	5,98.61	6,40.28	6,81.94	7,23.61
12	5,16.67	5,58.33	6,00.	6,41.67	6,83.33	7,25.
13	5,18.06	5,59.72	6,01.39	6,43.06	6,84.72	7,26.39
14	5,19.44	5,61.11	6,02.78	6,44.44	6,86.11	7,27.78
15	5,20.83	5,62.50	6,04.17	6,45.83	6,87.50	7,29.17
16	5,22.22	5,63.89	6,05.56	6,47.22	6,88.89	7,30.56
17	5,23.61	5,65.28	6,06.94	6,48.61	6,90.28	7,31.94
18	5,25.	5,66.67	6,08.33	6,50.	6,91.67	7,33.33
19	5,26.39	5,68.06	6,09.72	6,51.39	6,93.05	7,34.72
20	5,27.78	5,69.44	6,11.11	6,52.78	6,94.44	7,36.11
21	5,29.17	5,70.83	6,12.50	6,54.17	6,95.83	7,37.50
22	5,30.56	5,72.22	6,13.89	6,55.56	6,97.22	7,38.89
23	5,31.94	5,73.61	6,15.28	6,56.94	6,98.61	7,40.28
24	5,33.33	5,75.	6,16.67	6,58.33	7,00.	7,41.67
25	5,34.72	5,76.39	6,18.06	6,59.72	7,01.39	7,43.06
26	5,36.11	5,77.78	6,19.44	6,61.11	7,02.78	7,44.44
27	5,37.50	5,79.17	6,20.83	6,62.50	7,04.17	7,45.83
28	5,38.89	5,80.56	6,22.22	6,63.89	7,05.56	7,47.22
29	5,40.28	5,81.94	6,23.61	6,65.28	7,06.94	7,48.61

5 fr.   **Intérêt simple.**

Nombre de jours.	6 mois : 7,50.00	7 mois : 7,94.67	8 mois : 8,33.33	9 mois : 8,75.00	10 mois : 9,16.67	11 mois : 9,58.33
	Jours :	Jours :	Jours :	Jours :	Jours :	Jours :
	fr. c. dixm.	fr. c. dixm.	fr. c. dixm.	fr. c. dixm.	fr. c. dixm.	fr. c. dixm.
1	7,51.39	7,93.05	8,34.72	8,76.39	9,18.06	9,59.72
2	7,52.78	7,94.44	8,36.11	8,77.78	9,19.44	9,61.11
3	7,54.17	7,95.83	8,37.50	8,79.17	9,20.83	9,62.50
4	7,55.56	7,97.22	8,38.89	8,80.56	9,22.22	9,63.89
5	7,56.94	7,98.61	8,40.28	8,81.94	9,23.61	9,65.28
6	7,58.33	8,00.	8,41.67	8,83.33	9,25.	9,66.67
7	7,59.72	8,01.39	8,43.06	8,84.72	9,26.39	9,68.06
8	7,61.11	8,02.78	8,44.44	8,86.11	9,27.78	9,69.44
9	7,62.50	8,04.17	8,45.83	8,87.50	9,29.17	9,70.83
10	7,63.89	8,05.56	8,47.22	8,88.89	9,30.56	9,72.22
11	7,65.28	8,06.94	8,48.61	8,90.28	9,31.94	9,73.61
12	7,66.67	8,08.33	8,50.	8,91.67	9,33.33	9,75.
13	7,68.06	8,09.72	8,51.39	8,93.05	9,34.72	9,76.39
14	7,69.44	8,11.11	8,52.78	8,94.44	9,36.11	9,77.78
15	7,70.83	8,12.50	8,54.17	8,95.83	9,37.50	9,79.17
16	7,72.22	8,13.89	8,55.56	8,97.22	9,38.89	9,80.56
17	7,73.61	8,15.28	8,56.94	8,98.61	9,40.28	9,81.94
18	7,75.	8,16.67	8,58.33	9,00.	9,41.67	9,83.33
19	7,76.39	8,18.06	8,59.72	9,01.39	9,43.06	9,84.72
20	7,77.78	8,19.44	8,61.11	9,02.78	9,44.44	9,86.11
21	7,79.17	8,20.83	8,62.50	9,04.17	9,45.83	9,87.50
22	7,80.56	8,22.22	8,63.89	9,05.56	9,47.22	9,88.89
23	7,81.94	8,23.61	8,65.28	9,06.94	9,48.61	9,90.28
24	7,83.33	8,25.	8,66.67	9,08.33	9,50.	9,91.67
25	7,84.72	8,26.39	8,68.06	9,09.72	9,51.39	9,93.05
26	7,86.11	8,27.78	8,69.44	9,11.11	9,52.78	9,94.44
27	7,87.50	8,29.17	8,70.83	9,12.50	9,54.17	9,95.83
28	7,88.89	8,30.56	8,72.22	9,13.89	9,55.56	9,97.22
29	7,90.28	8,31.94	8,73.61	9,15.28	9,56.94	9,98.61

5 p. 0/0 **2 ANS**

Nombre de jours	0 mois : » »	1 mois : 10,41.67	2 mois : 10,83.33	3 mois : 11,25.00	4 mois : 11,66.67	5 mois : 12,08.33
	Jours :	Jours :	Jours :	Jours :	Jours :	Jours :
	fr. c. dixm.	fr. c. dixm.	fr. c. dixm.	fr. c. dixm.	fr. c. dixm.	fr. c. dixm.
1	10,01.39	10,43.06	10,84.72	11,26.39	11,68.06	12,09.72
2	10,02.78	10,44.44	10,86.11	11,27.78	11,69.44	12,11.11
3	10,04.17	10,45.83	10,87.50	11,29.17	11,70.83	12,12.50
4	10,05.56	10,47.22	10,88.89	11,30.56	11,72.22	12,13.89
5	10,06.94	10,48.61	10,90.28	11,31.94	11,73.61	12,15.28
6	10,08.33	10,50.	10,91.67	11,33.33	11,75.	12,16.67
7	10,09.72	10,51.39	10,93.05	11,34.72	11,76.39	12,18.06
8	10,11.11	10,52.78	10,94.44	11,36.11	11,77.78	12,19.44
9	10,12.50	10,54.17	10,95.83	11,37.50	11,79.17	12,20.83
10	10,13.89	10,55.56	10,97.22	11,38.89	11,80.56	12,22.22
11	10,15.28	10,56.94	10,98.61	11,40.28	11,81.94	12,23.61
12	10,16.67	10,58.33	11,00.	11,41.67	11,83.33	12,25.
13	10,18.06	10,59.72	11,01.39	11,43.06	11,84.72	12,26.39
14	10,19.44	10,61.11	11,02.78	11,44.44	11,86.11	12,27.78
15	10,20.83	10,62.50	11,04.17	11,45.83	11,87.50	12,29.17
16	10,22.22	10,63.89	11,05.56	11,47.22	11,88.89	12,30.56
17	10,23.61	10,65.28	11,06.94	11,48.61	11,90.28	12,31.94
18	10,25.	10,66.67	11,08.33	11,50.	11,91.67	12,33.33
19	10,26.39	10,68.06	11,09.72	11,51.39	11,93.05	12,34.72
20	10,27.78	10,69.44	11,11.11	11,52.78	11,94.44	12,36.11
21	10,29.17	10,70.83	11,12.50	11,54.17	11,95.83	12,37.50
22	10,30.56	10,72.22	11,13.89	11,55.56	11,97.22	12,38.89
23	10,31.94	10,73.61	11,15.28	11,56.94	11,98.61	12,40.28
24	10,33.33	10,75.	11,16.67	11,58.33	12,00.	12,41.67
25	10,34.72	10,76.39	11,18.06	11,59.72	12,01.39	12,43.06
26	10,36.11	10,77.78	11,19.44	11,61.11	12,02.78	12,44.44
27	10,37.50	10,79.17	11,20.83	11,62.50	12,04.17	12,45.83
28	10,38.89	10,80.56	11,22.22	11,63.89	12,05.56	12,47.22
29	10,40.28	10,81.94	11,23.61	11,65.28	12,06.94	12,48.61

10 fr. **Intérêt simple.**

Nombre de jours	6 mois : 12,50.00	7 mois : 12,91.67	8 mois : 13,33.33	9 mois : 13,75.00	10 mois : 14,16.67	11 mois : 14,58.33
	Jours :	Jours :	Jours :	Jours :	Jours :	Jours :
	fr. c. dixm.	fr. c. dixm.	fr. c. dixm.	fr. c. dixm.	fr. c. dixm.	fr. c. dixm.
1	12,51.39	12,93.05	13,34.72	13,76.39	14,18.06	14,59.72
2	12,52.78	12,94.44	13,36.11	13,77.78	14,19.44	14,61.11
3	12,54.17	12,95.83	13,37.50	13,79.17	14,20.83	14,62.50
4	12,55.56	12,97.22	13,38.89	13,80.56	14,22.22	14,63.89
5	12,56.94	12,98.61	13,40.28	13,81.94	14,23.61	14,65.28
6	12,58.33	13,00.	13,41.67	13,83.33	14,25.	14,66.67
7	12,59.72	13,01.39	13,43.06	13,84.72	14,26.39	14,68.06
8	12,61.11	13,02.78	13,44.44	13,86.11	14,27.78	14,69.44
9	12,62.50	13,04.17	13,45.83	13,87.50	14,29.17	14,70.83
10	12,63.89	13,05.56	13,47.22	13,88.89	14,30.56	14,72.22
11	12,65.28	13,06.94	13,48.61	13,90.28	14,31.94	14,73.61
12	12,66.67	13,08.33	13,50.	13,91.67	14,33.33	14,75.
13	12,68.06	13,09.72	13,51.39	13,93.05	14,34.72	14,76.39
14	12,69.44	13,11.11	13,52.78	13,94.44	14,36.11	14,77.78
15	12,70.83	13,12.50	13,54.17	13,95.83	14,37.50	14,79.17
16	12,72.22	13,13.89	13,55.56	13,97.22	14,38.89	14,80.56
17	12,73.61	13,15.28	13,56.94	13,98.61	14,40.28	14,81.94
18	12,75.	13,16.67	13,58.33	14,00.	14,41.67	14,83.33
19	12,76.39	13,18.06	13,59.72	14,01.39	14,43.06	14,84.72
20	12,77.78	13,19.44	13,61.11	14,02.78	14,44.44	14,86.11
21	12,79.17	13,20.83	13,62.50	14,04.17	14,45.83	14,87.50
22	12,80.56	13,22.22	13,63.89	14,05.56	14,47.22	14,88.89
23	12,81.94	13,23.61	13,65.28	14,06.94	14,48.61	14,90.28
24	12,83.33	13,25.	13,66.67	14,08.33	14,50.	14,91.67
25	12,84.72	13,26.39	13,68.06	14,09.72	14,51.39	14,93.05
26	12,86.11	13,27.78	13,69.44	14,11.11	14,52.78	14,94.44
27	12,87.50	13,29.17	13,70.83	14,12.50	14,54.17	14,95.83
28	12,88.89	13,30.56	13,72.22	14,13.89	14,55.56	14,97.22
29	12,90.28	13,31.94	13,73.61	14,15.28	14,56.94	14,98.61

5 p. 0/0. **3 ANS :**

Nombre de jours.	0 mois : » »	1 mois : 15,41.67	2 mois : 15,83.33	3 mois : 16,25.00	4 mois : 16,66.67	5 mois : 17,08.33
	Jours :	Jours :	Jours :	Jours :	Jours :	Jours :
	fr. c. dixm.	fr. c. dixm.	fr. c. dixm.	fr. c. dixm.	fr. c. dixm.	fr. c. dixm.
1	15,01.39	15,43.06	15,84.72	16,26.39	16,68.06	17,09.72
2	15,02.78	15,44.44	15,86.11	16,27.78	16,69.44	17,11.11
3	15,04.17	15,45.83	15,87.50	16,29.17	16,70.83	17,12.50
4	15,05.56	15,47.22	15,88.89	16,30.56	16,72.22	17,13.89
5	15,06.94	15,48.61	15,90.28	16,31.94	16,73.61	17,15.28
6	15,08.33	15,50.	15,91.67	16,33.33	16,75.	17,16.67
7	15,09.72	15,51.39	15,93.05	16,34.72	16,76.39	17,18.06
8	15,11.11	15,52.78	15,94.44	16,36.11	16,77.78	17,19.44
9	15,12.50	15,54.17	15,95.83	16,37.50	16,79.17	17,20.83
10	15,13.89	15,55.56	15,97.22	16,38.89	16,80.56	17,22.22
11	15,15.28	15,56.94	15,98.61	16,40.28	16,81.94	17,23.61
12	15,16.67	15,58.33	16,00.	16,41.67	16,83.33	17,25.
13	15,18.06	15,59.72	16,01.39	16,43.06	16,84.72	17,26.39
14	15,19.44	15,61.11	16,02.78	16,44.44	16,86.11	17,27.78
15	15,20.83	15,62.50	16,04.17	16,45.83	16,87.50	17,29.17
16	15,22.22	15,63.89	16,05.56	16,47.22	16,88.89	17,30.56
17	15,23.61	15,65.28	16,06.94	16,48.61	16,90.28	17,31.94
18	15,25.	15,66.67	16,08.33	16,50.	16,91.67	17,33.33
19	15,26.39	15,68.06	16,09.72	16,51.39	16,93.05	17,34.72
20	15,27.78	15,69.44	16,11.11	16,52.78	16,94.44	17,36.11
21	15,29.17	15,70.83	16,12.50	16,54.17	16,95.83	17,37.50
22	15,30.56	15,72.22	16,13.89	16,55.56	16,97.22	17,38.89
23	15,31.94	15,73.61	16,15.28	16,56.94	16,98.61	17,40.28
24	15,33.33	15,75.	16,16.67	16,58.33	17,00.	17,41.67
25	15,34.72	15,76.39	16,18.06	16,59.72	17,01.39	17,43.06
26	15,36.11	15,77.78	16,19.44	16,61.11	17,02.78	17,44.44
27	15,37.50	15,79.17	16,20.83	16,62.50	17,04.17	17,45.83
28	15,38.89	15,80.56	16,22.22	16,63.89	17,05.56	17,47.22
29	15,40.28	15,81.94	16,23.61	16,65.28	17,06.94	17,48.61

15 fr. **Intérêt simple.**

Nombre de jours.	6 mois : 17,50.00	7 mois : 17,91.67	8 mois : 18,33.33	9 mois : 18,75.00	10 mois : 19,16.67	11 mois : 19,58.33
	Jours :	Jours :	Jours :	Jours :	Jours :	Jours :
	fr. c. dixm.	fr. c. dixm.	fr. c. dixm.	fr. c. dixm.	fr. c. dixm.	fr. c. dixm.
1	17,51.39	17,93.05	18,34.72	18,76.39	19,18.06	19,59.72
2	17,52.78	17,94.44	18,36.11	18,77.78	19,19.44	19,61.11
3	17,54.17	17,95.83	18,37.50	18,79.17	19,20.83	19,62.50
4	17,55.56	17,97.22	18,38.89	18,80.56	19,22.22	19,63.89
5	17,56.94	17,98.61	18,40.28	18,81.94	19,23.61	19,65.28
6	17,58.33	18,00.	18,41.67	18,83.33	19,25.	19,66.67
7	17,59.72	18,01.39	18,43.06	18,84.72	19,26.39	19,68.06
8	17,61.11	18,02.78	18,44.44	18,86.11	19,27.78	19,69.44
9	17,62.50	18,04.17	18,45.83	18,87.50	19,29.17	19,70.83
10	17,63.89	18,05.56	18,47.22	18,88.89	19,30.56	19,72.22
11	17,65.28	18,06.94	18,48.61	18,90.28	19,31.94	19,73.61
12	17,66.67	18,08.33	18,50.	18,91.67	19,33.33	19,75.
13	17,68.06	18,09.72	18,51.39	18,93.05	19,34.72	19,76.39
14	17,69.44	18,11.11	18,52.78	18,94.44	19,36.11	19,77.78
15	17,70.83	18,12.50	18,54.17	18,95.83	19,37.50	19,79.17
16	17,72.22	18,13.89	18,55.56	18,97.22	19,38.89	19,80.56
17	17,73.61	18,15.28	18,56.94	18,98.61	19,40.28	19,81.94
18	17,75.	18,16.67	18,58.33	19,00.	19,41.67	19,83.33
19	17,76.39	18,18.06	18,59.72	19,01.39	19,43.06	19,84.72
20	17,77.78	18,19.44	18,61.11	19,02.78	19,44.44	19,86.11
21	17,79.17	18,20.83	18,62.50	19,04.17	19,45.83	19,87.50
22	17,80.56	18,22.22	18,63.89	19,05.56	19,47.22	19,88.89
23	17,81.94	18,23.61	18,65.28	19,06.94	19,48.61	19,90.28
24	17,83.33	18,25.	18,66.67	19,08.33	19,50.	19,91.67
25	17,84.72	18,26.39	18,68.06	19,09.72	19,51.39	19,93.05
26	17,86.11	18,27.78	18,69.44	19,11.11	19,52.78	19,94.44
27	17,87.50	18,29.17	18,70.83	19,12.50	19,54.17	19,95.83
28	17,88.89	18,30.56	18,72.22	19,13.89	19,55.56	19,97.22
29	17,90.28	18,31.94	18,73.61	19,15.28	19,56.94	19,98.61

5 p. 0/0 — **4 ANS :**

Nombre de jours.	0 mois :	1 mois :	2 mois :	3 mois :	4 mois :	5 mois :
	» »	20,41.67	20,83.33	21,25.00	21,66.67	22,08.33
	Jours :	Jours :	Jours :	Jours :	Jours :	Jours :
	fr. c. dixm.	fr. c. dixm.	fr. c. dixm.	fr. c. dixm.	fr. c. dixm.	fr. c. dixm.
1	20,01.39	20,43.06	20,84.72	21,26.39	21,58.06	22,09.72
2	20,02.78	20,44.44	20,86.11	21,27.78	21,69.44	22,11.11
3	20,04.17	20,45.83	20,87.50	21,29.17	21,70.83	22,12.50
4	20,05.56	20,47.22	20,88.89	21,30.56	21,72.22	22,13.89
5	20,06.94	20,48.61	20,90.28	21,31.94	21,73.61	22,15.28
6	20,08.33	20,50.	20,91.67	21,33.33	21,75.	22,16.67
7	20,09.72	20,51.39	20,93.05	21,34.72	21,76.39	22,18.06
8	20,11.11	20,52.78	20,94.44	21,36.11	21,77.78	22,19.44
9	20,12.50	20,54.17	20,95.83	21,37.50	21,79.17	22,20.83
10	20,13.89	20,55.56	20,97.22	21,38.89	21,80.56	22,22.22
11	20,15.28	20,56.94	20,98.61	21,40.28	21,81.94	22,23.61
12	20,16.67	20,58.33	21,00.	21,41.67	21,83.33	22,25.
13	20,18.06	20,59.72	21,01.39	21,43.06	21,84.72	22,26.39
14	20,19.44	20,61.11	21,02.78	21,44.44	21,86.11	22,27.78
15	20,20.83	20,62.50	21,04.17	21,45.83	21,87.50	22,29.17
16	20,22.22	20,63.89	21,05.56	21,47.22	21,88.89	22,30.56
17	20,23.61	20,65.28	21,06.94	21,48.61	21,90.28	22,31.94
18	20,25.	20,66.67	21,08.33	21,50.	21,91.67	22,33.33
19	20,26.39	20,68.06	21,09.72	21,51.39	21,93.05	22,34.72
20	20,27.78	20,69.44	21,11.11	21,52.78	21,94.44	22,36.11
21	20,29.17	20,70.83	21,12.50	21,54.17	21,95.83	22,37.50
22	20,30.56	20,72.22	21,13.89	21,55.56	21,97.22	22,38.89
23	20,31.94	20,73.61	21,15.28	21,56.94	21,98.61	22,40.28
24	20,33.33	20,75.	21,16.67	21,58.33	22,00.	22,41.67
25	20,34.72	20,76.39	21,18.06	21,59.72	22,01.39	22,43.06
26	20,36.11	20,77.78	21,19.44	21,61.11	22,02.78	22,44.44
27	20,37.50	20,79.17	21,20.83	21,62.50	22,04.17	22,45.83
28	20,38.89	20,80.56	21,22.22	21,63.89	22,05.56	22,47.22
29	20,40.28	20,81.94	21,23.61	21,65.28	22,06.94	22,48.61

20 fr. — **Intérêt simple.**

Nombre de jours.	6 mois :	7 mois :	8 mois :	9 mois :	10 mois :	11 mois :
	22,50.00	22,91.67	23,33.33	23,75.00	24,16.67	24,58.33
	Jours :	Jours :	Jours :	Jours :	Jours :	Jours :
	fr. c. dixm.	fr. c. dixm.	fr. c. dixm.	fr. c. dixm.	fr. c. dixm.	fr. c. dixm.
1	22,51.39	22,93.05	23,34.72	23,76.39	24,18.06	24,59.72
2	22,52.78	22,94.44	23,36.11	23,77.78	24,19.44	24,61.11
3	22,54.17	22,95.83	23,37.50	23,79.17	24,20.83	24,62.50
4	22,55.56	22,97.22	23,38.89	23,80.56	24,22.22	24,63.89
5	22,56.94	22,98.61	23,40.28	23,81.94	24,23.61	24,65.28
6	22,58.33	23,00.	23,41.67	23,83.33	24,25.	24,66.67
7	22,59.72	23,01.39	23,43.06	23,84.72	24,26.39	24,68.06
8	22,61.11	23,02.78	23,44.44	23,86.11	24,27.78	24,69.44
9	22,62.50	23,04.17	23,45.83	23,87.50	24,29.17	24,70.83
10	22,63.89	23,05.56	23,47.22	23,88.89	24,30.56	24,72.22
11	22,65.28	23,06.94	23,48.61	23,90.28	24,31.94	24,73.61
12	22,66.67	23,08.33	23,50.	23,91.67	24,33.33	24,75.
13	22,68.06	23,09.72	23,51.39	23,93.05	24,34.72	24,76.39
14	22,69.44	23,11.11	23,52.78	23,94.44	24,36.11	24,77.78
15	22,70.83	23,12.50	23,54.17	23,95.83	24,37.50	24,79.17
16	22,72.22	23,13.89	23,55.56	23,97.22	24,38.89	24,80.56
17	22,73.61	23,15.28	23,56.94	23,98.61	24,40.28	24,81.94
18	22,75.	23,16.67	23,58.33	24,00.	24,41.67	24,83.33
19	22,76.39	23,18.06	23,59.72	24,01.39	24,43.06	24,84.72
20	22,77.78	23,19.44	23,61.11	24,02.78	24,44.44	24,86.11
21	22,79.47	23,20.83	23,62.50	24,04.17	24,45.83	24,87.50
22	22,80.56	23,22.22	23,63.89	24,05.56	24,47.22	24,88.89
23	22,81.94	23,23.61	23,65.28	24,06.94	24,48.61	24,90.28
24	22,83.33	23,25.	23,66.67	24,08.33	24,50.	24,94.67
25	22,84.72	23,26.39	23,68.06	24,09.72	24,51.39	24,93.05
26	22,86.11	23,27.78	23,69.44	24,11.11	24,52.78	24,94.44
27	22,87.50	23,29.17	23,70.83	24,12.50	24,54.17	24,95.83
28	22,88.89	23,30.56	23,72.22	24,13.89	24,55.56	24,97.22
29	22,90.28	23,31.94	23,73.61	24,15.28	24,56.94	24,98.61

Au bout de 5 ans 25,00.00

5 p. 0/0.   **0 AN :**

Nombre de jours.	0 mois : » »	1 mois : 0,41.67	2 mois : 0,83.33	3 mois : 1,25.00	4 mois : 1,66.67	5 mois : 2,08.33
	Jours :	Jours :	Jours :	Jours :	Jours :	Jours :
	fr. c. dixm.	fr. c. dixm.	fr. c. dixm.	fr. c. dixm.	fr. c. dixm.	fr. c. dixm.
1	0,01.39	0,43.06	0,84.72	1,26.39	1,68.06	2,09.72
2	0,02.78	0,44.44	0,86.11	1,27.78	1,69.44	2,11.11
3	0,04.17	0,45.83	0,87.50	1,29.17	1,70.83	2,12.50
4	0,05.56	0,47.22	0,88.89	1,30.56	1,72.22	2,13.89
5	0,06.94	0,48.61	0,90.28	1,31.94	1,73.61	2,15.28
6	0,08.33	0,50.	0,91.67	1,33.33	1,75.	2,16.67
7	0,09.72	0,51.39	0,93.05	1,34.72	1,76.39	2,18.06
8	0,11.11	0,52.78	0,94.44	1,36.11	1,77.78	2,19.44
9	0,12.50	0,54.17	0,95.83	1,37.50	1,79.17	2,20.83
10	0,13.89	0,55.56	0,97.22	1,38.89	1,80.56	2,22.22
11	0,15.28	0,56.94	0,98.61	1,40.28	1,81.94	2,23.61
12	0,16.67	0,58.33	1,00.	1,41.67	1,83.33	2,25.
13	0,18.06	0,59.72	1,01.39	1,43.06	1,84.72	2,26.39
14	0,19.44	0,61.11	1,02.78	1,44.44	1,86.11	2,27.78
15	0,20.83	0,62.50	1,04.17	1,45.83	1,87.50	2,29.17
16	0,22.22	0,63.89	1,05.56	1,47.22	1,88.89	2,30.56
17	0,23.61	0,65.28	1,06.94	1,48.61	1,90.28	2,31.94
18	0,25.	0,66.67	1,08.33	1,50.	1,91.67	2,33.33
19	0,26.39	0,68.06	1,09.72	1,51.39	1,93.05	2,34.72
20	0,27.78	0,69.44	1,11.11	1,52.78	1,94.44	2,36.11
21	0,29.17	0,70.83	1,12.50	1,54.17	1,95.83	2,37.50
22	0,30.56	0,72.22	1,13.89	1,55.56	1,97.22	2,38.89
23	0,31.94	0,73.61	1,15.28	1,56.94	1,98.61	2,40.28
24	0,33.33	0,75.	1,16.67	1,58.33	2,00.	2,41.67
25	0,34.72	0,76.39	1,18.06	1,59.72	2,01.39	2,43.06
26	0,36.11	0,77.78	1,19.44	1,61.11	2,02.78	2,44.44
27	0,37.50	0,79.17	1,20.83	1,62.50	2,04.17	2,45.83
28	0,38.89	0,80.56	1,22.22	1,63.89	2,05.56	2,47.22
29	0,40.28	0,81.94	1,23.61	1,65.28	2,06.94	2,48.61

Intérêt composé.

Nombre de jours.	6 mois : 2,50.00	7 mois : 2,91.67	8 mois : 3,33.33	9 mois : 3,75.00	10 mois : 4,16.67	11 mois : 4,58.33
	Jours :	Jours :	Jours :	Jours :	Jours :	Jours :
	fr. c. dixm.	fr. c. dixm.	fr. c. dixm.	fr. c. dixm.	fr. c. dixm.	fr. c. dixm.
1	2,51.39	2,93.05	3,34.72	3,76.39	4,18.06	4,59.72
2	2,52.78	2,94.44	3,36.11	3,77.78	4,19.44	4,61.11
3	2,54.17	2,95.83	3,37.50	3,79.17	4,20.83	4,62.50
4	2,55.56	2,97.22	3,38.89	3,80.56	4,22.22	4,63.89
5	2,56.94	2,98.61	3,40.28	3,81.94	4,23.61	4,65.28
6	2,58.33	3,00.	3,41.67	3,83.33	4,25.	4,66.67
7	2,59.72	3,01.39	3,43.06	3,84.72	4,26.39	4,68.06
8	2,61.11	3,02.78	3,44.44	3,86.11	4,27.78	4,69.44
9	2,62.50	3,04.17	3,45.83	3,87.50	4,29.17	4,70.83
10	2,63.89	3,05.56	3,47.22	3,88.89	4,30.56	4,72.22
11	2,65.28	3,06.94	3,48.61	3,90.28	4,31.94	4,73.61
12	2,66.67	3,08.33	3,50.	3,91.67	4,33.33	4,75.
13	2,68.06	3,09.72	3,51.39	3,93.05	4,34.72	4,76.39
14	2,69.44	3,11.11	3,52.78	3,94.44	4,36.11	4,77.78
15	2,70.83	3,12.50	3,54.17	3,95.83	4,37.50	4,79.17
16	2,72.22	3,13.89	3,55.56	3,97.22	4,38.89	4,80.56
17	2,73.61	3,15.28	3,56.94	3,98.61	4,40.28	4,81.94
18	2,75.	3,16.67	3,58.33	4,00.	4,41.67	4,83.33
19	2,76.39	3,18.06	3,59.72	4,01.39	4,43.06	4,84.72
20	2,77.78	3,19.44	3,61.11	4,02.78	4,44.44	4,86.11
21	2,79.17	3,20.83	3,62.50	4,04.17	4,45.83	4,87.50
22	2,80.56	3,22.22	3,63.89	4,05.56	4,47.22	4,88.89
23	2,81.94	3,23.61	3,65.28	4,06.94	4,48.61	4,90.28
24	2,83.33	3,25.	3,66.67	4,08.33	4,50.	4,91.67
25	2,84.72	3,26.39	3,68.06	4,09.72	4,51.39	4,93.05
26	2,86.11	3,27.78	3,69.44	4,11.11	4,52.78	4,94.44
27	2,87.50	3,29.17	3,70.83	4,12.50	4,54.17	4,95.83
28	2,88.89	3,30.56	3,72.22	4,13.89	4,55.56	4,97.22
29	2,90.28	3,31.94	3,73.61	4,15.28	4,56.94	4,98.61

5 p. 0/0. **1 AN :**

Nombre de jours.	0 mois : » »	1 mois : 5,43.75	2 mois : 5,87.50	3 mois : 6,31.25	4 mois : 6,75.00	5 mois : 7,18.75
	Jours :	Jours :	Jours :	Jours :	Jours :	Jours :
	fr. c. dixm.	fr. c. dixm.	fr. c. dixm.	fr. c. dixm.	fr. c. dixm.	fr. c. dixm.
1	5,01.46	5,45.21	5,88.96	6,32.71	6,76.46	7,20.21
2	5,02.92	5,46.67	5,90.42	6,34.17	6,77.92	7,21.67
3	5,04.37	5,48.12	5,91.87	6,35.62	6,79.37	7,23.12
4	5,05.83	5,49.58	5,93.33	6,37.08	6,80.83	7,24.58
5	5,07.29	5,51.04	5,94.79	6,38.54	6,82.29	7,26.04
6	5,08.75	5,52.50	5,96.25	6,40.	6,83.75	7,27.50
7	5,10.21	5,53.96	5,97.71	6,41.46	6,85.21	7,28.96
8	5,11.67	5,55.42	5,99.17	6,42.92	6,86.67	7,30.42
9	5,13.12	5,56.87	6,00.62	6,44.37	6,88.12	7,31.87
10	5,14.58	5,58.33	6,02.08	6,45.83	6,89.58	7,33.33
11	5,16.04	5,59.79	6,03.54	6,47.29	6,91.04	7,34.79
12	5,17.50	5,61.25	6,05.	6,48.75	6,92.50	7,36.25
13	5,18.96	5,62.71	6,06.46	6,50.21	6,93.96	7,37.71
14	5,20.42	5,64.17	6,07.92	6,51.67	6,95.42	7,39.17
15	5,21.87	5,65.62	6,09.37	6,53.12	6,96.87	7,40.62
16	5,23.33	5,67.08	6,10.83	6,54.58	6,98.33	7,42.08
17	5,24.79	5,68.54	6,12.29	6,56.04	6,99.79	7,43.54
18	5,26.25	5,70.	6,13.75	6,57.50	7,01.25	7,45.
19	5,27.71	5,71.46	6,15.21	6,58.96	7,02.71	7,46.46
20	5,29.17	5,72.92	6,16.67	6,60.42	7,04.17	7,47.92
21	5,30.62	5,74.37	6,18.12	6,61.87	7,05.62	7,49.37
22	5,32.08	5,75.83	6,19.58	6,63.33	7,07.08	7,50.83
23	5,33.54	5,77.29	6,21.04	6,64.79	7,08.54	7,52.29
24	5,35.	5,78.75	6,22.50	6,66.25	7,10.	7,53.75
25	5,36.46	5,80.21	6,23.96	6,67.71	7,11.46	7,55.21
26	5,37.92	5,81.67	6,25.42	6,69.17	7,12.92	7,56.67
27	5,39.37	5,83.12	6,26.87	6,70.62	7,14.37	7,58.12
28	5,40.83	5,84.58	6,28.33	6,72.08	7,15.83	7,59.58
29	5,42.29	5,86.04	6,29.79	6,73.54	7,17.29	7,61.04

5 fr. **Intérêt composé.**

Nombre de jours.	6 mois : 7,62.50	7 mois : 8,06.25	8 mois : 8,50.00	9 mois : 8,93.75	10 mois : 9,37.50	11 mois : 9,81.25
	Jours :	Jours :	Jours :	Jours :	Jours :	Jours :
	fr. c. dixm.	fr. c. dixm.	fr. c. dixm.	fr. c. dixm.	fr. c. dixm.	fr. c. dixm.
1	7,63.96	8,07.71	8,51.46	8,95.21	9,38.96	9,82.71
2	7,65.42	8,09.17	8,52.92	8,96.67	9,40.42	9,84.17
3	7,66.87	8,10.62	8,54.37	8,98.12	9,41.87	9,85.62
4	7,68.33	8,12.08	8,55.83	8,99.58	9,43.33	9,87.08
5	7,69.79	8,13.54	8,57.29	9,01.04	9,44.79	9,88.54
6	7,71.25	8,15.	8,58.75	9,02.50	9,46.25	9,90.
7	7,72.71	8,16.46	8,60.21	9,03.96	9,47.74	9,91.46
8	7,74.17	8,17.92	8,61.67	9,05.42	9,49.17	9,92.92
9	7,75.62	8,19.37	8,63.12	9,06.87	9,50.62	9,94.37
10	7,77.08	8,20.83	8,64.58	9,08.33	9,52.08	9,95.83
11	7,78.54	8,22.29	8,66.04	9,09.79	9,53.54	9,97.29
12	7,80.	8,23.75	8,67.50	9,11.25	9,55.	9,98.75
13	7,81.46	8,25.21	8,68.96	9,12.71	9,56.46	10,00.21
14	7,82.92	8,26.67	8,70.42	9,14.17	9,57.92	10,01.67
15	7,84.37	8,28.12	8,71.87	9,15.62	9,59.37	10,03.12
16	7,85.83	8,29.58	8,73.33	9,17.08	9,60.83	10,04.58
17	7,87.29	8,31.04	8,74.79	9,18.54	9,62.29	10,06.04
18	7,88.75	8,32.50	8,76.25	9,20.	9,63.75	10,07.50
19	7,90.21	8,33.96	8,77.71	9,21.46	9,65.21	10,08.96
20	7,91.67	8,35.42	8,79.17	9,22.92	9,66.67	10,10.42
21	7,93.12	8,36.87	8,80.62	9,24.37	9,68.12	10,11.87
22	7,94.58	8,38.33	8,82.08	9,25.83	9,69.58	10,13.33
23	7,96.04	8,39.79	8,83.54	9,27.29	9,71.04	10,14.79
24	7,97.50	8,41.25	8,85.	9,28.75	9,72.50	10,16.25
25	7,98.96	8,42.71	8,86.46	9,30.21	9,73.96	10,17.71
26	8,00.42	8,44.17	8,87.92	9,31.67	9,75.42	10,19.17
27	8,01.87	8,45.62	8,89.37	9,33.12	9,76.87	10,20.62
28	8,03.33	8,47.08	8,90.83	9,34.58	9,78.33	10,22.08
29	8,04.79	8,48.54	8,92.29	9,36.04	9,79.79	10,23.54

5 p. 0/0. **2 ANS :**

Nombre de jours	0 mois : » »	1 mois : 10,70.94	2 mois : 11,16.87	3 mois : 11,62.81	4 mois : 12,08.75	5 mois : 12,54.69
	Jours : fr. c. dixm.	Jours : fr. c. dixm.	Jours : fr. c. dixm.	Jours : fr. c. dixm.	Jours : fr. c. dixm.	Jours : fr. c. dixm.
1	10,26.53	10,72.47	11,18.41	11,64.34	12,10.28	12,56.22
2	10,28.06	10,74.	11,19.94	11,65.87	12,11.81	12,57.75
3	10,29.59	10,75.53	11,21.47	11,67.41	12,13.34	12,59.28
4	10,31.12	10,77.06	11,23.	11,68.94	12,14.87	12,60.81
5	10,32.66	10,78.59	11,24.53	11,70.47	12,16.41	12,62.34
6	10,34.19	10,80.12	11,26.06	11,72.	12,17.94	12,63.87
7	10,35.72	10,81.66	11,27.59	11,73.53	12,19.47	12,65.41
8	10,37.25	10,83.19	11,29.12	11,75.06	12,21.	12,66.94
9	10,38.78	10,84.72	11,30.66	11,76.59	12,22.53	12,68.47
10	10,40.31	10,86.25	11,32.19	11,78.12	12,24.06	12,70.
11	10,41.84	10,87.78	11,33.72	11,79.66	12,25.59	12,71.53
12	10,43.37	10,89.31	11,35.25	11,81.19	12,27.12	12,73.06
13	10,44.91	10,90.84	11,36.78	11,82.72	12,28.66	12,74.59
14	10,46.44	10,92.37	11,38.31	11,84.25	12,30.19	12,76.12
15	10,47.97	10,93.91	11,39.84	11,85.78	12,31.72	12,77.66
16	10,49.50	10,95.44	11,41.37	11,87.31	12,33.25	12,79.19
17	10,51.03	10,96.97	11,42.91	11,88.84	12,34.78	12,80.72
18	10,52.56	10,98.50	11,44.44	11,90.37	12,36.31	12,82.25
19	10,54.09	11,00.03	11,45.97	11,91.91	12,37.84	12,83.78
20	10,55.62	11,01.56	11,47.50	11,93.44	12,39.37	12,85.31
21	10,57.16	11,03.09	11,49.03	11,94.97	12,40.91	12,86.84
22	10,58.69	11,04.62	11,50.56	11,96.50	12,42.44	12,88.37
23	10,60.22	11,06.16	11,52.09	11,98.03	12,43.97	12,89.91
24	10,61.75	11,07.69	11,53.62	11,99.56	12,45.50	12,91.44
25	10,63.28	11,09.22	11,55.16	12,01.09	12,47.03	12,92.97
26	10,64.81	11,10.75	11,56.69	12,02.62	12,48.56	12,94.50
27	10,66.34	11,12.28	11,58.22	12,04.16	12,50.09	12,96.03
28	10,67.87	11,13.81	11,59.75	12,05.69	12,51.62	12,97.56
29	10,69.41	11,15.34	11,61.28	12,07.22	12,53.16	12,99.09

10 fr. 25. **Intérêt composé.**

Nombre de jours	6 mois : 13,00.62	7 mois : 13,46.56	8 mois : 13,92.50	9 mois : 14,38.44	10 mois : 14,84.37	11 mois : 15,30.31
	Jours : fr. c. dixm.	Jours : fr. c. dixm.	Jours : fr. c. dixm.	Jours : fr. c. dixm.	Jours : fr. c. dixm.	Jours : fr. c. dixm.
1	13,02.16	13,48.09	13,94.03	14,39.97	14,85.91	15,31.84
2	13,03.69	13,49.62	13,95.56	14,41.50	14,87.44	15,33.37
3	13,05.22	13,51.16	13,97.09	14,43.03	14,88.97	15,34.91
4	13,06.75	13,52.69	13,98.62	14,44.56	14,90.50	15,36.44
5	13,08.28	13,54.22	14,00.16	14,46.09	14,92.03	15,37.97
6	13,09.81	13,55.75	14,01.69	14,47.62	14,93.56	15,39.50
7	13,11.34	13,57.28	14,03.22	14,49.16	14,95.09	15,41.03
8	13,12.87	13,58.81	14,04.75	14,50.69	14,96.62	15,42.56
9	13,14.41	13,60.34	14,06.28	14,52.22	14,98.16	15,44.09
10	13,15.94	13,61.87	14,07.81	14,53.75	14,99.69	15,45.62
11	13,17.47	13,63.41	14,09.34	14,55.28	15,01.22	15,47.16
12	13,19.	13,64.94	14,10.87	14,56.81	15,02.75	15,48.69
13	13,20.53	13,66.47	14,12.41	14,58.34	15,04.28	15,50.22
14	13,22.06	13,68.	14,13.94	14,59.87	15,05.81	15,51.75
15	13,23.59	13,69.53	14,15.47	14,61.41	15,07.34	15,53.28
16	13,25.12	13,71.06	14,17.	14,62.94	15,08.87	15,54.81
17	13,26.66	13,72.59	14,18.53	14,64.47	15,10.41	15,56.34
18	13,28.19	13,74.12	14,20.06	14,66.	15,11.94	15,57.87
19	13,29.72	13,75.66	14,21.59	14,67.53	15,13.47	15,59.41
20	13,31.25	13,77.19	14,23.12	14,69.06	15,15.	15,60.94
21	13,32.78	13,78.72	14,24.66	14,70.59	15,16.53	15,62.47
22	13,34.31	13,80.25	14,26.19	14,72.12	15,18.06	15,64.
23	13,35.84	13,81.78	14,27.72	14,73.66	15,19.59	15,65.53
24	13,37.37	13,83.31	14,29.25	14,75.19	15,21.12	15,67.06
25	13,38.91	13,84.84	14,30.78	14,76.72	15,22.66	15,68.59
26	13,40.44	13,86.37	14,32.31	14,78.25	15,24.19	15,70.12
27	13,41.97	13,87.91	14,33.84	14,79.78	15,25.72	15,71.66
28	13,43.50	13,89.44	14,35.37	14,81.31	15,27.25	15,73.19
29	13,45.03	13,90.97	14,36.91	14,82.84	15,28.78	15,74.72

5 p. 0/0. **3 ANS :**

Nombre de jours	0 mois : » »	1 mois : 16,24.48	2 mois : 16,72.72	3 mois : 17,20.95	4 mois : 17,69.19	5 mois : 18,17.42
	Jours :	Jours :	Jours :	Jours :	Jours :	Jours :
	fr. c. dixm.	fr. c. dixm.	fr. c. dixm.	fr. c. dixm.	fr. c. dixm.	fr. c. dixm
1	15,77.86	16,26.09	16,74.33	17,22.56	17,70.79	18,19.03
2	15,79.47	16,27.70	16,75.93	17,24.17	17,72.40	18,20.64
3	15,81.07	16,29.31	16,77.54	17,25.78	17,74.01	18,22.24
4	15,82.68	16,30.92	16,79.15	17,27.38	17,75.62	18,23.85
5	15,84.29	16,32 52	16,80.76	17,28.99	17,77.23	18,25.46
6	15,85.90	16,34.13	16,82.37	17,30.60	17,78.83	18,27.07
7	15,87.50	16,35.74	16,83.97	17,32.21	17,80.44	18,28.68
8	15,89.11	16,37.35	16,85.58	17,33.82	17,82.05	18,30.28
9	15,90.72	16,38.95	16,87.19	17,35.42	17,83.66	18,31.89
10	15,92.33	16,40.56	16,88.80	17,37.03	17,85.27	18,33.50
11	15,93.94	16,42.17	16,90.40	17,38.64	17,86.87	18,35.11
12	15,95.54	16,43.78	16,92.01	17,40.25	17,88.48	18,36.72
13	15,97.15	16,45.39	16,93.62	17,41.85	17,90.09	18,38.32
14	15,98.76	16,46.99	16,95.23	17,43.46	17,91.70	18,39.93
15	16,00.37	16,48.60	16,96.84	17,45.07	17,93.30	18,41.54
16	16,01.97	16,50.21	16,98.44	17,46.68	17,94.91	18,43.15
17	16,03,58	16,51.82	17,00.05	17,48.29	17,96.52	18,44.75
18	16,05.19	16,53.42	17,01.66	17,49.89	17,98.13	18,46.36
19	16,06.80	16,55.03	17,03.27	17,51.50	17,99.74	18,47.97
20	16,08.41	16,56.64	17,04.87	17,53.11	18,01.34	18,49.58
21	16,10.01	16,58.25	17,06.48	17,54.72	18,02.95	18,51.19
22	16,11.62	16,59.86	17,08.09	17,56.32	18,04.56	18,52.79
23	16,13.23	16,61.46	17,09.70	17,57,93	18,06.17	18,54.40
24	16,14.84	16,63.07	17,11.31	17,59.54	18,07.77	18,56.01
25	16,16.45	16,64.68	17,12.91	17,61.15	18,09.38	18,57.62
26	16,18.05	16,66.29	17,14.52	17,62.76	18,10.99	18,59.22
27	16,19.66	16,67.90	17,16.13	17,64.36	18,12.60	18,60.83
28	16,21.27	16,69.50	17,17.74	17,65.97	18,14.21	18,62.44
29	16,22.88	16,71.11	17,19.34	17,67.58	18,15.81	18,64.05

15 fr. 76.25. **Intérêt composé.**

Nombre de jours	6 mois : 18,65.66	7 mois : 19,13.89	8 mois : 19,62.12	9 mois : 20,10.36	10 mois : 20,58.59	11 mois : 21,06.83
	Jours :	Jours :	Jours :	Jours :	Jours :	Jours :
	fr. c. dixm.	fr. c. dixm.	fr. c. dixm.	fr. c. dixm	fr. c. dixm.	fr. c. dixm.
1	18,67.26	19,15.50	19,63.73	20,11.97	20,60.20	21,08.44
2	18,68.87	19,17.11	19,65.34	20,13.57	20,61.81	21,10.04
3	18,70.48	19,18.71	19,66.95	20,15.18	20,63.42	21,11.65
4	18,72.09	19,20·32	19,68.56	20,16.79	20,65.02	21,13.26
5	18,73.69	19,21.93	19,70.16	20,18.40	20,66.63	21,14.87
6	18,75.30	19,23.54	19,71.77	20,20.01	20,68.24	21,16.47
7	18,76.91	19,25.14	19,73.38	20,21.61	20,69.85	21,18.08
8	18,78.52	19,26.75	19,74.99	20,23.22	20,71.46	21,19.69
9	18,80.13	19,28.36	19,76.59	20,24.83	20,73.06	21,21.30
10	18,81.73	19,29.97	19,78.20	20,26.44	20,74.67	21,22.91
11	18,83.34	19,31.58	19,79.81	20,28.04	20,76.28	21,24.51
12	18,84.95	19,33.18	19,81.42	20,29.65	20,77.89	21,26.12
13	18,86.56	19,34.79	19,83.03	20,31.26	20,79.49	21,27.73
14	18,88.17	19,36.40	19,84.63	20,32.87	20,81.10	21,29.34
15	18,89.77	19,38.01	19,86.24	20,34.48	20,82.71	21,30.94
16	18,91.38	19,39.61	19,87.85	20,36.08	20,84.32	21,32.55
17	18,92.99	19,41.22	19,89.46	20,37.69	20,85.93	21,34.16
18	18,94.60	19,42.83	19,91.06	20,39.30	20,87.53	21,35.77
19	18,96.20	19,44.44	19,92.67	20,40.91	20,89.14	21,37.38
20	18,97.81	19,46.05	19,94.28	20,42.51	20,90.75	21,38.98
21	18.99.42	19,47.65	19,95.89	20,44.12	20,92 36	21,40.59
22	19,01.03	19,49.26	19,97.50	20,45.73	20,93.96	21,42.20
23	19,02.64	19,50.87	19,99.10	20,47.34	20,95.57	21,43.81
24	19,04.24	19,52.48	20,00.71	20,48.95	20,97.18	21,45.41
25	19,05.85	19,54.09	20,02.32	20,50.55	20,98.79	21,47.02
26	19,07.46	19,55.69	20,03.93	20,52.16	21,00.40	21,48.63
27	19,09.07	19,57.30	20,05.54	20,53.77	21,02.	21,50.24
28	19,10.67	19,58.91	20,07.14	20,55.38	21,03.61	21,51.85
29	19,12.28	19,60.52	20,08.75	20,56.99	21,05.22	21,53.45

5 p. 0/0.   **4 ANS :**

Nombre de jours.	0 mois : » »	1 mois : 22,05.74	2 mois : 22,56.35	3 mois : 23,07.00	4 mois : 23,57.65	5 mois : 24,08.29
	Jours :	Jours :	Jours :	Jours :	Jours :	Jours :
	fr. c. dixm.	fr. c. dixm.	fr. c. dixm.	fr. c. dixm.	fr. c. dixm.	fr. c. dixm
1	21,56.75	22,07.40	22,58.04	23,08.69	23,59.33	24,09.98
2	21,58.44	22,09.08	22,59.73	23,10.38	23,61.02	24,11.67
3	21,60.13	22,10.77	22,61.42	23,12.07	23,62.71	24,13.36
4	21,61.82	22,12.46	22,63.11	23,13.75	23,64.40	24,15.05
5	21,63.50	22,14.15	22,64.80	23,15.44	23,66.09	24,16.73
6	21,65.19	22,15.84	22,66.48	23,17.13	23,67.78	24,18.42
7	21,66.88	22,17.53	22,68.17	23,18.82	23,69.46	24,20.14
8	21,68.57	22,19.21	22,69.86	23,20.51	23,71.15	24,21.80
9	21,70.26	22,20.90	22,71.55	23,22.49	23,72.84	24,23.49
10	21,71.94	22,22.59	22,73.24	23,23.88	23,74.53	24,25.17
11	21,73.63	22,24.28	22,74.92	23,25.57	23,76.22	24,26.86
12	21,75.32	22,25.97	22,76.61	23,27.26	23,77.90	24,28.55
13	21,77.01	22,27.66	22,78.30	23,28.95	23,79.59	24,30.24
14	21,78.70	22,29.34	22,79.99	23,30.64	23,81.28	24,31.93
15	21,80.39	22,31.03	22,81.68	23,32.32	23,82.97	24,33.62
16	21,82.07	22,32.72	22,83.37	23,34.01	23,84.66	24,35.30
17	21,83.76	22,34.41	22,85.05	23,35.70	23,86.35	24,36.99
18	21,85.45	22,36.10	22,86.74	23,37.39	23,88.03	24,38.68
19	21,87.14	22,37.78	22,88.43	23,39.08	23,89.72	24,40.37
20	21,88.83	22,39.47	22,90.12	23,40.76	23,91.41	24,42.06
21	21,90.51	22,41.16	22,91.81	23,42.45	23,93.10	24,43.74
22	21,92.20	22,42.85	22,93.49	23,44.14	23,94.79	24,45.43
23	21,93.89	22,44.54	22,95.18	23,45.83	23,96.48	24,47.12
24	21,95.58	22,46.23	22,96.87	23,47.52	23,98.16	24,48.81
25	21,97.27	22,47.91	22,98.56	23,49.21	23,99.85	24,50.50
26	21,98.96	22,49.60	23,00.25	23,50.89	24,01.54	24,52.19
27	22,00.64	22,51.29	23,01.94	23,52.58	24,03.23	24,53.87
28	22,02.33	22,52.98	23,03.62	23,54.27	24,04.92	24,55.56
29	22,04.02	22,54.67	23,05.31	23,55.96	24,06.60	24,57.25

21 fr. 55.06.   **Intérêt composé.**

Nombre de jours.	6 mois : 24,58.94	7 mois : 25,09.58	8 mois : 25,60.23	9 mois : 26,10.88	10 mois : 26,61.52	11 mois : 27,12.17
	Jours :	Jours :	Jours :	Jours :	Jours :	Jours :
	fr. c. dixm.	fr. c. dixm.	fr. c. dixm.	fr. c. dixm.	fr. c. dixm.	fr. c. dixm.
1	24,60.63	25,11.27	25,61.92	26,12.56	26,63.21	27,13.86
2	24,62.31	25,12.96	25,63.61	26,14.25	26,64.90	27,15.54
3	24,64.	25,14.65	25,65.30	26,15.94	26,66.59	27,17.23
4	24,65.69	25,16.34	25,66.98	26,17.63	26,68.28	27,18.92
5	24,67.38	25,18.03	25,68.67	26,19.32	26,69.96	27,20.61
6	24,69.07	25,19.71	25,70.36	26,21.01	26,71.65	27,22.30
7	24,70.76	25,21.40	25,72.05	26,22.69	26,73.34	27,23.99
8	24,72.44	25,23.09	25,73.74	26,24.38	26,75.03	27,25.67
9	24,74.13	25,24.78	25,75.42	26,26.07	26,76.72	27,27.36
10	24,75.82	25,26.47	25,77.11	26,27.76	26,78.40	27,29.05
11	24,77.51	25,28.15	25,78.80	26,29.45	26,80.09	27,30.74
12	24,79.20	25,29.84	25,80.49	26,31.13	26,81.78	27,32.43
13	24,80.89	25,31.53	25,82.18	26,32.82	26,83.47	27,34.12
14	24,82.57	25,33.22	25,83.87	26,34.51	26,85.16	27,35.80
15	24,84.26	25,34.91	25,85.55	26,36.20	26,86.85	27,37.49
16	24,85.95	25,36.60	25,87.24	26,37.89	26,88.53	27,39.18
17	24,87.64	25,38.28	25,88.93	26,39.58	26,90.22	27,40.87
18	24,89.33	25,39.97	25,90.62	26,41.26	26,91.91	27,42.56
19	24,91.01	25,41.66	25,92.31	26,42.95	26,93.60	27,44.24
20	24,92.70	25,43.35	25,93.99	26,44.64	26,95.29	27,45.93
21	24,94.39	25,45.04	25,95.68	26,46.33	26,96.97	27,47.62
22	24,96.08	25,46.72	25,97.37	26,48.02	26,98.66	27,49.31
23	24,97.77	25,48.41	25,99.06	26,49.71	27,00.35	27,51.
24	24,99.46	25,50.10	26,00.75	26,51.39	27,02.04	27,52.69
25	25,01.14	25,51.79	26,02.44	26,53.08	27,03.73	27,54.37
26	25,02.83	25,53.48	26,04.12	26,54.77	27,05.42	27,56.06
27	25,04.52	25,55.17	26,05.81	26,56.46	27,07.10	27,57.75
28	25,06.21	25,56.85	26,07.50	26,58.15	27,08.79	27,59.44
29	25,07.90	25,58.54	26,09.19	26,59.83	27,10.48	27,61.13

Au bout de 5 ans 27,62.82

6 p. 0/0.   **0 AN :**

Nombre de jours.	0 mois : » »	1 mois : 0,50.00	2 mois : 1,00.00	3 mois : 1,50.00	4 mois : 2,00.00	5 mois : 2,50.00
	Jours :	Jours :	Jours :	Jours :	Jours :	Jours :
	fr. c. dixm.	fr. c. dixm.	fr. c. dixm.	fr. c. dixm.	fr. c. dixm.	fr. c. dixm.
1	0,01.67	0,51.67	1,01.67	1,51.67	2,01.67	2,51.67
2	0,03.33	0,53.33	1,03.33	1,53.33	2,03.33	2,53.33
3	0,05.	0,55.	1,05.	1,55.	2,05.	2,55.
4	0,06.67	0,56.67	1,06.67	1,56.67	2,06.67	2,56.67
5	0,08.33	0,58.33	1,08.33	1,58.33	2,08.33	2,58.33
6	0,10.	0,60.	1,10.	1,60.	2,10.	2,60.
7	0,11.67	0,61.67	1,11.67	1,61.67	2,11.67	2,61.67
8	0,13.33	0,63.33	1,13.33	1,63.33	2,13.33	2,63.33
9	0,15.	0,65.	1,15.	1,65.	2,15.	2,65.
10	0,16.67	0,66.67	1,16.67	1,66.67	2,16.67	2,66.67
11	0,18.33	0,68.33	1,18.33	1,68.33	2,18.33	2,68.33
12	0,20.	0,70.	1,20.	1,70.	2,20.	2,70.
13	0,21.67	0,71.67	1,21.67	1,71.67	2,21.67	2,71.67
14	0,23.33	0,73.33	1,23.33	1,73.33	2,23.33	2,73.33
15	0,25.	0,75.	1,25.	1,75.	2,25.	2,75.
16	0,26.67	0,76.67	1,26.67	1,76.67	2,26.67	2,76.67
17	0,28.33	0,78.33	1,28.33	1,78.33	2,28.33	2,78.33
18	0,30.	0,80.	1,30.	1,80.	2,30.	2,80.
19	0,31.67	0,81.67	1,31.67	1,81.67	2,31.67	2,81.67
20	0,33.33	0,83.33	1,33.33	1,83.33	2,33.33	2,83.33
21	0,35.	0,85.	1,35.	1,85.	2,35.	2,85.
22	0,36.67	0,86.67	1,36.67	1,86.67	2,36.67	2,86.67
23	0,38.33	0,88.33	1,38.33	1,88.33	2,38.33	2,88.33
24	0,40.	0,90.	1,40.	1,90.	2,40.	2,90.
25	0,41.67	0,91.67	1,41.67	1,91.67	2,41.67	2,91.67
26	0,43.33	0,93.33	1,43.33	1,93.33	2,43.33	2,93.33
27	0,45.	0,95.	1,45.	1,95.	2,45.	2,95.
28	0,46.67	0,96.67	1,46.67	1,96.67	2,46.67	2,96.67
29	0,48.33	0,98.33	1,48.33	1,98.33	2,48.33	2,98.33

Intérêt composé.

Nombre de jours.	6 mois : 3,00.00	7 mois : 3,50.00	8 mois : 4,00.00	9 mois : 4,50.00	10 mois : 5,00.00	11 mois : 5,50.00
	Jours :	Jours :	Jours :	Jours :	Jours :	Jours :
	fr. c. dixm.	fr. c. dixm.	fr. c. dixm.	fr. c. dixm.	fr. c. dixm.	fr. c. dixm.
1	3,01.67	3,51.67	4,01.67	4,51.67	5,01.67	5,51.67
2	3,03.33	3,53.33	4,03.33	4,53.33	5,03.33	5,53.33
3	3,05.	3,55.	4,05.	4,55.	5,05.	5,55.
4	3,06.67	3,56.67	4,06.67	4,66.67	5,06.67	5,56.67
5	3,08.33	3,58.33	4,08.33	4,58.33	5,08.33	5,58.33
6	3,10.	3,60.	4,10.	4,60.	5,10.	5,60.
7	3,11.67	3,61.67	4,11.67	4,61.67	5,11.67	5,61.67
8	3,13.33	3,63.33	4,13.33	4,63.33	5,13.33	5,63.33
9	3,15.	3,65.	4,15.	4,65.	5,15.	5,65.
10	3,16.67	3,66.67	4,16.67	4,66.67	5,16.67	5,66.67
11	3,18.33	3,68.33	4,18.33	4,68.33	5,18.33	5,68.33
12	3,20.	3,70.	4,20.	4,70.	5,20.	5,70.
13	3,21.67	3,71.67	4,21.67	4,71.67	5,21.67	5,71.67
14	3,23.33	3,73.33	4,23.33	4,73.33	5,23.33	5,73.33
15	3,25.	3,75.	4,25.	4,75.	5,25.	5,75.
16	3,26.67	3,76.67	4,26.67	4,76.67	5,26.67	5,76.67
17	3,28.33	3,78.33	4,28.33	4,78.33	5,28.33	5,78.33
18	3,30.	3,80.	4,30.	4,80.	5,30.	5,80.
19	3,31.67	3,81.67	4,31.67	4,81.67	5,31.67	5,81.67
20	3,33.33	3,83.33	4,83.33	4,83.33	5,33.33	5,83.33
21	3,35.	3,85.	4,85.	4,85.	5,35.	5,85.
22	3,36.67	3,86.67	4,36.67	4,86.67	5,36.67	5,86.67
23	3,38.33	3,88.33	4,38.33	4,88.33	5,38.33	5,88.33
24	3,40.	3,90.	4,40.	4,90.	5,40.	5,90.
25	3,41.67	3,91.67	4,41.67	4,91.67	5,41.67	5,91.67
26	3,43.33	3,93.33	4,43.33	4,93.33	5,43.33	5,93.33
27	3,45.	3,95.	4,45.	4,95.	5,45.	5,95.
28	3,46.67	3,96.67	4,46.67	4,96.67	5,46.67	5,96.67
29	3,48.33	3,98.33	4,48.33	4,98.33	5,48.33	5,98.33

6 p. 0/0. **1 AN :**

Nombre de jours.	0 mois : » »	1 mois : 6,53.00	2 mois : 7,06.00	3 mois : 7,59.00	4 mois : 8,12.00	5 mois : 8,65.00
	Jours :	Jours :	Jours :	Jours :	Jours :	Jours :
	fr. c. dixm.	fr. c. dixm.	fr. c. dixm.	fr. c. dixm.	fr. c. dixm.	fr. c. dixm.
1	6,01.77	6,54.77	7,07.77	7,60.77	8,13.77	8,66.77
2	6,03.53	6,56.53	7,09.53	7,62.53	8,15.53	8,68.53
3	6,05.30	6,58.30	7,11.30	7,64.30	8,17.30	8,70.30
4	6,07.07	6,60.07	7,13.07	7,66.07	8,19.07	8,72.07
5	6,08.83	6,61.83	7,14.83	7,67.83	8,20.83	8,73.83
6	6,10.60	6,63.60	7,16.60	7,69.60	8,22.60	8,75.60
7	6,12.37	6,65.37	7,18.37	7,71.37	8,24.37	8,77.37
8	6,14.13	6,67.13	7,20.13	7,73.13	8,26.13	8,79.13
9	6,15.90	6,68.90	7,21.90	7,74.90	8,27.90	8,80.90
10	6,17.67	6,70.67	7,23.67	7,76.67	8,29.67	8,82.67
11	6,19.43	6,72.43	7,25.43	7,78.43	8,31.43	8,84.43
12	6,21.20	6,74.20	7,27.20	7,80.20	8,33.20	8,86.20
13	6,22.97	6,75.97	7,28.97	7,81.97	8,34.97	8,87.97
14	6,24.73	6,77.73	7,30.73	7,83.73	8,36.73	8,89.73
15	6,26.50	6,79.50	7,32.50	7,85.50	8,38.50	8,91.50
16	6,28.27	6,81.27	7,34.27	7,87.27	8,40.27	8,93.27
17	6,30.03	6,83.03	7,36.03	7,89.03	8,42.03	8,95.03
18	6,31.80	6,84.80	7,37.80	7,90.80	8,43.80	8,96.80
19	6,33.57	6,86.57	7,39.57	7,92.57	8,45.57	8,98.57
20	6,35.33	6,88.33	7,41.33	7,94.33	8,47.33	9,00.33
21	6,37.10	6,90.10	7,43.10	7,96.10	8,49.10	9,02.10
22	6,38.87	6,91.87	7,44.87	7,97.87	8,50.87	9,03.87
23	6,40.63	6,93.63	7,46.63	7,99.63	8,52.63	9,05.63
24	6,42.40	6,95.40	7,48.40	8,01.40	8,54.40	9,07.40
25	6,44.16	6,97.16	7,50.16	8,03.16	8,56.16	9,09.17
26	6,45.93	6,98.93	7,51.93	8,04.93	8,57.93	9,10.93
27	6,47.70	7,00.70	7,53.70	8,06.70	8,59.70	9,12.70
28	6,49.46	7,02.46	7,55.46	8,08.46	8,61.46	9,14.47
29	6,51.23	7,04.23	7,57.23	8,10.23	8,63.23	9,16.23

6 fr. **Intérêt composé.**

Nombre de jours.	6 mois : 9,18.00	7 mois : 9,71.00	8 mois : 10,24.00	9 mois : 10,77.00	10 mois : 11,30.00	11 mois : 11,83.00
	Jours :	Jours :	Jours :	Jours :	Jours :	Jours :
	fr. c. dixm.	fr. c. dixm.	fr. c. dixm.	fr. c. dixm.	fr. c. dixm.	fr. c. dixm.
1	9,19.77	9,72.76	10,25.77	10,78.77	11,31.77	11,84.77
2	9,21.53	9,74.53	10,27.53	10,80.53	11,33.53	11,86.53
3	9,23.30	9,76.30	10,29.30	10,82.30	11,35.30	11,88.30
4	9,25.07	9,78.06	10,31.07	10,84.07	11,37.07	11,90.07
5	9,26.83	9,79.83	10,32.83	10,85.83	11,38.83	11,91.83
6	9,28.60	9,81.60	10,34.60	10,87.60	11,40.60	11,93.60
7	9,30.37	9,83.36	10,36.37	10,89.37	11,42.37	11,95.37
8	9,32.13	9,85.13	10,38.13	10,91.13	11,44.13	11,97.13
9	9,33.90	9,86.90	10,39.90	10,92.90	11,45.90	11,98.90
10	9,35.67	9,88.66	10,41.67	10,94.67	11,47.67	12,00.67
11	9,37.43	9,90.43	10,43.43	10,96.43	11,49.43	12,02.43
12	9,39.20	9,92.20	10,45.20	10,98.20	11,51.20	12,04.20
13	9,40.97	9,93.96	10,46.97	10,99.97	11,52.97	12,05.97
14	9,42.73	9,95.73	10,48.73	11,01.73	11,54.73	12,07.73
15	9,44.50	9,97.50	10,50.50	11,03.50	11,56.50	12,09.50
16	9,46.27	9,99.26	10,52.27	11,05.27	11,58.27	12,11.27
17	9,48.03	10,01.03	10,54.03	11,07.03	11,60.03	12,13.03
18	9,49.80	10,02.80	10,55.80	11,08.80	11,61.80	12,14.80
19	9,51.57	10,04.56	10,57.57	11,10.57	11,63.57	12,16.57
20	9,53.33	10,06.33	10,59.33	11,12.33	11,65.33	12,18.33
21	9,55.10	10,08.10	10,61.10	11,14.10	11,67.10	12,20.10
22	9,56.87	10,09.86	10,62.87	11,15.87	11,68.87	12,21.87
23	9,58.63	10,11.69	10,64.63	11,17.63	11,70.63	12,23.63
24	9,60.40	10,13.40	10,66.40	11,19.40	11,72.40	12,25.40
25	9,62.16	10,15.16	10,68.17	11,21.16	11,74.16	12,27.16
26	9,63.93	10,16.93	10,69.93	11,22.93	11,75.93	12,28.93
27	9,65.70	10,18.70	10,71.70	11,24.70	11,77.70	12,30.70
28	9,67.46	10,20.46	10,73.47	11,26.46	11,79.46	12,32.46
29	9,69.23	10,22.23	10,75.23	11,28.23	11,81.23	12,34.23

6 p. 0/0   **2 ANS :** **12 fr. 36.**   **Intérêt composé.**

Nombre de jours	0 mois : » »	1 mois : 12,92.18	2 mois : 13,48.36	3 mois : 14,04.54	4 mois : 14,60.72	5 mois : 15,16.90
	Jours : fr. c. dixm.	Jours : fr. c. dixm.	Jours : fr. c. dixm.	Jours : fr. c. dixm.	Jours : fr. c. dixm.	Jours : fr. c. dixm.
1	12,37.87	12,94.05	13,50.23	14,06.41	14,62.59	15,18.77
2	12,39.75	12,95.93	13,52.11	14,08.29	14,64.47	15,20.65
3	12,41.62	12,97.80	13,53.98	14,10.16	14,66.34	15,22.52
4	12,43.49	12,99.67	13,55.85	14,12.03	14,68.21	15,24.39
5	12,45.36	13,01.54	13,57.72	14,13.90	14,70.08	15,26.26
6	12,47.24	13,03.42	13,59.60	14,15.78	14,71.96	15,28.14
7	12,49.11	13,05.29	13,61.47	14,17.65	14,73.83	15,30.01
8	12,50.98	13,07.16	13,63.34	14,19.52	14,75.70	15,31.88
9	12,52.85	13,09.03	13,65.21	14,21.39	14,77.57	15,33.75
10	12,54.73	13,10.91	13,67.09	14,23.27	14,79.45	15,35.63
11	12,56.60	13,12.78	13,68.96	14,25.14	14,81.32	15,37.50
12	12,58.47	13,14.65	13,70.83	14,27.01	14,83.19	15,39.37
13	12,60.34	13,16.52	13,72.70	14,28.88	14,85.06	15,41.24
14	12,62.22	13,18.40	13,74.58	14,30.76	14,86.94	15,43.12
15	12,64.09	13,20.27	13,76.45	14,32.63	14,88.81	15,44.99
16	12,65.96	13,22.14	13,78.32	14,34.50	14,90.68	15,46.86
17	12,67.84	13,24.02	13,80.20	14,36.38	14,92.56	15,48.74
18	12,69.71	13,25.89	13,82.07	14,38.25	14,94.43	15,50.61
19	12,71.58	13,27.76	13,83.94	14,40.12	14,96.30	15,52.48
20	12,73.45	13,29.63	13,85.81	14,41.99	14,98.17	15,54.35
21	12,75.33	13,31.51	13,87.69	14,43.87	15,00.05	15,56.23
22	12,77.20	13,33.38	13,89.56	14,45.74	15,01.92	15,58.10
23	12,79.07	13,35.25	13,91.43	14,47.61	15,03.79	15,59.97
24	12,80.94	13,37.12	13,93.30	14,49.48	15,05.66	15,61.84
25	12,82.82	13,39.	13,95.18	14,51.36	15,07.54	15,63.72
26	12,84.69	13,40.87	13,97.05	14,53.23	15,09.41	15,65.59
27	12,86.56	13,42.74	13,98.92	14,55.10	15,11.28	15,67.46
28	12,88.43	13,44.61	14,00.79	14,56.97	15,13.15	15,69.33
29	12,90.31	13,46.49	14,02.67	14,58.85	15,15.03	15,71.21

Nombre de jours	6 mois : 15,73.08	7 mois : 16,29.26	8 mois : 16,85.44	9 mois : 17,41.62	10 mois : 17,97.80	11 mois : 18,53.98
	Jours : fr. c. dixm.	Jours : fr. c. dixm.	Jours : fr. c. dixm.	Jours : fr. c. dixm.	Jours : fr. c. dixm.	Jours : fr. c. dixm.
1	15,74.95	16,31.13	16,87.31	17,43.49	17,99.67	18,55.85
2	15,76.83	16,33.01	16,89.19	17,45.37	18,01.55	18,57.73
3	15,78.70	16,34.88	16,91.06	17,47.24	18,03.42	18,59.60
4	15,80.57	16,36.75	16,92.93	17,49.11	18,05.29	18,61.47
5	15,82.44	16,38.62	16,94.80	17,50.98	18,07.16	18,63.34
6	15,84.32	16,40.50	16,96.68	17,52.86	18,09.04	18,65.22
7	15,86.19	16,42.37	16,98.55	17,54.73	18,10.91	18,67.09
8	15,88.06	16,44.24	17,00.42	17,56.60	18,12.78	18,68.96
9	15,89.93	16,46.11	17,02.29	17,58.47	18,14.65	18,70.83
10	15,91.81	16,47.99	17,04.17	17,60.35	18,16.53	18,72.71
11	15,93.68	16,49.86	17,06.04	17,62.22	18,18.40	18,74.58
12	15,95.55	16,51.73	17,07.91	17,64.09	18,20.27	18,76.45
13	15,97.42	16,53.60	17,09.78	17,65.96	18,22.14	18,78.32
14	15,99.30	16,55.48	17,11.65	17,67.84	18,24.02	18,80.20
15	16,01.17	16,57.35	17,13.53	17,69.71	18,25.89	18,82.07
16	16,03.04	16,59.22	17,15.40	17,71.58	18,27.76	18,83.94
17	16,04.92	16,61.10	17,17.28	17,73.46	18,29.64	18,85.82
18	16,06.79	16,62.97	17,19.15	17,75.33	18,31.54	18,87.69
19	16,08.66	16,64.84	17,21.02	17,77.20	18,33.38	18,89.56
20	16,10.53	16,66.71	17,22.89	17,79.07	18,35.25	18,91.43
21	16,12.41	16,68.59	17,24.77	17,80.95	18,37.13	18,93.31
22	16,14.28	16,70.46	17,26.64	17,82.82	18,39.	18,95.18
23	16,16.15	16,72.33	17,28.51	17,84.69	18,40.87	18,97.05
24	16,18.02	16,74.20	17,30.38	17,86.56	18,42.74	18,98.92
25	16,19.90	16,76.08	17,32.26	17,88.44	18,44.62	19,00.80
26	16,21.77	16,77.95	17,34.13	17,90.31	18,46.49	19,02.67
27	16,23.64	16,79.82	17,36.	17,92.18	18,48.36	19,04.54
28	16,25.51	16,81.69	17,37.87	17,94.05	18,50.23	19,06.41
29	16,27.39	16,83.57	17,39.75	17,95.93	18,52.11	19,08.29

6 p. 0/0. **3 ANS :**

Nombre de jours	0 mois : » »	1 mois : 19,69.71	2 mois : 20,29.26	3 mois : 20,88.81	4 mois : 21,48.36	5 mois : 22,07.91
	Jours : fr. c. dixm.	Jours : fr. c. dixm.	Jours : fr. c. dixm.	Jours : fr. c. dixm.	Jours : fr. c. dixm.	Jours : fr. c. dixm.
1	19,12.14	19,71.70	20,31.25	20,90.80	21,50.35	22,09.90
2	19,14.13	19,73.68	20,33.23	20,92.78	21,52.33	22,11.88
3	19,16.11	19,75.67	20,35.22	20,94.77	21,54.32	22,13.87
4	19,18.10	19,77.65	20,37.20	20,96.75	21,56.30	22,15.85
5	19,20.09	19,79.64	20,39.19	20,98.74	21,58.29	22,17.84
6	19,22.07	19,81.62	20,41.17	21,00.72	21,60.27	22,19.82
7	19,24.06	19,83.61	20,43.16	21,02.71	21,62.26	22,21.81
8	19,26.04	19,85.59	20,45.14	21,04.69	21,64.24	22,23.79
9	19,28.03	19,87.58	20,47.13	21,06.68	21,66.23	22,25.78
10	19,30.01	19,89.56	20,49.11	21,08.66	21,68.21	22,27.76
11	19,32.	19,91.55	20,51.10	21,10.65	21,70.20	22,29.75
12	19,33.98	19,93.53	20,53.08	21,12.63	21,72.18	22,31.73
13	19,35.97	19,95.52	20,55.07	21,14.62	21,74.17	22,33.72
14	19,37.95	19,97.50	20,57.05	21,16.60	21,76.15	22,35.70
15	19,39.94	19,99.49	20,59.04	21,18.59	21,78.14	22,37.69
16	19,41.92	20,01.47	20,61.02	21,20.57	21,80.12	22,39.67
17	19,43.91	20,03.46	20,63.01	21,22.56	21,82.11	22,41.66
18	19,45.89	20,05.44	20,64.99	21,24.54	21,84.09	22,43.64
19	19,47.88	20,07.43	20,66.98	21,26.53	21,86.08	22,45.63
20	19,49.86	20,09.41	20,68.96	21,28.51	21,88.06	22,47.62
21	19,51.85	20,11.40	20,70.95	21,30.50	21,90.05	22,49.60
22	19,53.83	20,13.38	20,72.93	21,32.48	21,92.03	22,51.59
23	19,55.82	20,15.37	20,74.92	21,34.47	21,94.02	22,53.57
24	19,57.80	20,17.35	20,76.90	21,36.45	21,96.	22,55.56
25	19,59.79	20,19.34	20,78.89	21,38.44	21,97.99	22,57.54
26	19,61.77	20,21.32	20,80.87	21,40.42	21,99.97	22,59.53
27	19,63.76	20,23.31	20,82.86	21,42.41	22,01.96	22,61.51
28	19,65.74	20,25.29	20,84.84	21,44.39	22,03.94	22,63.50
29	19,67.73	20,27.28	20,86.83	21,46.38	22,05.93	22,65.48

19 fr. 10.16. **Intérêt composé.**

Nombre de jours	6 mois : 22,67.47	7 mois : 23,27.02	8 mois : 23,86.57	9 mois : 24,46.12	10 mois : 25,05.67	11 mois : 25,65.22
	Jours : fr. c. dixm.	Jours : fr. c. dixm.	Jours : fr. c. dixm.	Jours : fr. c. dixm.	Jours : fr. c. dixm.	Jours : fr. c. dixm.
1	22,69.45	23,29.	23,88.55	24,48.10	25,07.65	25,67.20
2	22,71.44	23,30.99	23,90.54	24,50.09	25,09.64	25,69.19
3	22,73.42	23,32.97	23,92.52	24,52.07	25,11.62	25,71.17
4	22,75.41	23,34.96	23,94.51	24,54.06	25,13.61	25,73.16
5	22,77.39	23,36.94	23,96.49	24,56.04	25,15.59	25,75.14
6	22,79.38	23,38.93	23,98.48	24,58.03	25,17.58	25,77.13
7	22,81.36	23,40.91	24,00.46	24,60.01	25,19.56	25,79.12
8	22,83.35	23,42.90	24,02.45	24,62.	25,21.55	25,81.10
9	22,85.33	23,44.88	24,04.43	24,63.98	25,23.53	25,83.09
10	22,87.32	23,46.87	24,06.42	24,65.97	25,25.52	25,85.07
11	22,89.30	23,48.85	24,08.40	24,67.95	25,27.50	25,87.06
12	22,91.29	23,50.84	24,10.39	24,69.94	25,29.49	25,89.04
13	22,93.27	23,52.82	24,12.37	24,71.92	25,31.47	25,91.03
14	22,95.26	23,54.81	24,14.36	24,73.91	25,33.46	25,93.01
15	22,97.24	23,56.79	24,16.34	24,75.89	25,35.44	25,95.
16	22,99.23	23,58.78	24,18.33	24,77.88	25,37.43	25,96.98
17	23,01.21	23,60.76	24,20.31	24,79.86	25,39.41	25,98.97
18	23,03.20	23,62.75	24,22.30	24,81.85	25,41.40	26,00.95
19	23,05.18	23,64.73	24,24.28	24,83.83	25,43.38	26,02.94
20	23,07.17	23,66.72	24,26.27	24,85.82	25,45.37	26,04.92
21	23,09.15	23,68.70	24,28.25	24,87.80	25,47.35	26,06.91
22	23,11.14	23,70.69	24,30.24	24,89.79	25,49.34	26,08.89
23	23,13.12	23,72.67	24,32.22	24,91.77	25,51.32	26,10.88
24	23,15.11	23,74.66	24,34.21	24,93.76	25,53.31	26,12.86
25	23,17.09	23,76.64	24,36.19	24,95.74	25,55.29	26,14.85
26	23,19.08	23,78.63	24,38.18	24,97.73	25,57.28	26,16.83
27	23,21.06	23,80.61	24,40.16	24,99.71	25,59.26	26,18.82
28	23,23.05	23,82.60	24,42.15	25,01.70	25,61.25	26,20.80
29	23,25.03	23,84.58	24,44.13	25,03.68	25,63.23	26,22.79

6 p. 0/0. **4 ANS :**

Nombre de jours.	0 mois : » »	1 mois : 26,87.89	2 mois : 27,51.02	3 mois : 28,14.14	4 mois : 28,77.27	5 mois : 29,40.39
	Jours : fr. c. dixm.	Jours : fr. c. dixm.	Jours : fr. c. dixm.	Jours : fr. c. dixm.	Jours : fr. c. dixm.	Jours : fr. c. dixm.
1	26,26.87	26,90.	27,53.12	28,16.25	28,79.37	29,42.49
2	26,28.98	26,92.10	27,55.23	28,18.35	28,81.47	29,44.60
3	26,31.08	26,94.21	27,57.33	28,20.45	28,83.58	29,46.70
4	26,33.19	26,96.31	27,59.43	28,22.56	28,85.68	29,48.81
5	26,35.29	26,98.41	27,61.54	28,24.66	28,87.79	29,50.91
6	26,37.39	27,00.52	27,63.64	28,26.77	28,89.89	29,53.01
7	26,39.50	27,02.62	27,65.75	28,28.87	28,91.99	29,55.12
8	26,41.60	27,04.73	27,67.85	28,30.97	28,94.10	29,57.22
9	26,43.71	27,06.83	27,69.95	28,33.08	28,96.20	29,59.33
10	26,45.81	27,08.94	27,72.06	28,35.18	28,98.31	29,61.43
11	26,47.92	27,11.04	27,74.16	28,37.29	29,00.41	29,63.53
12	26,50.02	27,13.14	27,76.27	28,39.39	29,02.51	29,65.64
13	26,52.12	27,15.25	27,78.37	28,41.50	29,04.62	29,67.74
14	26,54.23	27,17.35	27,80.48	28,43.60	29,06.72	29,69.85
15	26,56.33	27,19.46	27,82.58	28,45.70	29,08.83	29,71.95
16	26,58.44	27,21.56	27,84.68	28,47.81	29,10.93	29,74.06
17	26,60.54	27,23.66	27,86.79	28,49.91	29,13.04	29,76.16
18	26,62.64	27,25.77	27,88.89	28,52.06	29,15.14	29,78.26
19	26,64.75	27,27.87	27,91.	28,54.12	29,17.24	29,80.37
20	26,66.85	27,29.98	27,93.10	28,56.22	29,19.35	29,82.47
21	26,68.96	27,32.08	27,95.20	28,58.33	29,21.45	29,84.58
22	26,71.06	27,34.18	27,97.31	28,60.43	29,23.56	29,86.68
23	26,73.16	27,36.29	27,99.41	28,62.54	29,25.66	29,88.78
24	26,75.27	27,38.39	28,01.52	28,64.64	29,27.76	29,90.89
25	26,77.37	27,40.50	28,03.62	28,66.74	29,29.87	29,92.99
26	26,79.48	27,42.60	28,05.72	28,68.85	29,31.97	29,95.40
27	26,81.58	27,44.71	28,07.83	28,70.95	29,34.08	29,97.20
28	26,83.69	27,46.81	28,09.93	28,73.06	29,36.18	29,99.30
29	26,85.79	27,48.91	28,12.04	28,75.16	29,38.28	30,01.41

26 fr. 24.77. **Intérêt composé.**

Nombre de jours.	6 mois : 30,03.51	7 mois : 30,66.64	8 mois : 31,29.76	9 mois : 31,92.88	10 mois : 32,56.01	11 mois : 33,19.13
	Jours : fr. c. dixm.	Jours : fr. c. dixm.	Jours : fr. c. dixm.	Jours : fr. c. dixm.	Jours : fr. c. dixm.	Jours : fr. c. dixm.
1	30,05.62	30,68.74	31,31.86	31,94.99	32,58.11	33,21.24
2	30,07.72	30,70.85	31,33.97	31,97.09	32,60.22	33,23.34
3	30,09.83	30,72.95	31,36.07	31,99.20	32,62.32	33,25.44
4	30,11.93	30,75.05	31,38.18	32,01.30	32,64.42	33,27.55
5	30,14.03	30,77.16	31,40.28	32,03.41	32,66.53	33,29.65
6	30,16.14	30,79.26	31,42.39	32,05.51	32,68.63	33,31.76
7	30,18.24	30,81.37	31,44.49	32,07.61	32,70.74	33,33.86
8	30,20.35	30,83.47	31,46.59	32,09.72	32,72.84	33,35.97
9	30,22.45	30,85.57	31,48.70	32,11.82	32,74.95	33,38.07
10	30,24.55	30,87.68	31,50.80	32,13.93	32,77.05	33,40.17
11	30,26.66	30,89.78	31,52.91	32,16.03	32,79.15	33,42.28
12	30,28.76	30,91.89	31,55.01	32,18.13	32,81.26	33,44.38
13	30,30.87	30,93.99	31,57.11	32,20.24	32,83.36	33,46.49
14	30,32.97	30,96.09	31,59.22	32,22.34	32,85.47	33,48.59
15	30,35.07	30,98.20	31,61.32	32,24.45	32,87.57	33,50.69
16	30,37.18	31,00.30	31,63.43	32,26.55	32,89.67	33,52.80
17	30,39.28	31,02.41	31,65.53	32,28.65	32,91.78	33,54.90
18	30,41.39	31,04.51	31,67.63	32,30.76	32,93.88	33,57.01
19	30,43.49	31,06.62	31,69.74	32,32.86	32,95.99	33,59.11
20	30,45.60	31,08.72	31,71.84	32,34.97	32,98.09	33,61.21
21	30,47.70	31,10.82	31,73.95	32,37.07	33,00.19	33,63.32
22	30,49.80	31,12.93	31,76.05	32,39.18	33,02.30	33,65.42
23	30,51.91	31,15.03	31,78.16	32,41.28	33,04.40	33,67.53
24	30,54.01	31,17.14	31,80.26	32,43.38	33,06.51	33,69.63
25	30,56.12	31,19.24	31,82.36	32,45.49	33,08.61	33,71.74
26	30,58.22	31,21.34	31,84.47	32,47.59	33,10.72	33,73.84
27	30,60.32	31,23.45	31,86.57	32,49.70	33,12.82	33,75.94
28	30,62.43	31,25.55	31,88.68	32,51.80	33,14.92	33,78.05
29	30,64.53	31,27.66	31,90.78	32,53.90	33,17.03	33,80.15

Au bout de 5 ans 33,82.26

Comptes-faits.

Mais, direz-vous, pour opérer à l'aide des tables précédentes, il faut donc savoir faire la multiplication des nombres décimaux ?

Oui, sans doute, et là peut aboutir la science nécessaire du calculateur. Du reste, les nombreux exemples que nous avons donnés (page 10 et les suivantes), satisfont entièrement à tous les cas possibles.

Ajoutons à cela que des comptes-faits, à tant de taux, et chacun pour 1800 jours (5 ans), auraient donné lieu à plusieurs volumes, dont le prix, à cause des chiffres, eût paru fort cher ; tandis que des tables faciles tiennent beaucoup moins de place, ce qui permet de vendre cet ouvrage à un prix modéré.

Cependant, pour satisfaire aux vœux des personnes qui en auraient besoin, établissons à 4, à 5 et à 6 p. 0/0, d'autres tables ou *comptes-faits*, pour chaque jour de l'année commerciale. (Voir page 130 et les suivantes).

Manière de s'en servir.

La manière de s'en servir est d'autant plus simple que ces comptes-faits donnent à première vue :

1° L'intérêt de : 100, 200, 300, 400, 500, 600, 700, 800 et 900 fr.;

Et par suite :

2° L'intérêt de : 10, 20, 30, 40, 50, 60, 70, 80 et 90 fr.;
3° Celui de :   1,   2,   3,   4,   5,   6,   7,   8 et   9 fr.;

Et enfin :

4° L'intérêt de : 1,000; 2,000; 3,000; 4,000; 5,000; 6,000; 7,000; 8,000 et 9,000 fr.;
5° Celui de : 10,000; 20,000; 30,000; 40,000; 50,000; 60,000; 70,000; 80,000 et 90,000 fr.;
6° Celui de : 100,000; 200,000; 300,000; 400,000; 500,000; 600,000; 700,000; 800,000 et 900,000 fr.;
etc., etc., etc.

1er Exemple : **900** fr.

Il suffit de lire le résultat, pour voir que 900 fr. (par exemple), au bout de 4 mois 19 jours, donnent à 5 p. 0/0 (voir page 165), un intérêt de 17 f. 37,50, ci . . . . 17 f. 37
     Par la formule ordinaire, on a : 17 f. 37,50, ci 17   37

2ᵉ Exemple : **30** fr.

30 f. sont 10 fois plus faibles que 500 f., qui donnent, au bout de
ce même temps (page 162), 5 f. 79.17 ;

30 f. donnent donc 10 fois moins que 500, ou le 1/10 de 5 f. 79.17,
ci.. 0 f. 58 (1)

    Par la formule ordinaire, on a............. 0 58

3ᵉ Exemple : **5** fr.

5 f. sont 100 fois plus faibles que 500 f., qui donnent, au bout de
ce même temps, 9 f. 65.28.

5 f. donnent donc 100 fois moins que 500 f., ou le 1/100 de
9 f. 65.28 = 0 f. 10, ci.............................. 0 f. 10

    Par la formule ordinaire, on a............. 0 10

4ᵉ Exemple : **7,000** fr.

7,000 f. sont 10 fois plus forts que 700 f., qui donnent, au bout
de ce même temps, 13 f. 51.39 ;

7,000 donnent donc 10 fois plus que 700 f. ou 10 fois 13 f. 51.39
= 135 f. 14, ci.. 135 f. 14

    Par la formule ordinaire, on a............. 135 14

5ᵉ Exemple : **40,000** fr.

40,000 f. sont 100 fois plus forts que 400 f., qui donnent, au bout
de ce même temps, 7 f. 72.22 ;

40,000 f. donnent donc 100 fois plus que 400 f., ou 100 fois
7 f. 72.22 = 772 f. 22, ci............................ 772 f. 22

    Par la formule ordinaire, on a............. 772 22

6ᵉ Exemple : **800,000** fr.

800,000 f. sont 1,000 fois plus forts que 800 f., qui donnent, au
bout de ce même temps, 15 f. 44.44 ;

800,000 f. donnent donc 1,000 fois plus que 800 f., ou 1,000 fois
15 f. 44.44 = 15,444 f. 40, ci.............. 15,444 f. 40 (2)

    Par la formule ordinaire, on a...... ... 15,444 44

(1) Pour diviser un nombre entier ou un nombre décimal par 10, par 100, par 1000,
il suffit de transporter la virgule de 1, 2, ou 3 rangs vers la gauche ; Exemples : 8 fr.
divisé par 10 = 0 f. 80 ; 57 f. 48 divisé par 100 = 0 f. 57 ; 89 f. 78 divisé par
1000 = 0 f. 09 cent.

(2) Le rapprochement de tant de 4 fait bien croire que l'opération en a donné encore
davantage ; de sorte que l'on peut véritablement donner pour réponse : 15,444 f. 44 c.

Comptes-presque-faits.

Voilà bien un moyen court et facile pour trouver (même fort juste), les intérêts des sommes énoncées ci-dessus ; mais comment opérer sur les nombres compris entre : 10 et 20 ; 20 et 30 .... 90 et 100 ? entre : 100 et 200 ; 200 et 300 .... 900 et 1,000 ? entre : 1,000 et 2,000 ; 2,000 et 3,000 .... 9,000 et 10,000 ? etc., etc., etc.

Rien n'est encore plus simple.

Les quelques exemples qui vont suivre, suffisent pour le démontrer à l'aide d'une petite addition.

1er Exemple : **78** fr.

Quel est à 5 p. o/o l'intérêt de 78 fr., au bout de 7 mois 23 jours ?
J'opère d'abord sur 70 f, dont l'intérêt est 10 fois plus faible que celui de 700 (p. 169), qui est de 22 f 65.28, ci.   2 f. 26

Puis sur 8 f, dont l'intérêt est 100 fois plus faible que celui de 800 (même page), qui est de 25 f. 88.89, ci 0 26

Total pour 78 f, un intérêt de 2 52
Par la formule ordinaire, on a :   2 52

2e Exemple : **356** fr.

Quel à 5 p. o/o l'intérêt de 356 fr., au bout de 8 mois 11 jours ?
J'opère d'abord sur 300 f, dont l'intérêt (page 170), est de 10 f. 45.83 = 10 f. 46, ci ..... 10 f. 46

Puis sur 50 f, dont l'intérêt est 10 fois plus faible que celui de 500 (page 171), qui est de 17 fr. 43.06 =   1 74

Puis enfin sur 6 f, dont l'intérêt est 100 fois plus faible que celui de 600 (même p.), qui est de 20 fr. 91.67 =   0 21

Total pour 356 f, un intérêt de 12 41
Par la formule ordinaire, on a : 12 41

3e Exemple : **9,748** fr.

Quel est à 6 p. o/° l'intérêt de 9,748 f. au bout de 11 mois 18 jours ?
J'opère d'abord sur 9,000 f, dont l'intérêt est 10 fois plus fort que
celui de 900 (page 201), qui est de
52 f. 20 = 522 f., ci .... 522 f. 00

Puis sur 700 f, dont l'intérêt (même page),
est de 40 fr. 60 = 40 60

Puis sur 40 f, dont l'intérêt par raisonne-
ment analogue = 2 32

Puis enfin sur 8 f, dont l'int. par rais¹ analogue = 0 40

Total pour 9,748 f, un intérêt de............ 565 32
Par la formule ordin., on a : 565 32

4e Exemple : **87,165** fr.

On a pour 80,000 fr. (même page)................ 4,640 f. 00
7,000 id. 406 00
100 id. 5 80
60 id. 3 48
5 id. 0 29

87,165 .... 5,055 57
Par la formule ordin., on a aussi : 5,055 57

Quant aux remises accordées entre **NÉGOCIANTS**, remises qui
sont ordinairement (pour 1 mois ou 30 jours d'anticipation), de
2 et 3 p. 0/0, quelquefois même de 4 et 5, elles correspondent, par
conséquent, à 24, 36, 48 et 60 p. 0/0 par an.

C'est-à-dire qu'elles sont, selon le cas, 4, 6, 8 ou 10 fois plus
fortes que les résultats portés aux Comptes-faits à 6 p. 0/0.

Pour ce qui est des escomptes (1), les **BANQUIERS** les règlent
absolument de la même manière que les intérêts.

Ainsi, un billet de................................ 900 f »»
payable dans 8 mois 17 jours, s'il est escompté à 6, subit
une réduction égale à l'intérêt, qui est (suivant comptes-
faits), de.................................... 38 53

De sorte que le porteur du billet touche du banquier,
moins les frais de commission et de timbre................ 861 47

(1) En France, on prend toujours l'escompte en dehors.

4 p. 0/0. 0

Jours.	100 fr.	200 fr.	300 fr.	400 fr.
	fr. c. dixm.	fr. c. dixm.	fr. c. dixm.	fr. c. dixm.
1	0,01.11	0,02.22	0,03.33	0,04.44
2	0,02.22	0,04.44	0,06.67	0,08.89
3	0,03.33	0,06.67	0,10.00	0,13.33
4	0,04.44	0,08.89	0,13.33	0,17.78
5	0,05.56	0,11.11	0,16.67	0,22.22
6	0,06.67	0,13.33	0,20.00	0,26.67
7	0,07.78	0,15.56	0,23.33	0,31.11
8	0,08.89	0,17.78	0,26.67	0,35.56
9	0,10.00	0,20.00	0,30.00	0,40.00
10	0,11.11	0,22.22	0,33.33	0,44.44
11	0,12.22	0,24.44	0,36.67	0,48.89
12	0,13.33	0,26.67	0,40.00	0,53.33
13	0,14.44	0,28.89	0,43.33	0,57.78
14	0,15.56	0,31.11	0,46.67	0,62.22
15	0,16.67	0,33.33	0,50.00	0,66.67
16	0,17.78	0,35.56	0,53.33	0,71.11
17	0,18.89	0,37.78	0,56.67	0,75.56
18	0,20.00	0,40.00	0,60.00	0,80.00
19	0,21.11	0,42.22	0,63.33	0,84.44
20	0,22.22	0,44.44	0,66.67	0,88.89
21	0,23.33	0,46.67	0,70.00	0,93.33
22	0,24.44	0,48.89	0,73.33	0,97.78
23	0,25.56	0,51.11	0,76.67	1,02.22
24	0,26.67	0,53.33	0,80.00	1,06.67
25	0,27.78	0,55.56	0,83.33	1,11.11
26	0,28.89	0,57.78	0,86.67	1,15.56
27	0,30.00	0,60.00	0,90.00	1,20.00
28	0,31.11	0,62.22	0,93.33	1,24.44
29	0,32.22	0,64.44	0,96.67	1,28.89
1 mois.	0,33.33	0,66.67	1,00.00	1,33.33

MOIS. **Comptes-faits.**

500 fr.	600 fr.	700 fr.	800 fr.	900 fr.
fr. c. dixm.	fr. c. dixm.	fr. c. dixm.	fr. c. dixm.	fr. c. dixm.
0,05.56	0,06.67	0,07.78	0,08.89	0,10.00
0,11.11	0,13.33	0,15.56	0,17.78	0,20.00
0,16.67	0,20.00	0,23.33	0,26.67	0,30.00
0,22.22	0,26.67	0,31.11	0,35.56	0,40.00
0,27.78	0,33.33	0,38.89	0,44.44	0,50.00
0,33.33	0,40.00	0,46.67	0,53.33	0,60.00
0,38.89	0,46.67	0,54.44	0,62.22	0,70.00
0,44.44	0,53.33	0,62.22	0,71.11	0,80.00
0,50.00	0,60.00	0,70.00	0,80.00	0,90.00
0,55.56	0,66.67	0,77.78	0,88.89	1,00.00
0,61.11	0,73.33	0,85.56	0,97.78	1,10.00
0,66.67	0,80.00	0,93.33	1,06.67	1,20.00
0,72.22	0,86.67	1,01.11	1,15.56	1,30.00
0,77.78	0,93.33	1,08.89	1,24.44	1,40.00
0,83.33	1,00.00	1,16.67	1,33.33	1,50.00
0,88.89	1,06.67	1,24.44	1,42.22	1,60.00
0,94.44	1,13.33	1,32.22	1,51.11	1,70.00
1,00.00	1,20.00	1,40.00	1,60.00	1,80.00
1,05.56	1,26.67	1,47.78	1,68.89	1,90.00
1,11.11	1,33.33	1,55.56	1,77.78	2,00.00
1,16.67	1,40.00	1,63.33	1,86.67	2,10.00
1,22.22	1,46.67	1,71.11	1,95.56	2,20.00
1,27.78	1,53.33	1,78.89	2,04.44	2,30.00
1,33.33	1,60.00	1,86.67	2,13.33	2,40.00
1,38.89	1,66.67	1,94.44	2,22.22	2,50.00
1,44.44	1,73.33	2,02.22	2,31.11	2,60.00
1,50.00	1,80.00	2,10.00	2,40.00	2,70.00
1,55.56	1,86.67	2,17.78	2,48.89	2,80.00
1,61.11	1,93.33	2,25.56	2,57.78	2,90.00
1,66.67	2,00.00	2,33.33	2,66.67	3,00.00

4 p. 0/0.　　　**MOIS.**　　　**Comptes-faits.**

Jours.	100 fr.	200 fr.	300 fr.	400 fr.	500 fr.	600 fr.	700 fr.	800 fr.	900 fr.
	fr. c. dixm.	fr. c. dixm.	fr. c. dixm.	fr. c. dixm.	fr. c. dixm.	fr. c. dixm.	fr. c. dixm.	fr. c. dixm.	fr. c. dixm.
1	0,34.44	0,68.89	1,03.33	1,37.78	1,72.22	2,06.67	2,41.11	2,75.56	3,10.00
2	0,35.56	0,71.11	1,06.67	1,42.22	1,77.78	2,13.33	2,48.89	2,84.44	3,20.00
3	0,36.67	0,73.33	1,10.00	1,46.67	1,83.33	2,20.00	2,56.67	2,93.33	3,30.00
4	0,37.78	0,75.56	1,13.33	1,51.11	1,88.89	2,26.67	2,64.44	3,02.22	3,40.00
5	0,38.89	0,77.78	1,16.67	1,55.56	1,94.44	2,33.33	2,72.22	3,11.11	3,50.00
6	0,40.00	0,80.00	1,20.00	1,60.00	2,00.00	2,40.00	2,80.00	3,20.00	3,60.00
7	0,41.11	0,82.22	1,23.33	1,64.44	2,05.56	2,46.67	2,87.78	3,28.89	3,70.00
8	0,42.22	0,84.44	1,26.67	1,68.89	2,11.11	2,53.33	2,95.56	3,37.78	3,80.00
9	0,43.33	0,86.67	1,30.00	1,73.33	2,16.67	2,60.00	3,03.33	3,46.67	3,90.00
10	0,44.44	0,88.89	1,33.33	1,77.78	2,22.22	2,66.67	3,11.11	3,55.56	4,00.00
11	0,45.56	0,91.11	1,36.67	1,82.22	2,27.78	2,73.33	3,18.89	3,64.44	4,10.00
12	0,46.67	0,93.33	1,40.00	1,86.67	2,33.33	2,80.00	3,26.67	3,73.33	4,20.00
13	0,47.78	0,95.56	1,43.33	1,91.11	2,38.89	2,86.67	3,34.44	3,82.22	4,30.00
14	0,48.89	0,97.78	1,46.67	1,95.56	2,44.44	2,93.33	3,42.22	3,91.11	4,40.00
15	0,50.00	1,00.00	1,50.00	2,00.00	2,50.00	3,00.00	3,50.00	4,00.00	4,50.00
16	0,51.11	1,02.22	1,53.33	2,04.44	2,55.56	3,06.67	3,57.78	4,08.89	4,60.00
17	0,52.22	1,04.44	1,56.67	2,08.89	2,61.11	3,13.33	3,65.56	4,17.78	4,70.00
18	0,53.33	1,06.67	1,60.00	2,13.33	2,66.67	3,20.00	3,73.33	4,26.67	4,80.00
19	0,54.44	1,08.89	1,63.33	2,17.78	2,72.22	3,26.67	3,81.11	4,35.56	4,90.00
20	0,55.56	1,11.11	1,66.67	2,22.22	2,77.78	3,33.33	3,88.89	4,44.44	5,00.00
21	0,56.67	1,13.33	1,70.00	2,26.67	2,83.33	3,40.00	3,96.67	4,53.33	5,10.00
22	0,57.78	1,15.56	1,73.33	2,31.11	2,88.89	3,46.67	4,04.44	4,62.22	5,20.00
23	0,58.89	1,17.78	1,76.67	2,35.56	2,94.44	3,53.33	4,12.22	4,71.11	5,30.00
24	0,60.00	1,20.00	1,80.00	2,40.00	3,00.00	3,60.00	4,20.00	4,80.00	5,40.00
25	0,61.11	1,22.22	1,83.33	2,44.44	3,05.56	3,66.67	4,27.78	4,88.89	5,50.00
26	0,62.22	1,24.44	1,86.67	2,48.89	3,11.11	3,73.33	4,35.56	4,97.78	5,60.00
27	0,63.33	1,26.67	1,90.00	2,53.33	3,16.67	3,80.00	4,43.33	5,06.67	5,70.00
28	0,64.44	1,28.89	1,93.33	2,57.78	3,22.22	3,86.67	4,51.11	5,15.56	5,80.00
29	0,65.56	1,31.11	1,96.67	2,62.22	3,27.78	3,93.33	4,58.89	5,24.44	5,90.00
2 mois.	0,66.67	1,33.33	2,00.00	2,66.67	3,33.33	4,00.00	4,66.67	5,33.33	6,00.00

4 p. 0/0.

Jours.	100 fr.	200 fr.	300 fr.	400 fr.
	fr. c. dixm.	fr. c. dixm.	fr. c. dixm.	fr. c. dixm.
1	0,67.78	1,35.56	2,03.33	2,71.11
2	0,68.89	1,37.78	2,06.67	2,75.56
3	0,70.00	1,40.00	2,10.00	2,80.00
4	0,71.11	1,42.22	2,13.33	2,84.44
5	0,72.22	1,44.44	2,16.67	2,88.89
6	0,73.33	1,46.67	2,20.00	2,93.33
7	0,74.44	1,48.89	2,23.33	2,97.78
8	0,75.56	1,51.11	2,26.67	3,02.22
9	0,76.67	1,53.33	2,30.00	3,06.67
10	0,77.78	1,55.56	2,33.33	3,11.11
11	0,78.89	1,57.78	2,36.67	3,15.56
12	0,80.00	1,60.00	2,40.00	3,20.00
13	0,81.11	1,62.22	2,43.33	3,24.44
14	0,82.22	1,64.44	2,46.67	3,28.89
15	0,83.33	1,66.67	2,50.00	3,33.33
16	0,84.44	1,68.89	2,53.33	3,37.78
17	0,85.56	1,71.11	2,56.67	3,42.22
18	0,86.67	1,73.33	2,60.00	3,46.67
19	0,87.78	1,75.56	2,63.33	3,51.11
20	0,88.89	1,77.78	2,66.67	3,55.56
21	0,90.00	1,80.00	2,70.00	3,60.00
22	0,91.11	1,82.22	2,73.33	3,64.44
23	0,92.22	1,84.44	2,76.67	3,68.89
24	0,93.33	1,86.67	2,80.00	3,73.33
25	0,94.44	1,88.89	2,83.33	3,77.78
26	0,95.56	1,91.11	2,86.67	3,82.22
27	0,96.67	1,93.33	2,90.00	3,86.67
28	0,97.78	1,95.56	2,93.33	3,91.11
29	0,98.89	1,97.78	2,96.67	3,95.56
3 mois.	1,00.00	2,00.00	3,00.00	4,00.00

MOIS. **Comptes-faits.**

500 fr.	600 fr.	700 fr.	800 fr.	900 fr.
fr. c. dixm.	fr. c. dixm.	fr. c. dixm.	fr. c. dixm.	fr. c. dixm.
3,38.89	4,06.67	4,74.44	5,42.22	6,10.00
3,44.44	4,13.33	4,82.22	5,51.11	6,20.00
3,50.00	4,20.00	4,90.00	5,60.00	6,30.00
3,55.56	4,26.67	4,97.78	5,68.89	6,40.00
3,61.11	4,33.33	5,05.56	5,77.78	6,50.00
3,66.67	4,40.00	5,13.33	5,86.67	6,60.00
3,72.22	4,46.67	5,21.11	5,95.56	6,70.00
3,77.78	4,53.33	5,28.89	6,04.44	6,80.00
3,83.33	4,60.00	5,36.67	6,13.33	6,90.00
3,88.89	4,66.67	5,44.44	6,22.22	7,00.00
3,94.44	4,73.33	5,52.22	6,31.11	7,10.00
4,00.00	4,80.00	5,60.00	6,40.00	7,20.00
4,05.56	4,86.67	5,67.78	6,48.89	7,30.00
4,11.11	4,93.33	5,75.56	6,57.78	7,40.00
4,16.67	5,00.00	5,83.33	6,66.67	7,50.00
4,22.22	5,06.67	5,91.11	6,75.56	7,60.00
4,27.78	5,13.33	5,98.89	6,84.44	7,70.00
4,33.33	5,20.00	6,06.67	6,93.33	7,80.00
4,38.89	5,26.67	6,14.44	7,02.22	7,90.00
4,44.44	5,33.33	6,22.22	7,11.11	8,00.00
4,50.00	5,40.00	6,30.00	7,20.00	8,10.00
4,55.56	5,46.67	6,37.78	7,28.89	8,20.00
4,61.11	5,53.33	6,45.56	7,37.78	8,30.00
4,66.67	5,60.00	6,53.33	7,46.67	8,40.00
4,72.22	5,66.67	6,61.11	7,55.56	8,50.00
4,77.78	5,73.33	6,68.89	7,64.44	8,60.00
4,83.33	5,80.00	6,76.67	7,73.33	8,70.00
4,88.89	5,86.67	6,84.44	7,82.22	8,80.00
4,94.44	5,93.33	6,92.22	7,91.11	8,90.00
5,00.00	6,00.00	7,00.00	8,00.00	9,00.00

4 p. 0/0. 3 MOIS. Comptes-faits.

Jours.	100 fr.	200 fr.	300 fr.	400 fr.	500 fr.	600 fr.	700 fr.	800 fr.	900 fr.
	fr. c. dixm.	fr. c. dixm.	fr. c. dixm.	fr. c. dixm.	fr. c. dixm.	fr. c. dixm.	fr. c. dixm.	fr. c. dixm.	fr. c. dixm.
1	1,01.44	2,02.22	3,03.33	4,04.44	5,05.56	6,06.67	7,07.78	8,08.89	9,10.00
2	1,02.22	2,04.44	3,06.67	4,08.89	5,11.11	6,13.33	7,15.56	8,17.78	9,20.00
3	1,03.33	2,06.67	3,10.00	4,13.33	5,16.67	6,20.00	7,23.33	8,26.67	9,30.00
4	1,04.44	2,08.89	3,13.33	4,17.78	5,22.22	6,26.67	7,31.11	8,35.56	9,40.00
5	1,05.56	2,11.11	3,16.67	4,22.22	5,27.78	6,33.33	7,38.89	8,44.44	9,50.00
6	1,06.67	2,13.33	3,20.00	4,26.67	5,33.33	6,40.00	7,46.67	8,53.33	9,60.00
7	1,07.78	2,15.56	3,23.33	4,31.11	5,38.89	6,46.67	7,54.44	8,62.22	9,70.00
8	1,08.89	2,17.78	3,26.67	4,35.56	5,44.44	6,53.33	7,62.22	8,74.11	9,80.00
9	1,10.00	2,20.00	3,30.00	4,40.00	5,50.00	6,60.00	7,70.00	8,80.00	9,90.00
10	1,11.11	2,22.22	3,33.33	4,44.44	5,55.56	6,66.67	7,77.78	8,88.89	10,00.00
11	1,12.22	2,24.44	3,36.67	4,48.89	5,61.11	6,73.33	7,85.56	8,97.78	10,10.00
12	1,13.33	2,26.67	3,40.00	4,53.33	5,66.67	6,80.00	7,93.33	9,06.67	10,20.00
13	1,14.44	2,28.89	3,43.33	4,57.78	5,72.22	6,86.67	8,01.11	9,15.56	10,30.00
14	1,15.56	2,31.11	3,46.67	4,62.22	5,77.78	6,93.33	8,08.89	9,24.44	10,40.00
15	1,16.67	2,33.33	3,50.00	4,66.67	5,83.33	7,00.00	8,16.67	9,33.33	10,50.00
16	1,17.78	2,35.56	3,53.33	4,71.11	5,88.89	7,06.67	8,24.44	9,42.22	10,60.00
17	1,18.89	2,37.78	3,56.67	4,75.56	5,94.44	7,13.33	8,32.22	9,51.11	10,70.00
18	1,20.00	2,40.00	3,60.00	4,80.00	6,00.00	7,20.00	8,40.00	9,60.00	10,80.00
19	1,21.11	2,42.22	3,63.33	4,84.44	6,05.56	7,26.67	8,47.78	9,68.89	10,90.00
20	1,22.22	2,44.44	3,66.67	4,88.89	6,11.11	7,33.33	8,55.56	9,77.78	11,00.00
21	1,23.33	2,46.67	3,70.00	4,93.33	6,16.67	7,40.00	8,63.33	9,86.67	11,40.00
22	1,24.44	2,48.89	3,73.33	4,97.78	6,22.22	7,46.67	8,71.11	9,95.56	11,20.00
23	1,25.56	2,51.11	3,76.67	5,02.22	6,27.78	7,53.33	8,78.89	10,04.44	11,30.00
24	1,26.67	2,53.33	3,80.00	5,06.67	6,33.33	7,60.00	8,86.67	10,13.33	11,40.00
25	1,27.78	2,55.56	3,83.33	5,11.11	6,38.89	7,66.67	8,94.44	10,22.22	11,50.00
26	1,28.89	2,57.78	3,86.67	5,15.56	6,44.44	7,73.33	9,02.22	10,31.11	11,60.00
27	1,30.00	2,60.00	3,90.00	5,20.00	6,50.00	7,80.00	9,10.00	10,40.00	11,70.00
28	1,31.11	2,62.22	3,93.33	5,24.44	6,55.56	7,86.67	9,17.78	10,48.89	11,80.00
29	1,32.22	2,64.44	3,96.67	5,28.89	6,61.11	7,93.33	9,25.56	10,57.78	11,90.00
4 mois.	1,33.33	2,66.67	4,00.00	5,33.33	6,66.67	8,00.00	9,33.33	10,66.67	12,00.00

4 p. 0/0.

Jours.	100 fr.	200 fr.	300 fr.	400 fr.
	fr. c. dixm.	fr. c. dixm.	fr. c. dixm.	fr. c. dixm.
1	1,34.44	2,68.89	4,03.33	5,37.78
2	1,35.56	2,71.11	4,06.67	5,42.22
3	1,36.67	2,73.33	4,10.00	5,46.67
4	1,37.78	2,75.56	4,13.33	5,51.11
5	1,38.89	2,77.78	4,16.67	5,55.56
6	1,40.00	2,80.00	4,20.00	5,60.00
7	1,41.11	2,82.22	4,23.33	5,64.44
8	1,42.22	2,84.44	4,26.67	5,68.89
9	1,43.33	2,86.67	4,30.00	5,73.33
10	1,44.44	2,88.89	4,33.33	5,77.78
11	1,45.56	2,91.11	4,36.67	5,82.22
12	1,46.67	2,93.33	4,40.00	5,86.67
13	1,47.78	2,95.56	4,43.33	5,91.11
14	1,48.89	2,97.78	4,46.67	5,95.56
15	1,50.00	3,00.00	4,50.00	6,00.00
16	1,51.11	3,02.22	4,53.33	6,04.44
17	1,52.22	3,04.44	4,56.67	6,08.89
18	1,53.33	3,06.67	4,60.00	6,13.33
19	1,54.44	3,08.89	4,63.33	6,17.78
20	1,55.56	3,11.11	4,66.67	6,22.22
21	1,56.67	3,13.33	4,70.00	6,26.67
22	1,57.78	3,15.56	4,73.33	6,31.11
23	1,58.89	3,17.78	4,76.67	6,35.56
24	1,60.00	3,20.00	4,80.00	6,40.00
25	1,61.11	3,22.22	4,83.33	6,44.44
26	1,62.22	3,24.44	4,86.67	6,48.89
27	1,63.33	3,26.67	4,90.00	6,53.33
28	1,64.44	3,28.89	4,93.33	6,57.78
29	1,65.56	3,31.11	4,96.67	6,62.22
5 mois.	1,66.67	3,33.33	5,00.00	6,66.67

MOIS.   **Comptes-faits.**

500 fr.	600 fr.	700 fr.	800 fr.	900 fr.
fr. c. dixm.	fr. c. dixm.	fr. c. dixm.	fr. c. dixm.	fr. c. dixm.
6,72.22	8,06.67	9,41.11	10,75.56	12,10.00
6,77.78	8,13.33	9,48.89	10,84.44	12,20.00
6,83.33	8,20.00	9,56.67	10,93.33	12,30.00
6,88.89	8,26.67	9,64.44	11,02.22	12,40.00
6,94.44	8,33.33	9,72.22	11,11.11	12,50.00
7,00.00	8,40.00	9,80.00	11,20.00	12,60.00
7,05.56	8,46.67	9,87.78	11,28.89	12,70.00
7,11.11	8,53.33	9,95.56	11,37.78	12,80.00
7,16.67	8,60.00	10,03.33	11,46.67	12,90.00
7,22.22	8,66.67	10,11.11	11,55.56	13,00.00
7,27.78	8,73.33	10,18.89	11,64.44	13,10.00
7,33.33	8,80.00	10,26.67	11,73.33	13,20.00
7,38.89	8,86.67	10,34.44	11,82.22	13,30.00
7,44.44	8,93.33	10,42.22	11,91.11	13,40.00
7,50.00	9,00.00	10,50.00	12,00.00	13,50.00
7,55.56	9,06.67	10,57.78	12,08.89	13,60.00
7,61.11	9,13.33	10,65.56	12,17.78	13,70.00
7,66.67	9,20.00	10,73.33	12,26.67	13,80.00
7,72.22	9,26.67	10,81.11	12,35.56	13,90.00
7,77.78	9,33.33	10,88.89	12,44.44	14,00.00
7,83.33	9,40.00	10,96.67	12,53.33	14,10.00
7,88.89	9,46.67	11,04.44	12,62.22	14,20.00
7,94.44	9,53.33	11,12.22	12,71.11	14,30.00
8,00.00	9,60.00	11,20.00	12,80.00	14,40.00
8,05.56	9,66.67	11,27.78	12,88.89	14,50.00
8,11.11	9,73.33	11,35.56	12,97.78	14,60.00
8,16.67	9,80.00	11,43.33	13,06.67	14,70.00
8,22.22	9,86.67	11,51.11	13,15.56	14,80.00
8,27.78	9,93.33	11,58.89	13,24.44	14,90.00
8,33.33	10,00.00	11,66.67	13,33.33	15,00.00

4 p. 0/0.

MOIS.   **Comptes-faits.**

Jours.	100 fr.	200 fr.	300 fr.	400 fr.	500 fr.	600 fr.	700 fr.	800 fr.	900 fr.
	fr. c. dixm.	fr. c. dixm.	fr. c. dixm.	fr. c. dixm.	fr. c. dixm.	fr. c. dixm.	fr. c. dixm.	fr. c. dixm.	fr. c. dixm.
1	1,67.78	3,35.56	5,03.33	6,71.11	8,38.89	10,06.67	11,74.44	13,42.22	15,10.00
2	1,68.89	3,37.78	5,06.67	6,75.56	8,44.44	10,13.33	11,82.22	13,51.11	15,20.00
3	1,70.00	3,40.00	5,10.00	6,80.00	8,50.00	10,20.00	11,90.00	13,60.00	15,30.00
4	1,71.11	3,42.22	5,13.33	6,84.44	8,55.56	10,26.67	11,97.78	13,68.89	15,40.00
5	1,72.22	3,44.44	5,16.67	6,88.89	8,61.11	10,33.33	12,05.56	13,77.78	15,50.00
6	1,73.33	3,46.67	5,20.00	6,93.33	8,66.67	10,40.00	12,13.33	13,86.67	15,60.00
7	1,74.44	3,48.89	5,23.33	6,97.78	8,72.22	10,46.67	12,21.11	13,95.56	15,70.00
8	1,75.56	3,51.11	5,26.67	7,02.22	8,77.78	10,53.33	12,28.89	14,04.44	15,80.00
9	1,76.67	3,53.33	5,30.00	7,06.67	8,83.33	10,60.00	12,36.67	14,13.33	15,90.00
10	1,77.78	3,55.56	5,33.33	7,11.11	8,88.89	10,66.67	12,44.44	14,22.22	16,00.00
11	1,78.89	3,57.78	5,36.67	7,15.56	8,94.44	10,73.33	12,52.22	14,31.11	16,10.00
12	1,80.00	3,60.00	5,40.00	7,20.00	9,00.00	10,80.00	12,60.00	14,40.00	16,20.00
13	1,81.11	3,62.22	5,43.33	7,24.44	9,05.56	10,86.67	12,67.78	14,48.89	16,30.00
14	1,82.22	3,64.44	5,46.67	7,28.89	9,11.11	10,93.33	12,75.56	14,57.78	16,40.00
15	1,83.33	3,66.67	5,50.00	7,33.33	9,16.67	11,00.00	12,83.33	14,66.67	16,50.00
16	1,84.44	3,68.89	5,53.33	7,37.78	9,22.22	11,06.67	12,91.11	14,75.56	16,60.00
17	1,85.56	3,71.11	5,56.67	7,42.22	9,27.78	11,13.33	12,98.89	14,84.44	16,70.00
18	1,86.67	3,73.33	5,60.00	7,46.67	9,33.33	11,20.00	13,06.67	14,93.33	16,80.00
19	1,87.78	3,75.56	5,63.33	7,51.11	9,38.89	11,26.67	13,14.44	15,02.22	16,90.00
20	1,88.89	3,77.78	5,66.67	7,55.56	9,44.44	11,33.33	13,22.22	15,11.11	17,00.00
21	1,90.00	3,80.00	5,70.00	7,60.00	9,50.00	11,40.00	13,30.00	15,20.00	17,10.00
22	1,91.11	3,82.22	5,73.33	7,64.44	9,55.56	11,46.67	13,37.78	15,28.89	17,20.00
23	1,92.22	3,84.44	5,76.67	7,68.89	9,61.11	11,53.33	13,45.56	15,37.78	17,30.00
24	1,93.33	3,86.67	5,80.00	7,73.33	9,66.67	11,60.00	13,53.33	15,46.67	17,40.00
25	1,94.44	3,88.89	5,83.33	7,77.78	9,72.22	11,66.67	13,61.11	15,55.56	17,50.00
26	1,95.56	3,91.11	5,86.67	7,82.22	9,77.78	11,73.33	13,68.89	15,64.44	17,60.00
27	1,96.67	3,93.33	5,90.00	7,86.67	9,83.33	11,80.00	13,76.67	15,73.33	17,70.00
28	1,97.78	3,95.56	5,93.33	7,91.11	9,88.89	11,86.67	13,84.44	15,82.22	17,80.00
29	1,98.89	3,97.78	5,96.67	7,95.56	9,94.44	11,93.33	13,92.22	15,91.11	17,90.00
6 mois.	2,00.00	4,00.00	6,00.00	8,00.00	10,00.00	12,00.00	14,00.00	16,00.00	18,00.00

4 p. 0/0.

Jours.	100 fr.	200 fr.	300 fr.	400 fr.	500 fr.	600 fr.	700 fr.	800 fr.	900 fr.
	fr. c. dixm.	fr. c. dixm.	fr. c. dixm.	fr. c. dixm.	fr. c. dixm.	fr. c. dixm.	fr. c. dixm.	fr. c. dixm.	fr. c. dixm
1	2,01.11	4,02.22	6,03.33	8,04.44	10,05.56	12,06.67	14,07.78	16,08.89	18,10.00
2	2,02.22	4,04.44	6,06.67	8,08.89	10,11.11	12,13.33	14,15.56	16,17.78	18,20.00
3	2,03.33	4,06.67	6,10.00	8,13.33	10,16.67	12,20.00	14,23.33	16,26.67	18,30.00
4	2,04.44	4,08.89	6,13.33	8,17.78	10,22.22	12,26.67	14,31.11	16,35.56	18,40.00
5	2,05.56	4,11.11	6,16.67	8,22.22	10,27.78	12,33.33	14,38.89	16,44.44	18,50.00
6	2,06.67	4,13.33	6,20.00	8,26.67	10,33.33	12,40.00	14,46.67	16,53.33	18,60.00
7	2,07.78	4,15.56	6,23.33	8,31.11	10,38.89	12,46.67	14,54.44	16,62.22	18,70.00
8	2,08.89	4,17.78	6,26.67	8,35.56	10,44.44	12,53.33	14,62.22	16,71.11	18,80.00
9	2,10.00	4,20.00	6,30.00	8,40.00	10,50.00	12,60.00	14,70.00	16,80.00	18,90.00
10	2,11.11	4,22.22	6,33.33	8,44.44	10,55.56	12,66.67	14,77.78	16,88.89	19,00.00
11	2,12.22	4,24.44	6,36.67	8,48.89	10,61.11	12,73.33	14,85.56	16,97.78	19,10.00
12	2,13.33	4,26.67	6,40.00	8,53.33	10,66.67	12,80.00	14,93.33	17,06.67	19,20.00
13	2,14.44	4,28.89	6,43.33	8,57.78	10,72.22	12,86.67	15,01.11	17,15.56	19,30.00
14	2,15.56	4,31.11	6,46.67	8,62.22	10,77.78	12,93.33	15,08.89	17,24.44	19,40.00
15	2,16.67	4,33.33	6,50.00	8,66.67	10,83.33	13,00.00	15,16.67	17,33.33	19,50.00
16	2,17.78	4,35.56	6,53.33	8,71.11	10,88.89	13,06.67	15,24.44	17,42.22	19,60.00
17	2,18.89	4,37.78	6,56.67	8,75.56	10,94.44	13,13.33	15,32.22	17,51.11	19,70.00
18	2,20.00	4,40.00	6,60.00	8,80.00	11,00.00	13,20.00	15,40.00	17,60.00	19,80.00
19	2,21.11	4,42.22	6,63.33	8,84.44	11,05.56	13,26.67	15,47.78	17,68.89	19,90.00
20	2,22.22	4,44.44	6,66.67	8,88.89	11,11.11	13,33.33	15,55.56	17,77.78	20,00.00
21	2,23.33	4,46.67	6,70.00	8,93.33	11,16.67	13,40.00	15,63.33	17,86.67	20,10.00
22	2,24.44	4,48.89	6,73.33	8,97.78	11,22.22	13,46.67	15,71.11	17,95.56	20,20.00
23	2,25.56	4,51.11	6,76.67	9,02.22	11,27.78	13,53.33	15,78.89	18,04.44	20,30.00
24	2,26.67	4,53.33	6,80.00	9,06.67	11,33.33	13,60.00	15,86.67	18,13.33	20,40.00
25	2,27.78	4,55.56	6,83.33	9,11.11	11,38.89	13,66.67	15,94.44	18,22.22	20,50.00
26	2,28.89	4,57.78	6,86.67	9,15.56	11,44.44	13,73.33	16,02.22	18,31.11	20,60.00
27	2,30.00	4,60.00	6,90.00	9,20.00	11,50.00	13,80.00	16,10.00	18,40.00	20,70.00
28	2,31.11	4,62.22	6,93.33	9,24.44	11,55.56	13,86.67	16,17.78	18,48.89	20,80.00
29	2,32.22	4,64.44	6,96.67	9,28.89	11,61.11	13,93.33	16,25.56	18,57.78	20,90.00
7 mois.	2,33.33	4,66.67	7,00.00	9,33.33	11,66.67	14,00.00	16,33.33	18,66.67	21,00.00

4 p. 0/0. · **7 MOIS.** · **Comptes-faits.**

Jours.	100 fr.	200 fr.	300 fr.	400 fr.	500 fr.	600 fr.	700 fr.	800 fr.	900 fr.
	fr. c. dixm.	fr. c. dixm.	fr. c. dixm.	fr. c. dixm.	fr. c. dixm.	fr. c. dixm.	fr. c. dixm.	fr. c. dixm.	fr. c. dixm.
1	2,34.44	4,68.89	7,03.33	9,37.78	11,72.22	14,06.67	16,41.11	18,75.56	21,10.00
2	2,35.56	4,71.11	7,06.67	9,42.22	11,77.78	14,13.33	16,48.89	18,84.44	21,20.00
3	2,36.67	4,73.33	7,10.00	9,46.67	11,83.33	14,20.00	16,56.67	18,93.33	21,30.00
4	2,37.78	4,75.56	7,13.33	9,51.11	11,88.89	14,26.67	16,64.44	19,02.22	21,40.00
5	2,38.89	4,77.78	7,16.67	9,55.56	11,94.44	14,33.33	16,72.22	19,11.11	21,50.00
6	2,40.06	4,80.00	7,20.00	9,60.00	12,00.00	14,40.00	16,80.00	19,20.00	21,60.00
7	2,41.11	4,82.22	7,23.33	9,64.44	12,05.56	14,46.67	16,87.78	19,28.89	21,70.00
8	2,42.22	4,84.44	7,26.67	9,68.89	12,11.11	14,53.33	16,95.56	19,37.78	21,80.00
9	2,43.33	4,86.67	7,30.00	9,73.33	12,16.67	14,60.00	17,03.33	19,46.67	21,90.00
10	2,44.44	4,88.89	7,33.33	9,77.78	12,22.22	14,66.67	17,11.11	19,55.56	22,00.00
11	2,45.56	4,91.11	7,36.67	9,82.22	12,27.78	14,73.33	17,18.89	19,64.44	22,10.00
12	2,46.67	4,93.33	7,40.00	9,86.67	12,33.33	14,80.00	17,26.67	19,73.33	22,20.00
13	2,47.78	4,95.56	7,43.33	9,91.11	12,38.89	14,86.67	17,34.44	19,82.22	22,30.00
14	2,48.89	4,97.78	7,46.67	9,95.56	12,44.44	14,93.33	17,42.22	19,91.11	22,40.00
15	2,50.00	5,00.00	7,50.00	10,00.00	12,50.00	15,00.00	17,50.00	20,00.00	22,50.00
16	2,51.11	5,02.22	7,53.33	10,04.44	12,55.56	15,06.67	17,57.78	20,08.89	22,60.00
17	2,52.22	5,04.44	7,56.67	10,08.89	12,61.11	15,13.33	17,65.56	20,17.78	22,70.00
18	2,53.33	5,06.67	7,60.00	10,13.33	12,66.67	15,20.00	17,73.33	20,26.67	22,80.00
19	2,54.44	5,08.89	7,63.33	10,17.78	12,72.22	15,26.67	17,81.11	20,35.56	22,90.00
20	2,55.56	5,11.11	7,66.67	10,22.22	12,77.78	15,33.33	17,88.89	20,44.44	23,00.00
21	2,56.67	5,13.33	7,70.00	10,26.67	12,83.33	15,40.00	17,96.67	20,53.33	23,10.00
22	2,57.78	5,15.56	7,73.33	10,31.11	12,88.89	15,46.67	18,04.44	20,62.22	23,20.00
23	2,58.89	5,17.78	7,76.67	10,35.56	12,94.44	15,53.33	18,12.22	20,71.11	23,30.00
24	2,60.00	5,20.00	7,80.00	10,40.00	13,00.00	15,60.00	18,20.00	20,80.00	23,40.00
25	2,61.11	5,22.22	7,83.33	10,44.44	13,05.56	15,66.67	18,27.78	20,88.89	23,50.00
26	2,62.22	5,24.44	7,86.67	10,48.89	13,11.11	15,73.33	18,35.56	20,97.78	23,60.00
27	2,63.33	5,26.67	7,90.00	10,53.33	13,16.67	15,80.00	18,43.33	21,06.67	23,70.00
28	2,64.44	5,28.89	7,93.33	10,57.78	13,22.22	15,86.67	18,51.11	21,15.56	23,80.00
29	2,65.56	5,31.11	7,96.67	10,62.22	13,27.78	15,93.33	18,58.89	21,24.44	23,90.00
3 mois.	2,66.67	5,33.33	8,00.00	10,66.67	13,33.33	16,00.00	18,66.67	21,33.33	24,00.00

4 p. 0/0   **8**

Jours.	100 fr.	200 fr.	300 fr.	400 fr.
	fr. c. dixm.	fr. c. dixm.	fr. c. dixm.	fr. c. dixm.
1	2,67.78	5,35.56	8,03.33	10,71.11
2	2,68.89	5,37.78	8,06.67	10,75.56
3	2,70.00	5,40.00	8,10.00	10,80.00
4	2,71.11	5,42.22	8,13.33	10,84.44
5	2,72.22	5,44.44	8,16.67	10,88.89
6	2,73.33	5,46.67	8,20.00	10,93.33
7	2,74.44	5,48.89	8,23.33	10,97.78
8	2,75.56	5,51.11	8,26.67	11,02.22
9	2,76.67	5,53.33	8,30.00	11,06.67
10	2,77.78	5,55.56	8,33.33	11,11.11
11	2,78.89	5,57.78	8,36.67	11,15.56
12	2,80.00	5,60.00	8,40.00	11,20.00
13	2,81.11	5,62.22	8,43.33	11,24.44
14	2,82.22	5,64.44	8,46.67	11,28.89
15	2,83.33	5,66.67	8,50.00	11,33.33
16	2,84.44	5,68.89	8,53.33	11,37.78
17	2,85.56	5,71.11	8,56.67	11,42.22
18	2,86.67	5,73.33	8,60.00	11,46.67
19	2,87.78	5,75.56	8,63.33	11,51.11
20	2,88.89	5,77.78	8,66.67	11,55.56
21	2,90.00	5,80.00	8,70.00	11,60.00
22	2,91.11	5,82.22	8,73.33	11,64.44
23	2,92.22	5,84.44	8,76.67	11,68.89
24	2,93.33	5,86.67	8,80.00	11,73.33
25	2,94.44	5,88.89	8,83.33	11,77.78
26	2,95.56	5,91.11	8,86.67	11,82.22
27	2,96.67	5,93.33	8,90.00	11,86.67
28	2,97.78	5,95.56	8,93.33	11,91.11
29	2,98.89	5,97.78	8,96.67	11,95.56
9 mois.	3,00.00	6,00.00	9,00.00	12,00.00

MOIS.   **Comptes-faits.**

500 fr.	600 fr.	700 fr.	800 fr.	900 fr.
fr. c. dixm.	fr. c. dixm.	fr. c. dixm.	fr. c. dixm.	fr. c. dixm.
13,38.89	16,06.67	18,74.44	21,42.22	24,10.00
13,44.44	16,13.33	18,82.22	21,51.11	24,20.00
13,50.00	16,20.00	18,90.00	21,60.00	24,30.00
13,55.56	16,26.67	18,97.78	21,68.89	24,40.00
13,61.11	16,33.33	19,05.56	21,77.78	24,50.00
13,66.67	16,40.00	19,13.33	21,86.67	24,60.00
13,72.22	16,46.67	19,21.11	21,95.56	24,70.00
13,77.78	16,53.33	19,28.89	22,04.44	24,80.00
13,83.33	16,60.00	19,36.67	22,13.33	24,90.00
13,88.89	16,66.67	19,44.44	22,22.22	25,00.00
13,94.44	16,73.33	19,52.22	22,31.11	25,10.00
14,00.00	16,80.00	19,60.00	22,40.00	25,20.00
14,05.56	16,86.67	19,67.78	22,48.89	25,30.00
14,11.11	16,93.33	19,75.56	22,57.78	25,40.00
14,16.67	17,00.00	19,83.33	22,66.67	25,50.00
14,22.22	17,06.67	19,91.11	22,75.56	25,60.00
14,27.78	17,13.33	19,98.89	22,84.44	25,70.00
14,33.33	17,20.00	20,06.67	22,93.33	25,80.00
14,38.89	17,26.67	20,14.44	23,02.22	25,90.00
14,44.44	17,33.33	20,22.22	23,11.11	26,00.00
14,50.00	17,40.00	20,30.00	23,20.00	26,10.00
14,55.56	17,46.67	20,37.78	23,28.89	26,20.00
14,61.11	17,53.33	20,45.56	23,37.78	26,30.00
14,66.67	17,60.00	20,53.33	23,46.67	26,40.00
14,72.22	17,66.67	20,61.11	23,55.56	26,50.00
14,77.78	17,73.33	20,68.89	23,64.44	26,60.00
14,83.33	17,80.00	20,76.67	23,73.33	26,70.00
14,88.89	17,86.67	20,84.44	23,82.22	26,80.00
14,94.44	17,93.33	20,92.22	23,91.11	26,90.00
15,00.00	18,00.00	21,00.00	24,00.00	27,00.00

4 p. 0/0.

Jours.	100 fr.	200 fr.	300 fr.	400 fr.
	fr. c. dixm.	fr. c. dixm.	fr. c. dixm.	fr. c. dixm.
1	3,01.11	6,02.22	9,03.33	12,04.44
2	3,02.22	6,04.44	9,06.67	12,08.89
3	3,03.33	6,06.67	9,10.00	12,13.33
4	3,04.44	6,08.89	9,13.33	12,17.78
5	3,05.56	6,11.11	9,16.67	12,22.22
6	3,06.67	6,13.33	9,20.00	12,26.67
7	3,07.78	6,15.56	9,23.33	12,31.11
8	3,08.89	6,17.78	9,26.67	12,35.56
9	3,10.00	6,20.00	9,30.00	12,40.00
10	3,11.11	6,22.22	9,33.33	12,44.44
11	3,12.22	6,24.44	9,36.67	12,48.89
12	3,13.33	6,26.67	9,40.00	12,53.33
13	3,14.44	6,28.89	9,43.33	12,57.78
14	3,15.56	6,31.11	9,46.67	12,62.22
15	3,16.67	6,33.33	9,50.00	12,66.67
16	3,17.78	6,35.56	9,53.33	12,71.11
17	3,18.89	6,37.78	9,56.67	12,75.56
18	3,20.00	6,40.00	9,60.00	12,80.00
19	3,21.11	6,42.22	9,63.33	12,84.44
20	3,22.22	6,44.44	9,66.67	12,88.89
21	3,23.33	6,46.67	9,70.00	12,93.33
22	3,24.44	6,48.89	9,73.33	12,97.78
23	3,25.56	6,51.11	9,76.67	13,02.22
24	3,26.67	6,53.33	9,80.00	13,06.67
25	3,27.78	6,55.56	9,83.33	13,11.11
26	3,28.89	6,57.78	9,86.67	13,15.56
27	3,30.00	6,60.00	9,90.00	13,20.00
28	3,31.11	6,62.22	9,93.33	13,24.44
29	3,32.22	6,64.44	9,96.67	13,28.89
10 mois.	3,33.33	6,66.67	10,00.00	13,33.33

MOIS.   **Comptes-faits.**

500 fr.	600 fr.	700 fr.	800 fr.	900 fr.
fr. c. dixm.	fr. c. dixm.	fr. c. dixm.	fr. c. dixm.	fr. c. dixm.
15,05.56	18,06.67	21,07.78	24,08.89	27,10.00
15,11.11	18,13.33	21,15.56	24,17.78	27,20.00
15,16.67	18,20.00	21,23.33	24,26.67	27,30.00
15,22.22	18,26.67	21,31.11	24,35.56	27,40.00
15,27.78	18,33.33	21,38.89	24,44.44	27,50.00
15,33.33	18,40.00	21,46.67	24,53.33	27,60.00
15,38.89	18,46.67	21,54.44	24,62.22	27,70.00
15,44.44	18,53.33	21,62.22	24,71.11	27,80.00
15,50.00	18,60.00	21,70.00	24,80.00	27,90.00
15,55.56	18,66.67	21,77.78	24,88.89	28,00.00
15,61.11	18,73.33	21,85.56	24,97.78	28,10.00
15,66.67	18,80.00	21,93.33	25,06.67	28,20.00
15,72.22	18,86.67	22,01.11	25,15.56	28,30.00
15,77.78	18,93.33	22,08.89	25,24.44	28,40.00
15,83.33	19,00.00	22,16.67	25,33.33	28,50.00
15,88.89	19,06.67	22,24.44	25,42.22	28,60.00
15,94.44	19,13.33	22,32.22	25,51.11	28,70.00
16,00.00	19,20.00	22,40.00	25,60.00	28,80.00
16,05.56	19,26.67	22,47.78	25,68.89	28,90.00
16,11.11	19,33.33	22,55.56	25,77.78	29,00.00
16,16.67	19,40.00	22,63.33	25,86.67	29,10.00
16,22.22	19,46.67	22,71.11	25,95.56	29,20.00
16,27.78	19,53.33	22,78.89	26,04.44	29,30.00
16,33.33	19,60.00	22,86.67	26,13.33	29,40.00
16,38.89	19,66.67	22,94.44	26,22.22	29,50.00
16,44.44	19,73.33	23,02.22	26,31.11	29,60.00
16,50.00	19,80.00	23,10.00	26,40.00	29,70.00
16,55.56	19,86.67	23,17.78	26,48.89	29,80.00
16,61.11	19,93.33	23,25.56	26,57.78	29,90.00
16,66.67	20,00.00	23,33.33	26,66.67	30,00.00

13*

4 p. 0/0.   **10 MOIS.**   **Comptes-faits.**

Jours.	100 fr.	200 fr.	300 fr.	400 fr.	500 fr.	600 fr.	700 fr.	800 fr.	900 fr.
	fr. c. dixm.	fr. c. dixm.	fr. c. dixm.	fr. c. dixm.	fr. c. dixm.	fr. c. dixm.	fr. c. dixm.	fr. c. dixm.	fr. c. dixm.
1	3,34.44	6,68.89	10,03.33	13,37.78	16,72.22	20,06.67	23,41.11	26,75.56	30,10.00
2	3,35.56	6,71.11	10,06.67	13,42.22	16,77.78	20,13.33	23,48.89	26,84.44	30,20.00
3	3,36.67	6,73.33	10,10.00	13,46.67	16,83.33	20,20.00	23,56.67	26,93.33	30,30.00
4	3,37.78	6,76.56	10,13.33	13,51.11	16,88.89	20,26.67	23,64.44	27,02.22	30,40.00
5	3,38.89	6,77.78	10,16.67	13,55.56	16,94.44	20,33.33	23,72.22	27,11.11	30,50.00
6	3,40.00	6,80.00	10,20.00	13,60.00	17,00.00	20,40.00	23,80.00	27,20.00	30,60.00
7	3,41.11	6,82.22	10,23.33	13,64.44	17,05.56	20,46.67	23,87.78	27,28.89	30,70.00
8	3,42.22	6,84.44	10,26.67	13,68.89	17,11.11	20,53.33	23,95.56	27,37.78	30,80.00
9	3,43.33	6,86.67	10,30.00	13,73.33	17,16.67	20,60.00	24,03.33	27,46.67	30,90.00
10	3,44.44	6,88.89	10,33.33	13,77.78	17,22.22	20,66.67	24,11.11	27,55.56	31,00.00
11	3,45.56	6,91.11	10,36.67	13,82.22	17,27.78	20,73.33	24,18.89	27,64.44	31,10.00
12	3,46.67	6,93.33	10,40.00	13,86.67	17,33.33	20,80.00	24,26.67	27,73.33	31,20.00
13	3,47.78	6,95.56	10,43.33	13,91.11	17,38.89	20,86.67	24,34.44	27,82.22	31,30.00
14	3,48.89	6,97.78	10,46.67	13,95.56	17,44.44	20,93.33	24,42.22	27,91.11	31,40.00
15	3,50.00	7,00.00	10,50.00	14,00.00	17,50.00	21,00.00	24,50.00	28,00.00	31,50.00
16	3,51.11	7,02,22	10,53.33	14,04.44	17,55.56	21,06.67	24,57.78	28,08.89	31,60.00
17	3,52.22	7,04.44	10,56.67	14,08.89	17,61.11	21,13.33	24,65.56	28,17.78	31,70.00
18	3,53.33	7,06.67	10,60.00	14,13.33	17,66.67	21,20.00	24,73.33	28,26.67	31,80.00
19	3,54.44	7,08.89	10,63.33	14,17.78	17,72.22	21,26.67	24,81.11	28,35.56	31,90.00
20	3,55.56	7,11.11	10,66.67	14,22.22	17,77.78	21,33.33	24,88.89	28,44.44	32,00.00
21	3,56.67	7,13.33	10,70.00	14,26.67	17,83.33	21,40.00	24,96.67	28,53.33	32,10.00
22	3,57.78	7,15.56	10,73.33	14,31.11	17,88.89	21,46.67	25,04.44	28,62.22	32,20.00
23	3,58.89	7,17.78	10,76.67	14,35.56	17,94.44	21,53.33	25,12.22	28,71.11	32,30.00
24	3,60.00	7,20.00	10,80.00	14,40.00	18,00.00	21,60.00	25,20.00	28,80.00	32,40.00
25	3,61.11	7,22.22	10,83.33	14,44.44	18,05.56	21,66.67	25,27.78	28,88.89	32,50.00
26	3,62.22	7,24.44	10,86.67	14,48.89	18,11.11	21,73.33	25,35.56	28,97.78	32,60.00
27	3,63.33	7,26.67	10,90.00	14,53.33	18,16.67	21,80.00	25,43.33	29,06.67	32,70.00
28	3,64.44	7,28.89	10,93.33	14,57.78	18,22.22	21,86.67	25,51.11	29,15.56	32,80.00
29	3,65.56	7,31.11	10,96.67	14,62.22	18,27.78	21,93.33	25,58.89	29,24.44	32,90.00
11 mois.	3,66.67	7,33.33	11,00.00	14,66.67	18,33.33	22,00.00	25,66.67	29,33.33	33,00.00

4 p. 0/0   Comptes-faits.

Jours.	100 fr.	200 fr.	300 fr.	400 fr.
	fr. c. dixm.	fr. c. dixm.	fr. c. dixm.	fr. c. dixm.
1	3,67.78	7,35.56	11,03.33	14,71.11
2	3,68.89	7,37.78	11,06.67	14,75.56
3	3,70.00	7,40.00	11,10.00	14,80.00
4	3,71.11	7,42.22	11,13.33	14,84.44
5	3,72.22	7,44.44	11,16.67	14,88.89
6	3,73.33	7,46.67	11,20.00	14,93.33
7	3,74.44	7,48.89	11,23.33	14,97.78
8	3,75.56	7,51.11	11,26.67	15,02.22
9	3,76.67	7,53.33	11,30.00	15,06.67
10	3,77.78	7,55.56	11,33.33	15,11.11
11	3,78.89	7,57.78	11,36.67	15,15.56
12	3,80.00	7,60.00	11,40.00	15,20.00
13	3,81.11	7,62.22	11,43.33	15,24.44
14	3,82.22	7,64.44	11,46.67	15,28.89
15	3,83.33	7,66.67	11,50.00	15,33.33
16	3,84.44	7,68.89	11,53.33	15,37.78
17	3,85.56	7,71.11	11,56.67	15,42.22
18	3,86.67	7,73.33	11,60.00	15,46.67
19	3,87.78	7,75.56	11,63.33	15,51.11
20	3,88.89	7,77.78	11,66.67	15,55.56
21	3,90.00	7,80.00	11,70.00	15,60.00
22	3,91.11	7,82.22	11,73.33	15,64.44
23	3,92.22	7,84.44	11,76.67	15,68.89
24	3,93.33	7,86.67	11,80.00	15,73.33
25	3,94.44	7,88.89	11,83.33	15,77.78
26	3,95.56	7,91.11	11,86.67	15,82.22
27	3,96.67	7,93.33	11,90.00	15,86.67
28	3,97.78	7,95.56	11,93.33	15,91.11
29	3,98.89	7,97.78	11,96.67	15,95.56
1 an.	4,00.00	8,00.00	12,00.00	16,00.00

MOIS.   Comptes-faits.

500 fr.	600 fr.	700 fr.	800 fr.	900 fr.
fr. c. dixm.	fr. c. dixm.	fr. c. dixm.	fr. c. dixm.	fr. c. dixm.
18,38.89	22,06.67	25,74.44	29,42.22	33,10.00
18,44.44	22,13.33	25,82.22	29,51.11	33,20.00
18,50.00	22,20.00	25,90.00	29,60.00	33,30.00
18,55.56	22,26.67	25,97.78	29,68.89	33,40.00
18,61.11	22,33.33	26,05.56	29,77.78	33,50.00
18,66.67	22,40.00	26,13.33	29,86.67	33,60.00
18,72.22	22,46.67	26,21.11	29,95.56	33,70.00
18,77.78	22,53.33	26,28.89	30,04.44	33,80.00
18,83.33	22,60.00	26,36.67	30,13.33	33,90.00
18,88.89	22,66.67	26,44.44	30,22.22	34,00.00
18,94.44	22,73.33	26,52.22	30,31.11	34,10.00
19,00.00	22,80.00	26,60.00	30,40.00	34,20.00
19,05.56	22,86.67	26,67.78	30,48.89	34,30.00
19,11.11	22,93.33	26,75.56	30,57.78	34,40.00
19,16.67	23,00.00	26,83.33	30,66.67	34,50.00
19,22.22	23,06.67	26,91.11	30,75.56	34,60.00
19,27.78	23,13.33	26,98.89	30,84.44	34,70.00
19,33.33	23,20.00	27,06.67	30,93.33	34,80.00
19,38.89	23,26.67	27,14.44	31,02.22	34,90.00
19,44.44	23,33.33	27,22.22	31,11.11	35,00.00
19,50.00	23,40.00	27,30.00	31,20.00	35,10.00
19,55.56	23,46.67	27,37.78	31,28.89	35,20.00
19,61.11	23,53.33	27,45.56	31,37.78	35,30.00
19,66.67	23,60.00	27,53.33	31,46.67	35,40.00
19,72.22	23,66.67	27,61.11	31,55.56	35,50.00
19,77.78	23,73.33	27,68.89	31,64.44	35,60.00
19,83.33	23,80.00	27,76.67	31,73.33	35,70.00
19,88.89	23,86.67	27,84.44	31,82.22	35,80.00
19,94.44	23,93.33	27,92.22	31,91.11	35,90.00
20,00.00	24,00.00	28,00.00	32,00.00	36,00.00

5 p. 0/0 **MOIS.** **Comptes-faits.**

Jours.	100 fr.	200 fr.	300 fr.	400 fr.	500 fr.	600 fr.	700 fr.	800 fr.	900 fr.
	fr. c. dixm.	fr. c. dixm.	fr. c. dixm.	fr. c. dixm.	fr. c. dixm.	fr. c. dixm.	fr. c. dixm.	fr. c. dixm.	fr. c. dixm.
1	0,01.39	0,02.78	0,04.17	0,05.56	0,06.94	0,08.33	0,09.72	0,11.11	0,12.50
2	0,02.78	0,05.56	0,08.33	0,11.11	0,13.89	0,16.67	0,19.44	0,22.22	0,25.00
3	0,04.17	0,08.33	0,12.50	0,16.67	0,20.83	0,25.00	0,29.17	0,33.33	0,37.50
4	0,05.56	0,11.11	0,16.67	0,22.22	0,27.78	0,33.33	0,38.89	0,44.44	0,50.00
5	0,06.94	0,13.89	0,20.83	0,27.78	0,34.72	0,41.67	0,48.61	0,55.56	0,62.50
6	0,08.33	0,16.67	0,25.00	0,33.33	0,41.67	0,50.00	0,58.33	0,66.67	0,75.00
7	0,09.72	0,19.44	0,29.17	0,38.89	0,48.61	0,58.33	0,68.06	0,77.78	0,87.50
8	0,11.11	0,22.22	0,33.33	0,44.44	0,55.56	0,66.67	0,77.78	0,88.89	1,00.00
9	0,12.50	0,25.00	0,37.50	0,50.00	0,62.50	0,75.00	0,87.50	1,00.00	1,12.50
10	0,13.89	0,27.78	0,41.67	0,55.56	0,69.44	0,83.33	0,97.22	1,11.11	1,25.00
11	0,15.28	0,30.56	0,45.83	0,61.11	0,76.39	0,91.67	1,06.94	1,22.22	1,37.50
12	0,16.67	0,33.33	0,50.00	0,66.67	0,83.33	1,00.00	1,16.67	1,33.33	1,50.00
13	0,18.06	0,36.11	0,54.17	0,72.22	0,90.28	1,08.33	1,26.39	1,44.44	1,62.50
14	0,19.44	0,38.89	0,58.33	0,77.78	0,97.22	1,16.67	1,36.11	1,55.56	1,75.00
15	0,20.83	0,41.67	0,62.50	0,83.33	1,04.17	1,25.00	1,45.83	1,66.67	1,87.50
16	0,22.22	0,44.44	0,66.67	0,88.89	1,11.11	1,33.33	1,55.56	1,77.78	2,00.00
17	0,23.61	0,47.22	0,70.83	0,94.44	1,18.06	1,41.67	1,65.28	1,88.89	2,12.50
18	0,25.00	0,50.00	0,75.00	1,00.00	1,25.00	1,50.00	1,75.00	2,00.00	2,25.00
19	0,26.39	0,52.78	0,79.17	1,05.56	1,31.94	1,58.33	1,84.72	2,11.11	2,37.50
20	0,27.78	0,55.56	0,83.33	1,11.11	1,38.89	1,66.67	1,94.44	2,22.22	2,50.00
21	0,29.17	0,58.33	0,87.50	1,16.67	1,45.83	1,75.00	2,04.17	2,33.33	2,62.50
22	0,30.56	0,61.11	0,91.67	1,22.22	1,52.78	1,83.33	2,13.89	2,44.44	2,75.00
23	0,31.94	0,63.89	0,95.83	1,27.78	1,59.72	1,91.67	2,23.61	2,55.56	2,87.50
24	0,33.33	0,66.67	1,00.00	1,33.33	1,66.67	2,00.00	2,33.33	2,66.67	3,00.00
25	0,34.72	0,69.44	1,04.17	1,38.89	1,73.61	2,08.33	2,43.06	2,77.78	3,12.50
26	0,36.11	0,72.22	1,08.33	1,44.44	1,80.55	2,16.67	2,52.78	2,88.89	3,25.00
27	0,37.50	0,75.00	1,12.50	1,50.00	1,87.50	2,25.00	2,62.50	3,00.00	3,37.50
28	0,38.89	0,77.78	1,16.67	1,55.56	1,94.44	2,33.33	2,72.22	3,11.11	3,50.00
29	0,40.28	0,80.56	1,20.83	1,61.11	2,01.39	2,41.67	2,81.94	3,22.22	3,62.50
1 mois.	0,41.67	0,83.33	1,25.00	1,66.67	2,08.33	2,50.00	2,91.67	3,33.33	3,75.00

5 p. 0/0. Comptes-faits.

Jours	100 fr.	200 fr.	300 fr.	400 fr.
	fr. c. dixm.	fr. c. dixm.	fr. c. dixm.	fr. c. dixm.
1	0,43.06	0,86.11	1,29.17	1,72.22
2	0,44.44	0,88.89	1,33.33	1,77.78
3	0,45.83	0,91.67	1,37.50	1,83.33
4	0,47.22	0,94.44	1,41.67	1,88.89
5	0,48.61	0,97.22	1,45.83	1,94.44
6	0,50.00	1,00.00	1,50.00	2,00.00
7	0,51.39	1,02.78	1,54.17	2,05.56
8	0,52.78	1,05.56	1,58.33	2,11.11
9	0,54.17	1,08.33	1,62.50	2,16.67
10	0,55.56	1,11.11	1,66.67	2,22.22
11	0,56.94	1,13.89	1,70.83	2,27.78
12	0,58.33	1,16.67	1,75.00	2,33.33
13	0,59.72	1,19.44	1,79.17	2,38.89
14	0,61.11	1,22.22	1,83.33	2,44.44
15	0,62.50	1,25.00	1,87.50	2,50.00
16	0,63.89	1,27.78	1,91.67	2,55.56
17	0,65.28	1,30.56	1,95.83	2,61.11
18	0,66.67	1,33.33	2,00.00	2,66.67
19	0,68.06	1,36.11	2,04.17	2,72.22
20	0,69.44	1,38.89	2,08.33	2,77.78
21	0,70.83	1,41.67	2,12.50	2,83.33
22	0,72.22	1,44.44	2,16.67	2,88.89
23	0,73.61	1,47.22	2,20.83	2,94.44
24	0,75.00	1,50.00	2,25.00	3,00.00
25	0,76.39	1,52.78	2,29.17	3,05.56
26	0,77.78	1,55.56	2,33.33	3,11.11
27	0,79.17	1,58.33	2,37.50	3,16.67
28	0,80.56	1,61.11	2,41.67	3,22.22
29	0,81.94	1,63.89	2,45.83	3,27.78
2 mois.	0,83.33	1,66.67	2,50.00	3,33.33

MOIS. Comptes-faits.

500 fr.	600 fr.	700 fr.	800 fr.	900 fr.
fr. c. dixm.	fr. c. dixm.	fr. c. dixm.	fr. c. dixm.	fr. c. dixm.
2,15.28	2,58.33	3,01.39	3,44.44	3,87.50
2,22.22	2,66.67	3,11.11	3,55.56	4,00.00
2,29.17	2,75.00	3,20.83	3,66.67	4,12.50
2,36.11	2,83.33	3,30.56	3,77.78	4,25.00
2,43.06	2,91.67	3,40.28	3,88.89	4,37.50
2,50.00	3,00.00	3,50.00	4,00.00	4,50.00
2,56.94	3,08.33	3,59.72	4,11.11	4,62.50
2,63.89	3,16.67	3,69.44	4,22.22	4,75.00
2,70.83	3,25.00	3,79.17	4,33.33	4,87.50
2,77.78	3,33.33	3,88.89	4,44.44	5,00.00
2,84.72	3,41.67	3,98.61	4,55.56	5,12.50
2,91.67	3,50.00	4,08.33	4,66.67	5,25.00
2,98.61	3,58.33	4,18.06	4,77.78	5,37.50
3,05.56	3,66.67	4,27.78	4,88.89	5,50.00
3,12.50	3,75.00	4,37.50	5,00.00	5,62.50
3,19.44	3,83.33	4,47.22	5,11.11	5,75.00
3,26.39	3,91.67	4,56.94	5,22.22	5,87.50
3,33.33	4,00.00	4,66.67	5,33.33	6,00.00
3,40.28	4,08.33	4,76.39	5,44.44	6,12.50
3,47.22	4,16.67	4,86.11	5,55.56	6,25.00
3,54.17	4,25.00	4,95.83	5,66.67	6,37.50
3,61.11	4,33.33	5,05.56	5,77.78	6,50.00
3,68.06	4,41.67	5,15.28	5,88.89	6,62.50
3,75.00	4,50.00	5,25.00	6,00.00	6,75.00
3,81.94	4,58.33	5,34.72	6,11.11	6,87.50
3,88.89	4,66.67	5,44.44	6,22.22	7,00.00
3,95.83	4,75.00	5,54.17	6,33.33	7,12.50
4,02.78	4,83.33	5,63.89	6,44.44	7,25.00
4,09.72	4,91.67	5,73.61	6,55.56	7,37.50
4,16.67	5,00.00	5,83.33	6,66.67	7,50.00

5 p. 0/0.

MOIS.   **Comptes-faits.**

Jours.	100 fr.	200 fr.	300 fr.	400 fr.	500 fr.	600 fr.	700 fr.	800 fr.	900 fr.
	fr. c. dixm.	fr. c. dixm.	fr. c. dixm.	fr. c. dixm.	fr. c. dixm.	fr. c. dixm.	fr. c. dixm.	fr. c. dixm.	fr. c. dixm.
1	0,84.72	1,69.44	2,54.17	3,38.89	4,23.61	5,08.33	5,93.06	6,77.78	7,62.50
2	0,86.11	1,72.22	2,58.33	3,44.44	4,30.56	5,16.67	6,02.78	6,88.89	7,75.00
3	0,87.50	1,75.00	2,62.50	3,50.00	4,37.50	5,25.00	6,12.50	7,00.00	7,87.50
4	0,88.89	1,77.78	2,66.67	3,55.56	4,44.44	5,33.33	6,22.22	7,11.11	8,00.00
5	0,90.28	1,80.56	2,70.83	3,61.11	4,51.39	5,44.67	6,31.94	7,22.22	8,12.50
6	0,91.67	1,83.33	2,75.00	3,66.67	4,58.33	5,50.00	6,41.67	7,33.33	8,25.00
7	0,93.06	1,86.11	2,79.17	3,72.22	4,65.28	5,58.33	6,51.39	7,44.44	8,37.50
8	0,94.44	1,88.89	2,83.33	3,77.78	4,72.22	5,66.67	6,61.11	7,55.56	8,50.00
9	0,95.83	1,91.67	2,87.50	3,83.33	4,79.17	5,75.00	6,70.83	7,66.67	8,62.50
10	0,97.22	1,94.44	2,91.67	3,88.89	4,86.11	5,83.33	6,80.56	7,77.78	8,75.00
11	0,98.61	1,97.22	2,95.83	3,94.44	4,93.06	5,91.67	6,90.28	7,88.89	8,87.50
12	1,00.00	2,00.00	3,00.00	4,00.00	5,00.00	6,00.00	7,00.00	8,00.00	9,00.00
13	1,01.39	2,02.78	3,04.17	4,05.56	5,06.94	6,08.33	7,09.72	8,11.11	9,12.50
14	1,02.78	2,05.56	3,08.33	4,11.11	5,13.89	6,16.67	7,19.44	8,22.22	9,25.00
15	1,04.17	2,08.33	3,12.50	4,16.67	5,20.83	6,25.00	7,29.17	8,33.33	9,37.50
16	1,05.56	2,11.11	3,16.67	4,22.22	5,27.78	6,33.33	7,38.89	8,44.44	9,50.00
17	1,06.94	2,13.89	3,20.83	4,27.78	5,34.72	6,41.67	7,48.61	8,55.56	9,62.50
18	1,08.33	2,16.67	3,25.00	4,33.33	5,41.67	6,50.00	7,58.33	8,66.67	9,75.00
19	1,09.72	2,19.44	3,29.17	4,38.89	5,48.61	6,58.33	7,68.06	8,77.78	9,87.50
20	1,11.11	2,22.22	3,33.33	4,44.44	5,55.56	6,66.67	7,77.78	8,88.89	10,00.00
21	1,12.50	2,25.00	3,37.50	4,50.00	5,62.50	6,75.00	7,87.50	9,00.00	10,12.50
22	1,13.89	2,27.78	3,41.67	4,55.56	5,69.44	6,83.33	7,97.22	9,11.11	10,25.00
23	1,15.28	2,30.56	3,45.83	4,61.11	5,76.39	6,91.67	8,06.94	9,22.22	10,37.50
24	1,16.67	2,33.33	3,50.00	4,66.67	5,83.33	7,00.00	8,16.67	9,33.33	10,50.00
25	1,18.06	2,36.11	3,54.17	4,72.22	5,90.28	7,08.33	8,26.39	9,44.44	10,62.50
26	1,19.44	2,38.89	3,58.33	4,77.78	5,97.22	7,16.67	8,36.11	9,55.56	10,75.00
27	1,20.83	2,41.67	3,62.50	4,83.33	6,04.17	7,25.00	8,45.83	9,66.67	10,87.50
28	1,22.22	2,44.44	3,66.67	4,88.89	6,11.11	7,33.33	8,55.56	9,77.78	11,00.00
29	1,23.61	2,47.22	3,70.83	4,94.44	6,18.06	7,41.67	8,65.28	9,88.89	11,12.50
3 mois.	1,25.00	2,50.00	3,75.00	5,00.00	6,25.00	7,50.00	8,75.00	10,00.00	11,25.00

5 p. 0/0.   3   **MOIS.**   **Comptes-faits.**

Jours.	100 fr.	200 fr.	300 fr.	400 fr.	500 fr.	600 fr.	700 fr.	800 fr.	900 fr.
	fr. c. dixm.	fr. c. dixm.	fr. c. dixm.	fr. c. dixm.	fr. c. dixm.	fr. c. dixm.	fr. c. dixm.	fr. c. dixm.	fr. c. dixm.
1	1,26.39	2,52.78	3,79.17	5,05.56	6,31.94	7,58.33	8,84.72	10,11.11	11,37.50
2	1,27.78	2,55.56	3,83.33	5,11.11	6,38.89	7,66.67	8,94.44	10,22.22	11,50.00
3	1,29.17	2,58.33	3,87.50	5,16.67	6,45.83	7,75.00	9,04.17	10,33.33	11,62.50
4	1,30.56	2,61.11	3,91.67	5,22.22	6,52.78	7,83.33	9,13.89	10,44.44	11,75.00
5	1,31.94	2,63.89	3,95.83	5,27.78	6,59.72	7,91.67	9,23.61	10,55.56	11,87.50
6	1,33.33	2,66.67	4,00.00	5,33.33	6,66.67	8,00.00	9,33.33	10,66.67	12,00.00
7	1,34.72	2,69.44	4,04.17	5,38.89	6,73.61	8,08.33	9,43.06	10,77.78	12,12.50
8	1,36.11	2,72.22	4,08.33	5,44.44	6,80.55	8,16.67	9,52.78	10,88.89	12,25.00
9	1,37.50	2,75.00	4,12.50	5,50.00	6,87.50	8,25.00	9,62.50	11,00.00	12,37.50
10	1,38.89	2,77.78	4,16.67	5,55.56	6,94.44	8,33.33	9,72.22	11,11.11	12,50.00
11	1,40.28	2,80.56	4,20.83	5,61.11	7,01.39	8,41.67	9,81.94	11,22.22	12,62.50
12	1,41.67	2,83.33	4,25.00	5,66.67	7,08.33	8,50.00	9,91.67	11,33.33	12,75.00
13	1,43.06	2,86.11	4,29.17	5,72.22	7,15.28	8,58.33	10,01.39	11,44.44	12,87.50
14	1,44.44	2,88.89	4,33.33	5,77.78	7,22.22	8,66.67	10,11.11	11,55.56	13,00.00
15	1,45.83	2,91.67	4,37.50	5,83.33	7,29.17	8,75.00	10,20.83	11,66.67	13,12.50
16	1,47.22	2,94.44	4,41.67	5,88.89	7,36.11	8,83.33	10,30.56	11,77.78	13,25.00
17	1,48.61	2,97.22	4,45.83	5,94.44	7,43.06	8,91.67	10,40.28	11,88.89	13,37.50
18	1,50.00	3,00.00	4,50.00	6,00.00	7,50.00	9,00.00	10,50.00	12,00.00	13,50.00
19	1,51.39	3,02.78	4,54.17	6,05.56	7,56.94	9,08.33	10,59.72	12,11.11	13,62.50
20	1,52.78	3,05.56	4,58.33	6,11.11	7,63.89	9,16.67	10,69.44	12,22.22	13,75.00
21	1,54.17	3,08.33	4,62.50	6,16.67	7,70.83	9,25.00	10,79.17	12,33.33	13,87.50
22	1,55.56	3,11.11	4,66.67	6,22.22	7,77.78	9,33.33	10,88.89	12,44.44	14,00.00
23	1,56.94	3,13.89	4,70.83	6,27.78	7,84.72	9,41.67	10,98.61	12,55.56	14,12.50
24	1,58.33	3,16.67	4,75.00	6,33.33	7,91.67	9,50.00	11,08.33	12,66.67	14,25.00
25	1,59.72	3,19.44	4,79.17	6,38.89	7,98.61	9,58.33	11,18.06	12,77.78	14,37.50
26	1,61.11	3,22.22	4,83.33	6,44.44	8,05.56	9,66.67	11,27.78	12,88.89	14,50.00
27	1,62.50	3,25.00	4,87.50	6,50.00	8,12.50	9,75.00	11,37.50	13,00.00	14,62.50
28	1,63.89	3,27.78	4,91.67	6,55.56	8,19.44	9,83.33	11,47.22	13,11.11	14,75.00
29	1,65.28	3,30.56	4,95.83	6,61.11	8,26.39	9,91.67	11,56.94	13,22.22	14,87.50
1 mois.	1,66.67	3,33.33	5,00.00	6,66.67	8,33.33	10,00.00	11,66.67	13,33.33	15,00.00

14*

5 p. 0/0. **4**

Jours.	100 fr.	200 fr.	300 fr.	400 fr.
	fr. c. dixm.	fr. c. dixm.	fr. c. dixm.	fr. c. dixm.
1	1,68.06	3,36.11	5,04.17	6,72.22
2	1,69.44	3,38.89	5,08.33	6,77.78
3	1,70.83	3,41.67	5,12.50	6,83.33
4	1,72.22	3,44.44	5,16.67	6,88.89
5	1,73.61	3,47.22	5,20.83	6,94.44
6	1,75.00	3,50.00	5,25.00	7,00.00
7	1,76.39	3,52.78	5,29.17	7,05.56
8	1,77.78	3,55.56	5,33.33	7,11.11
9	1,79.17	3,58.33	5,37.50	7,16.67
10	1,80.56	3,61.11	5,41.67	7,22.22
11	1,81.94	3,63.89	5,45.83	7,27.78
12	1,83.33	3,66.67	5,50.00	7,33.33
13	1,84.72	3,69.44	5,54.17	7,38.89
14	1,86.11	3,72.22	5,58.33	7,44.44
15	1,87.50	3,75.00	5,62.50	7,50.00
16	1,88.89	3,77.78	5,66.67	7,55.56
17	1,90.28	3,80.56	5,70.83	7,61.11
18	1,91.67	3,83.33	5,75.00	7,66.67
19	1,93.06	3,86.11	5,79.17	7,72.22
20	1,94.44	3,88.89	5,83.33	7,77.78
21	1,95.83	3,91.67	5,87.50	7,83.33
22	1,97.22	3,94.44	5,91.67	7,88.89
23	1,98.61	3,97.22	5,95.83	7,94.44
24	2,00.00	4,00.00	6,00.00	8,00.00
25	2,01.39	4,02.78	6,04.17	8,05.56
26	2,02.78	4,05.56	6,08.33	8,11.11
27	2,04.17	4,08.33	6,12.50	8,16.67
28	2,05.56	4,11.11	6,16.67	8,22.22
29	2,06.94	4,13.89	6,20.83	8,27.78
5 mois.	2,08.33	4,16.67	6,25.00	8,33.33

MOIS. **Comptes-faits.**

500 fr.	600 fr.	700 fr.	800 fr.	900 fr.
fr. c. dixm.	fr. c. dixm.	fr. c. dixm.	fr. c. dixm.	fr. c. dixm.
8,40.28	10,08.33	11,76.39	13,44.44	15,12.50
8,47.22	10,16.67	11,86.11	13,55.56	15,25.00
8,54.17	10,25.00	11,95.83	13,66.67	15,37.50
8,61.11	10,33.33	12,05.56	13,77.78	15,50.00
8,68.06	10,41.67	12,15.28	13,88.89	15,62.50
8,75.00	10,50.00	12,25.00	14,00.00	15,75.00
8,81.94	10,58.33	12,34.72	14,11.11	15,87.50
8,88.89	10,66.67	12,44.44	14,22.22	16,00.00
8,95.83	10,75.00	12,54.17	14,33.33	16,12.50
9,02.78	10,83.33	12,63.89	14,44.44	16,25.00
9,09.72	10,91.67	12,73.61	14,55.56	16,37.50
9,16.67	11,00.00	12,83.33	14,66.67	16,50.00
9,23.61	11,08.33	12,93.06	14,77.78	16,62.50
9,30.56	11,16.67	13,02.78	14,88.89	16,75.00
9,37.50	11,25.00	13,12.50	15,00.00	16,87.50
9,44.44	11,33.33	13,22.22	15,11.11	17,00.00
9,51.39	11,41.67	13,31.94	15,22.22	17,12.50
9,58.33	11,50.00	13,41.67	15,33.33	17,25.00
9,65.28	11,58.33	13,51.39	15,44.44	17,37.50
9,72.22	11,66.67	13,61.11	15,55.56	17,50.00
9,79.17	11,75.00	13,70.83	15,66.67	17,62.50
9,86.11	11,83.33	13,80.56	15,77.78	17,75.00
9,93.06	11,91.67	13,90.28	15,88.89	17,87.50
10,00.00	12,00.00	14,00.00	16,00.00	18,00.00
10,06.94	12,08.33	14,09.72	16,11.11	18,12.50
10,13.89	12,16.67	14,19.44	16,22.22	18,25.00
10,20.83	12,25.00	14,29.17	16,33.33	18,37.50
10,27.78	12,33.33	14,38.89	16,44.44	18,50.00
10,34.72	12,41.67	14,48.61	16,55.56	18,62.50
10,41.67	12,50.00	14,58.33	16,66.67	18,75.00

5 p. 0/0. **5** **MOIS.** **Comptes-faits.**

Jours.	100 fr.	200 fr.	300 fr.	400 fr.	500 fr.	600 fr.	700 fr.	800 fr.	900 fr.
	fr. c. dixm.	fr. c. dixm.	fr. c. dixm.	fr. c. dixm.	fr. c. dixm.	fr. c. dixm.	fr. c. dixm.	fr. c. dixm.	fr. c. dixm.
1	2,09.72	4,19.44	6,29.17	8,38.89	10,48.61	12,58.33	14,68.06	16,77.78	18,87.50
2	2,11.11	4,22.22	6,33.33	8,44.44	10,55.56	12,66.67	14,77.78	16,88.89	19,00.00
3	2,12.50	4,25.00	6,37.50	8,50.00	10,62.50	12,75.00	14,87.50	17,00.00	19,12.50
4	2,13.89	4,27.78	6,41.67	8,55.56	10,69.44	12,83.33	14,97.22	17,11.11	19,25.00
5	2,15.28	4,30.56	6,45.83	8,61.11	10,76.39	12,91.67	15,06.94	17,22.22	19,37.50
6	2,16.67	4,33.33	6,50.00	8,66.67	10,83.33	13,00.00	15,16.67	17,33.33	19,50.00
7	2,18.06	4,36.11	6,54.17	8,72.22	10,90.28	13,08.33	15,26.39	17,44.44	19,62.50
8	2,19.44	4,38.89	6,58.33	8,77.78	10,97.22	13,16.67	15,36.11	17,55.56	19,75.00
9	2,20.83	4,41.67	6,62.50	8,83.33	11,04.17	13,25.00	15,45.83	17,66.67	19,87.50
10	2,22.22	4,44.44	6,66.67	8,88.89	11,11.11	13,33.33	15,55.56	17,77.78	20,00.00
11	2,23.61	4,47.22	6,70.83	8,94.44	11,18.06	13,41.67	15,65.28	17,88.89	20,12.50
12	2,25.00	4,50.00	6,75.00	9,00.00	11,25.00	13,50.00	15,75.00	18,00.00	20,25.00
13	2,26.39	4,52.78	6,79.17	9,05.56	11,31.94	13,58.33	15,84.72	18,11.11	20,37.50
14	2,27.78	4,55.56	6,83.33	9,11.11	11,38.89	13,66.67	15,94.44	18,22.22	20,50.00
15	2,29.17	4,58.33	6,87.50	9,16.67	11,45.83	13,75.00	16,04.17	18,33.33	20,62.50
16	2,30.56	4,61.11	6,91.67	9,22.22	11,52.78	13,83.33	16,13.89	18,44.44	20,75.00
17	2,31.94	4,63.89	6,95.83	9,27.78	11,59.72	13,91.67	16,23.61	18,55.56	20,87.50
18	2,33.33	4,66.67	7,00.00	9,33.33	11,66.67	14,00.00	16,33.33	18,66.67	21,00.00
19	2,34.72	4,69.44	7,04.17	9,38.89	11,73.61	14,08.33	16,43.06	18,77.78	21,12.50
20	2,36.11	4,72.22	7,08.33	9,44.44	11,80.55	14,16.67	16,52.78	18,88.89	21,25.00
21	2,37.50	4,75.00	7,12.50	9,50.00	11,87.50	14,25.00	16,62.50	19,00.00	21,37.50
22	2,38.89	4,77.78	7,16.67	9,55.56	11,94.44	14,33.33	16,72.22	19,11.11	21,50.00
23	2,40.28	4,80.56	7,20.83	9,61.11	12,01.39	14,41.67	16,81.94	19,22.22	21,62.50
24	2,41.67	4,83.33	7,25.00	9,66.67	12,08.33	14,50.00	16,91.67	19,33.33	21,75.00
25	2,43.06	4,86.11	7,29.17	9,72.22	12,15.28	14,58.33	17,01.39	19,44.44	21,87.50
26	2,44.44	4,88.89	7,33.33	9,77.78	12,22.22	14,66.67	17,11.11	19,55.56	22,00.00
27	2,45.83	4,91.67	7,37.50	9,83.33	12,29.17	14,75.00	17,20.83	19,66.67	22,12.50
28	2,47.22	4,94.44	7,41.67	9,88.89	12,36.11	14,83.33	17,30.56	19,77.78	22,25.00
29	2,48.61	4,97.22	7,45.83	9,94.44	12,43.06	14,91.67	17,40.28	19,88.89	22,37.50
6 mois.	2,50.00	5,00.00	7,50.00	10,00.00	12,50.00	15,00.00	17,50.00	20,00.00	22,50.00

5 p. 0/0. **6** **MOIS.**   **Comptes-faits.**

Jours.	100 fr.	200 fr.	300 fr.	400 fr.	500 fr.	600 fr.	700 fr.	800 fr.	900 fr.
	fr. c. dixm.	fr. c. dixm.	fr. c. dixm.	fr. c. dixm.	fr. c. dixm.	fr. c. dixm.	fr. c. dixm.	fr. c. dixm.	fr. c. dixm
1	2,51.39	5,02.78	7,54.17	10,05.56	12,56.94	15,08.33	17,59.72	20,11.11	22,62.50
2	2,52.78	5,05.56	7,58.33	10,11.11	12,63.89	15,16.67	17,69.44	20,22.22	22,75.00
3	2,54.17	5,08.33	7,62.50	10,16.67	12,70.83	15,25.00	17,79.17	20,33.33	22,87.50
4	2,55.56	5,11.11	7,66.67	10,22.22	12,77.78	15,33.33	17,88.89	20,44.44	23,00.00
5	2,56.94	5,13.89	7,70.83	10,27.78	12,84.72	15,41.67	17,98.61	20,55.56	23,12.50
6	2,58.33	5,16.67	7,75.00	10,33.33	12,91.67	15,50.00	18,08.33	20,66.67	23,25.00
7	2,59.72	5,19.44	7,79.17	10,38.89	12,98.61	15,58.33	18,18.06	20,77.78	23,37.50
8	2,61.11	5,22.22	7,83.33	10,44.44	13,05.56	15,66.67	18,27.78	20,88.89	23,50.00
9	2,62.50	5,25.00	7,87.50	10,50.00	13,12.50	15,75.00	18,37.50	21,00.00	23,62.50
10	2,63.89	5,27.78	7,91.67	10,55.56	13,19.44	15,83.33	18,47.22	21,11.11	23,75.00
11	2,65.28	5,30.56	7,95.83	10,61.11	13,26.39	15,91.67	18,56.94	21,22.22	23,87.50
12	2,66.67	5,33.33	8,00.00	10,66.67	13,33.33	16,00.00	18,66.67	21,33.33	24,00.00
13	2,68.06	5,36.11	8,04.17	10,72.22	13,40.28	16,08.33	18,76.39	21,44.44	24,12.50
14	2,69.44	5,38.89	8,08.33	10,77.78	13,47.22	16,16.67	18,86.11	21,55.56	24,25.00
15	2,70.83	5,41.67	8,12.50	10,83.33	13,54.17	16,25.00	18,95.83	21,66.67	24,37.50
16	2,72.22	5,44.44	8,16.67	10,88.89	13,61.11	16,33.33	19,05.56	21,77.78	24,50.00
17	2,73.61	5,47.22	8,20.83	10,94.44	13,68.06	16,41.67	19,15.28	21,88.89	24,62.50
18	2,75.00	5,50.00	8,25.00	11,00.00	13,75.00	16,50.00	19,25.00	22,00.00	24,75.00
19	2,76.39	5,52.78	8,29.17	11,05.56	13,81.94	16,58.33	19,34.72	22,11.11	24,87.50
20	2,77.78	5,55.56	8,33.33	11,11.11	13,88.89	16,66.67	19,44.44	22,22.22	25,00.00
21	2,79.17	5,58.33	8,37.50	11,16.67	13,95.83	16,75.00	19,54.17	22,33.33	25,12.50
22	2,80.56	5,61.11	8,41.67	11,22.22	14,02.78	16,83.33	19,63.89	22,44.44	25,25.00
23	2,81.94	5,63.89	8,45.83	11,27.78	14,09.72	16,91.67	19,73.61	22,55.56	25,37.50
24	2,83.33	5,66.67	8,50.00	11,33.33	14,16.67	17,00.00	19,83.33	22,66.67	25,50.00
25	2,84.72	5,69.44	8,54.17	11,38.89	14,23.61	17,08.33	19,93.06	22,77.78	25,62.50
26	2,86.11	5,72.22	8,58.33	11,44.44	14,30.56	17,16.67	20,02.78	22,88.89	25,75.00
27	2,87.50	5,75.00	8,62.50	11,50.00	14,37.50	17,25.00	20,12.50	23,00.00	25,87.50
28	2,88.89	5,77.78	8,66.67	11,55.56	14,44.44	17,33.33	20,22.22	23,11.11	26,00.00
29	2,90.28	5,80.56	8,70.83	11,61.11	14,51.39	17,41.67	20,31.94	23,22.22	26,12.50
7 mois.	2,91.67	5,83.33	8,75.00	11,66.67	14,58.33	17,50.00	20,44.67	23,33.33	26,25.00

5 p. 0/0. **7 MOIS.** **Comptes-faits.**

Jours.	100 fr.	200 fr.	300 fr.	400 fr.	500 fr.	600 fr.	700 fr.	800 fr.	900 fr.
	fr. c. dixm.	fr. c. dixm.	fr. c. dixm.	fr. c. dixm.	fr. c. dixm.	fr. c. dixm.	fr. c. dixm.	fr. c. dixm.	fr. c. dixm.
1	2,93.05	5,86.11	8,79.17	11,72.22	14,65.28	17,58.33	20,51.39	23,44.44	26,37.50
2	2,94.44	5,88.89	8,83.33	11,77.78	14,72.22	17,66.67	20,61.11	23,55.56	26,50.00
3	2,95.83	5,91.67	8,87.50	11,83.33	14,79.17	17,75.00	20,70.83	23,66.67	26,62.50
4	2,97.22	5,94.44	8,91.67	11,88.89	14,86.11	17,83.33	20,80.56	23,77.78	26,75.00
5	2,98.61	5,97.22	8,95.83	11,94.44	14,93.06	17,91.67	20,90.28	23,88.89	26,87.50
6	3,00.00	6,00.00	9,00.00	12,00.00	15,00.00	18,00.00	21,00.00	24,00.00	27,00.00
7	3,01.39	6,02.78	9,04.17	12,05.56	15,06.94	18,08.33	21,09.72	24,11.11	27,12.50
8	3,02.78	6,05.56	9,08.33	12,11.11	15,13.89	18,16.67	21,19.44	24,22.22	27,25.00
9	3,04.17	6,08.33	9,12.50	12,16.67	15,20.83	18,25.00	21,29.17	24,33.33	27,37.50
10	3,05.56	6,11.11	9,16.67	12,22.22	15,27.78	18,33.33	21,38.89	24,44.44	27,50.00
11	3,06.94	6,13.89	9,20.83	12,27.78	15,34.72	18,41.67	21,48.61	24,55.56	27,62.50
12	3,08.33	6,16.67	9,25.00	12,33.33	15,41.67	18,50.00	21,58.33	24,66.67	27,75.00
13	3,09.72	6,19.44	9,29.17	12,38.89	15,48.61	18,58.33	21,68.06	24,77.78	27,87.50
14	3,11.11	6,22.22	9,33.33	12,44.44	15,55.56	18,66.67	21,77.78	24,88.89	28,00.00
15	3,12.50	6,25.00	9,37.50	12,50.00	15,62.50	18,75.00	21,87.50	25,00.00	28,12.50
16	3,13.89	6,27.78	9,41.67	12,55.56	15,69.44	18,83.33	21,97.22	25,11.11	28,25.00
17	3,15.28	6,30.56	9,45.83	12,61.11	15,76.39	18,91.67	22,06.94	25,22.22	28,37.50
18	3,16.67	6,33.33	9,50.00	12,66.67	15,83.33	19,00.00	22,16.67	25,33.33	28,50.00
19	3,18.06	6,36.11	9,54.17	12,72.22	15,90.28	19,08.33	22,26.39	25,44.44	28,62.50
20	3,19.44	6,38.89	9,58.33	12,77.78	15,97.22	19,16.67	22,36.11	25,55.56	28,75.00
21	3,20.83	6,41.67	9,62.50	12,83.33	16,04.17	19,25.00	22,45.83	25,66.67	28,87.50
22	3,22.22	6,44.44	9,66.67	12,88.89	16,11.11	19,33.33	22,55.56	25,77.78	29,00.00
23	3,23.61	6,47.22	9,70.83	12,94.44	16,18.06	19,41.67	22,65.28	25,88.89	29,12.50
24	3,25.00	6,50.00	9,75.00	13,00.00	16,25.00	19,50.00	22,75.00	26,00.00	29,25.00
25	3,26.39	6,52.78	9,79.17	13,05.56	16,31.94	19,58.33	22,84.72	26,11.11	29,37.50
26	3,27.78	6,55.56	9,83.33	13,11.11	16,38.89	19,66.67	22,94.44	26,22.22	29,50.00
27	3,29.17	6,58.33	9,87.50	13,16.67	16,45.83	19,75.00	23,04.17	26,33.33	29,62.50
28	3,30.56	6,61.11	9,91.67	13,22.22	16,52.78	19,83.33	23,13.89	26,44.44	29,75.00
29	3,31.94	6,63.89	9,95.83	13,27.78	16,59.72	19,91.67	23,23.61	26,55.56	29,87.50
1 mois.	3,33.33	6,66.67	10,00.00	13,33.33	16,66.67	20,00.00	23,33.33	26,66.67	30,00.00

5 p. 0/0. **MOIS.** **Comptes-faits.**

Jours.	100 fr.	200 fr.	300 fr.	400 fr.	500 fr.	600 fr.	700 fr.	800 fr.	900 fr.
	fr. c. dixm.	fr. c. dixm.	fr. c. dixm.	fr. c. dixm.	fr. c. dixm.	fr. c. dixm.	fr. c. dixm.	fr. c. dixm.	fr. c. dixm
1	3,34.72	6,69.44	10,04.17	13,38.89	16,73.61	20,08.33	23,43.06	26,77.78	30,12.50
2	3,36.11	6,72.22	10,08.33	13,44.44	16,80.56	20,16.67	23,52.78	26,88.89	30,25.00
3	3,37.50	6,75.00	10,12.50	13,50.00	16,87.50	20,25.00	23,62.50	27,00.00	30,37.50
4	3,38.89	6,77.78	10,16.67	13,55.56	16,94.44	20,33.33	23,72.22	27,11.11	30,50.00
5	3,40.28	6,80.56	10,20.83	13,61.11	17,01.39	20,41.67	23,81.94	27,22.22	30,62.50
6	3,41.67	6,83.33	10,25.00	13,66.67	17,08.33	20,50.00	23,91.67	27,33.33	30,75.00
7	3,43.06	6,86.11	10,29.17	13,72.22	17,15.28	20,58.33	24,01.39	27,44.44	30,87.50
8	3,44.44	6,88.89	10,33.33	13,77.78	17,22.22	20,66.67	24,11.11	27,55.56	31,00.00
9	3,45.83	6,91.67	10,37.50	13,83.33	17,29.17	20,75.00	24,20.83	27,66.67	31,12.50
10	3,47.22	6,94.44	10,41.67	13,88.89	17,36.11	20,83.33	24,30.56	27,77.78	31,25.00
11	3,48.61	6,97.22	10,45.83	13,94.44	17,43.06	20,91.67	24,40.28	27,88.89	31,37.50
12	3,50.00	7,00.00	10,50.00	14,00.00	17,50.00	21,00.00	24,50.00	28,00.00	31,50.00
13	3,51.39	7,02.78	10,54.17	14,05.56	17,56.94	21,08.33	24,59.72	28,11.11	31,62.50
14	3,52.78	7,05.56	10,58.33	14,11.11	17,63.89	21,16.67	24,69.44	28,22.22	31,75.00
15	3,54.17	7,08.33	10,62.50	14,16.67	17,70.83	21,25.00	24,79.17	28,33.33	31,87.50
16	3,55.56	7,11.11	10,66.67	14,22.22	17,77.78	21,33.33	24,88.89	28,44.44	32,00.00
17	3,56.94	7,13.89	10,70.83	14,27.78	17,84.72	21,41.67	24,98.61	28,55.56	32,12.50
18	3,58.33	7,16.67	10,75.00	14,33.33	17,91.67	21,50.00	25,08.33	28,66.67	32,25.00
19	3,59.72	7,19.44	10,79.17	14,38.89	17,98.61	21,58.33	25,18.06	28,77.78	32,37.50
20	3,61.11	7,22.22	10,83.33	14,44.44	18,05.56	21,66.67	25,27.78	28,88.89	32,50.00
21	3,62.50	7,25.00	10,87.50	14,50.00	18,12.50	21,75.00	25,37.50	29,00.00	32,62.50
22	3,63.89	7,27.78	10,91.67	14,55.56	18,19.44	21,83.33	25,47.22	29,11.11	32,75.00
23	3,65.28	7,30.56	10,95.83	14,61.11	18,26.39	21,91.67	25,56.94	29,22.22	32,87.50
24	3,66.67	7,33.33	11,00.00	14,66.67	18,33.33	22,00.00	25,66.67	29,33.33	33,00.00
25	3,68.06	7,36.11	11,04.17	14,72.22	18,40.28	22,08.33	25,76.39	29,44.44	33,12.50
26	3,69.44	7,38.89	11,08.33	14,77.78	18,47.22	22,16.67	25,86.11	29,55.56	33,25.00
27	3,70.83	7,41.67	11,12.50	14,83.33	18,54.17	22,25.00	25,95.83	29,66.67	33,37.50
28	3,72.22	7,44.44	11,16.67	14,88.89	18,61.11	22,33.33	26,05.56	29,77.78	33,50.00
29	3,73.61	7,47.22	11,20.83	14,94.44	18,68.06	22,41.67	26,15.28	29,88.89	33,62.50
9 mois.	3,75.00	7,50.00	11,25.00	15,00.00	18,75.00	22,50.00	26,25.00	30,00.00	33,75.00

 9

Jours.	100 fr.	200 fr.	300 fr.	400 fr.	500 fr.	600 fr.	700 fr.	800 fr.	900 fr.
	fr. c. dixm.	fr. c. dixm.	fr. c. dixm.	fr. c. dixm.	fr. c. dixm.	fr. c. dixm.	fr. c. dixm.	fr. c. dixm.	fr. c. dixm.
1	3,76.39	7,52.78	11,29.17	15,05.56	18,81.94	22,58.33	26,34.72	30,11.11	33,87.50
2	3,77.78	7,55.56	11,33.33	15,11.11	18,88.89	22,66.67	26,44.44	30,22.22	34,00.00
3	3,79.17	7,58.33	11,37.50	15,16.67	18,95.83	22,75.00	26,54.17	30,33.33	34,12.50
4	3,80.56	7,61.11	11,41.67	15,22.22	19,08.78	22,83.33	26,63.89	30,44.44	34,25.00
5	3,81.94	7,63.89	11,45.83	15,27.78	19,09.72	22,91.67	26,73.61	30,55.56	34,37.50
6	3,83.33	7,66.67	11,50.00	15,33.33	19,16.67	23,00.00	26,83.33	30,66.67	34,50.00
7	3,84.72	7,69.44	11,54.17	15,38.89	19,23.61	23,08.33	26,93.06	30,77.78	34,62.50
8	3,86.11	7,72.22	11,58.33	15,44.44	19,30.56	23,16.67	27,02.78	30,88.89	34,75.00
9	3,87.50	7,75.00	11,62.50	15,50.00	19,37.50	23,25.00	27,12.50	31,00.00	34,87.50
10	3,88.89	7,77.78	11,66.67	15,55.56	19,44.44	23,33.33	27,22.22	31,11.11	35,00.00
11	3,90.28	7,80.56	11,70.83	15,61.11	19,51.39	23,41.67	27,31.94	31,22.22	35,12.50
12	3,91.67	7,83.33	11,75.00	15,66.67	19,58.33	23,50.00	27,41.67	31,33.33	35,25.00
13	3,93.05	7,86.11	11,79.17	15,72.22	19,65.28	23,58.33	27,51.39	31,44.44	35,37.50
14	3,94.44	7,88.89	11,83.33	15,77.78	19,72.22	23,66.67	27,61.11	31,55.56	35,50.00
15	3,95.83	7,91.67	11,87.50	15,83.33	19,79.17	23,75.00	27,70.83	31,66.67	35,62.50
16	3,97.22	7,94.44	11,91.67	15,88.89	19,86.11	23,83.33	27,80.56	31,77.78	35,75.00
17	3,98.61	7,97.22	11,95.83	15,94.44	19,93.06	23,91.67	27,90.28	31,88.89	35,87.50
18	4,00.00	8,00.00	12,00.00	16,00.00	20,00.00	24,00.00	28,00.00	32,00.00	36,00.00
19	4,01.39	8,02.78	12,04.17	16,05.56	20,06.94	24,08.33	28,09.72	32,11.44	36,12.50
20	4,02.78	8,05.56	12,08.33	16,11.11	20,13.89	24,16.67	28,19.44	32,22.22	36,25.00
21	4,04.17	8,08.33	12,12.50	16,16.67	20,20.83	24,25.00	28,29.17	32,33.33	36,37.50
22	4,05.56	8,11.11	12,16.67	16,22.22	20,27.78	24,33.33	28,38.89	32,44.44	36,50.00
23	4,06.94	8,13.89	12,20.83	16,27.78	20,34.72	24,41.67	28,48.61	32,55.56	36,62.50
24	4,08.33	8,16.67	12,25.00	16,33.33	20,41.67	24,50.00	28,58.33	32,66.67	36,75.00
25	4,09.72	8,19.44	12,29.17	16,38.89	20,48.61	24,58.33	28,68.06	32,77.78	36,87.50
26	4,11.11	8,22.22	12,33.33	16,44.44	20,55.56	24,66.67	28,77.78	32,88.89	37,00.00
27	4,12.50	8,25.00	12,37.50	16,50.00	20,62.50	24,75.00	28,87.50	33,00.00	37,12.50
28	4,13.89	8,27.78	12,41.67	16,55.56	20,69.44	24,83.33	28,97.22	33,11.11	37,25.00
29	4,15.28	8,30.56	12,45.83	16,61.11	20,76.39	24,91.67	29,06.94	33,22.22	37,37.50
1 mois.	4,16.67	8,33.33	12,50.00	16,66.67	20,83.33	25,00.00	29,16.67	33,33.33	37,50.00

5 p. 0/0.   **10**   **MOIS.**   **Comptes-faits.**

Jours.	100 fr.	200 fr.	300 fr.	400 fr.	500 fr.	600 fr.	700 fr.	800 fr.	900 fr.
	fr. c. dixm.	fr. c. dixm.	fr. c. dixm.	fr. c. dixm.	fr. c. dixm.	fr. c. dixm.	fr. c. dixm.	fr. c. dixm.	fr. c. dixm.
1	4,18.06	8,36.11	12,54.17	16,72.22	20,90.28	25,08.33	29,26.39	33,44.44	37,62.50
2	4,19.44	8,38.89	12,58.33	16,77.78	20,97.22	25,16.67	29,36.11	33,55.56	37,75.00
3	4,20.83	8,41.67	12,62.50	16,83.33	21,04.17	25,25.00	29,45.83	33,66.67	37,87.50
4	4,22.22	8,44.44	12,66.67	16,88.89	21,11.11	25,33.33	29,55.56	33,77.78	38,00.00
5	4,23.61	8,47.22	12,70.83	16,94.44	21,18.06	25,41.67	29,65.28	33,88.89	38,12.50
6	4,25.00	8,50.00	12,75.00	17,00.00	21,25.00	25,50.00	29,75.00	34,00.00	38,25.00
7	4,26.39	8,52.78	12,79.17	17,05.56	21,31.94	25,58.33	29,84.72	34,11.11	38,37.50
8	4,27.78	8,55.56	12,83.33	17,11.11	21,38.89	25,66.67	29,94.44	34,22.22	38,50.00
9	4,29.17	8,58.33	12,87.50	17,16.67	21,45.83	25,75.00	30,04.17	34,33.33	38,62.50
10	4,30.56	8,61.11	12,91.67	17,22.22	21,52.78	25,83.33	30,13.89	34,44.44	38,75.00
11	4,31.94	8,63.89	12,95.83	17,27.78	21,59.72	25,91.67	30,23.61	34,55.56	38,87.50
12	4,33.33	8,66.67	13,00.00	17,33.33	21,66.67	26,00.00	30,33.33	34,66.67	39,00.00
13	4,34.72	8,69.44	13,04.17	17,38.89	21,73.61	26,08.33	30,43.06	34,77.78	39,12.50
14	4,36.11	8,72.22	13,08.33	17,44.44	21,80.55	26,16.67	30,52.78	34,88.89	39,25.00
15	4,37.50	8,75.00	13,12.50	17,50.00	21,87.50	26,25.00	30,62.50	35,00.00	39,37.50
16	4,38.89	8,77.78	13,16.67	17,55.56	21,94.44	26,33.33	30,72.22	35,11.11	39,50.00
17	4,40.28	8,80.56	13,20.83	17,61.11	22,01.39	26,41.67	30,81.94	35,22.22	39,62.50
18	4,41.67	8,83.33	13,25.00	17,66.67	22,08.33	26,50.00	30,91.67	35,33.33	39,75.00
19	4,43.06	8,86.11	13,29.17	17,72.22	22,15.28	26,58.33	31,01.39	35,44.44	39,87.50
20	4,44.44	8,88.89	13,33.33	17,77.78	22,22.22	26,66.67	31,11.11	35,55.56	40,00.00
21	4,45.83	8,91.67	13,37.50	17,83.33	22,29.17	26,75.00	31,20.83	35,66.67	40,12.50
22	4,47.22	8,94.44	13,41.67	17,88.89	22,36.11	26,83.33	31,30.56	35,77.78	40,25.00
23	4,48.61	8,97.22	13,45.83	17,94.44	22,43.06	26,91.67	31,40.28	35,88.89	40,37.50
24	4,50.00	9,00.00	13,50.00	18,00.00	22,50.00	27,00.00	31,50.00	36,00.00	40,50.00
25	4,51.39	9,02.78	13,54.17	18,05.56	22,56.94	27,08.33	31,59.72	36,11.11	40,62.50
26	4,52.78	9,05.56	13,58.33	18,11.11	22,63.89	27,16.67	31,69.44	36,22.22	40,75.00
27	4,54.17	9,08.33	13,62.50	18,16.67	22,70.83	27,25.00	31,79.17	36,33.33	40,87.50
28	4,55.56	9,11.11	13,66.67	18,22.22	22,77.78	27,33.33	31,88.89	36,44.44	41,00.00
29	4,56.94	9,13.89	13 70.83	18,27.78	22,84.72	27,41.67	31,98.61	36,55.56	41,12.50
11 mois.	4,58.33	9,16.67	13,75.00	18,33.33	22,91.67	27,50.00	32,08.33	36,66.67	41,25.00

5 p. 0/0. 11

Jours.	100 fr.	200 fr.	300 fr.	400 fr.
	fr. c. dixm.	fr. c. dixm.	fr. c. dixm.	fr. c. dixm.
1	4,59.72	9,19.44	13,79.17	18,38.89
2	4,61.11	9,22.22	13,83.33	18,44.44
3	4,62.50	9,25.00	13,87.50	18,50.00
4	4,63.89	9,27.78	13,91.67	18,55.56
5	4,65.28	9,30.56	13,95.83	18,61.11
6	4,66.67	9,33.33	14,00.00	18,66.67
7	4,68.06	9,36.11	14,04.17	18,72.22
8	4,69.44	9,38.89	14,08.33	18,77.78
9	4,70.83	9,41.67	14,12.50	18,83.33
10	4,72.22	9,44.44	14,16.67	18,88.89
11	4,73.61	9,47.22	14,20.83	18,94.44
12	4,75.00	9,50.00	14,25.00	19,00.00
13	4,76.39	9,52.78	14,29.17	19,05.56
14	4,77.78	9,55.56	14,33.33	19,11.11
15	4,79.17	9,58.33	14,37.50	19,16.67
16	4,80.56	9,61.11	14,41.67	19,22.22
17	4,81.94	9,63.89	14,45.83	19,27.78
18	4,83.33	9,66.67	14,50.00	19,33.33
19	4,84.72	9,69.44	14,54.17	19,38.89
20	4,86.11	9,72.22	14,58.33	19,44.44
21	4,87.50	9,75.00	14,62.50	19,50.00
22	4,88.89	9,77.78	14,66.67	19,55.56
23	4,90.28	9,80.56	14,70.83	19,61.11
24	4,91.67	9,83.33	14,75.00	19,66.67
25	4,93.06	9,86.11	14,79.17	19,72.22
26	4,94.44	9,88.89	14,83.33	19,77.78
27	4,95.83	9,91.67	14,87.50	19,83.33
28	4,97.22	9,94.44	14,91.67	19,88.89
29	4,98.61	9,97.22	14,95.83	19,94.44
1 an.	5,00.00	10,00.00	15,00.00	20,00.00

MOIS. **Comptes-faits.**

500 fr.	600 fr.	700 fr.	800 fr.	900 fr.
fr. c. dixm.	fr. c. dixm.	fr. c. dixm.	fr. c. dixm.	fr. c. dixm.
22,98.61	27,58.33	32,18.06	36,77.78	41,37.50
23,05.56	27,66.67	32,27.78	36,88.89	41,50.00
23,12.50	27,70.00	32,37.50	37,00.00	41,62.50
23,19.44	27,83.33	32,47.22	37,11.11	41,75.00
23,26.39	27,91.67	32,56.94	37,22.22	41,87.50
23,33.33	28,00.00	32,66.67	37,33.33	42,00.00
23,40.28	28,08.33	32,76.39	37,44.44	42,12.50
23,47.22	28,16.67	32,86.11	37,55.56	42,25.00
23,54.17	28,25.00	32,95.83	37,66.67	42,37.50
23,61.11	28,33.33	33,05.56	37,77.78	42,50.00
23,68.06	28,41.67	33,15.28	37,88.89	42,62.50
23,75.00	28,50.00	33,25.00	38,00.00	42,75.00
23,81.94	28,58.33	33,34.72	38,11.11	42,87.50
23,88.89	28,66.67	33,44.44	38,22.22	43,00.00
23,95.83	28,75.00	33,54.17	38,33.33	43,12.50
24,02.78	28,83.33	33,63.89	38,44.44	43,25.00
24,09.72	28,91.67	33,73.61	38,55.56	43,37.50
24,16.67	29,00.00	33,83.33	38,66.67	43,50.00
24,23.61	29,08.33	33,93.06	38,77.78	43,62.50
24,30.56	29,16.67	34,02.78	38,88.89	43,75.00
24,37.50	29,25.00	34,12.50	39,00.00	43,87.50
24,44.44	29,33.33	34,22.22	39,11.11	44,00.00
24,51.39	29,41.67	34,31.94	39,22.22	44,12.50
24,58.33	29,50.00	34,41.67	39,33.33	44,25.00
24,65.28	29,58.33	34,51.39	39,44.44	44,37.50
24,72.22	29,66.67	34,61.11	39,55.56	44,50.00
24,79.17	29,75.00	34,70.83	39,66.67	44,62.50
24,86.11	29,83.33	34,80.56	39,77.78	44,75.00
24,93.06	29,91.67	34,90.28	39,88.89	44,87.50
25,00.00	30,00.00	35,00.00	40,00.00	45,00.00

6 p. 0/0. 0

Jours.	100 fr.	200 fr.	300 fr.	400 fr.
	fr. c. dixm.	fr. c. dixm.	fr. c. dixm.	fr. c. dixm.
1	0,01.67	0,03.33	0,05.00	0,06.67
2	0,03.33	0,06.67	0,10.00	0,13.33
3	0,05.00	0,10.00	0,15.00	0,20.00
4	0,06.67	0,13.33	0,20.00	0,26.67
5	0,08.33	0,16.67	0,25.00	0,33.33
6	0,10.00	0,20.00	0,30.00	0,40.00
7	0,11.67	0,23.33	0,35.00	0,46.67
8	0,13.33	0,26.67	0,40.00	0,53.33
9	0,15.00	0,30.00	0,45.00	0,60.00
10	0,16.67	0,33.33	0,50.00	0,66.67
11	0,18.33	0,36.67	0,55.00	0,73.33
12	0,20.00	0,40.00	0,60.00	0,80.00
13	0,21.67	0,43.33	0,65.00	0,86.67
14	0,23.33	0,46.67	0,70.00	0,93.33
15	0,25.00	0,50.00	0,75.00	1,00.00
16	0,26.67	0,53.33	0,80.00	1,06.67
17	0,28.33	0,56.67	0,85.00	1,13.33
18	0,30.00	0,60.00	0,90.00	1,20.00
19	0,31.67	0,63.33	0,95.00	1,26.67
20	0,33.33	0,66.67	1,00.00	1,33.33
21	0,35.00	0,70.00	1,05.00	1,40.00
22	0,36.67	0,73.33	1,10.00	1,46.67
23	0,38.33	0,76.67	1,15.00	1,53.33
24	0,40.00	0,80.00	1,20.00	1,60.00
25	0,41.67	0,83.33	1,25.00	1,66.67
26	0,43.33	0,86.67	1,30.00	1,73.33
27	0,45.00	0,90.00	1,35.00	1,80.00
28	0,46.67	0,93.33	1,40.00	1,86.67
29	0,48.33	0,96.67	1,45.00	1,93.33
1 mois.	0,50.00	1,00.00	1,50.00	2,00.00

MOIS. **Comptes-faits.**

500 fr.	600 fr.	700 fr.	800 fr.	900 fr.
fr. c. dixm.	fr. c. dixm.	fr. c. dixm.	fr. c. dixm.	fr. c. dixm.
0,08.33	0,10.00	0,11.67	0,13.33	0,15.00
0,16.67	0,20.00	0,23.33	0,26.67	0,30.00
0,25.00	0,30.00	0,35.00	0,40.00	0,45.00
0,33.33	0,40.00	0,46.67	0,53.33	0,60.00
0,41.67	0,50.00	0,58.33	0,66.67	0,75.00
0,50.00	0,60.00	0,70.00	0,80.00	0,90.00
0,58.33	0,70.00	0,81.67	0,93.33	1,05.00
0,66.67	0,80.00	0,93.33	1,06.67	1,20.00
0,75.00	0,90.00	1,05.00	1,20.00	1,35.00
0,83.33	1,00.00	1,16.67	1,33.33	1,50.00
0,91.67	1,10.00	1,28.33	1,46.67	1,65.00
1,00.00	1,20.00	1,40.00	1,60.00	1,80.00
1,08.33	1,30.00	1,51.67	1,73.33	1,95.00
1,16.67	1,40.00	1,63.33	1,86.67	2,10.00
1,25.00	1,50.00	1,75.00	2,00.00	2,25.00
1,33.33	1,60.00	1,86.67	2,13.33	2,40.00
1,41.67	1,70.00	1,98.33	2,26.67	2,55.00
1,50.00	1,80.00	2,10.00	2,40.00	2,70.00
1,58.33	1,90.00	2,21.67	2,53.33	2,85.00
1,66.67	2,00.00	2,33.33	2,66.67	3,00.00
1,75.00	2,10.00	2,45.00	2,80.00	3,15.00
1,83.33	2,20.00	2,56.67	2,93.33	3,30.00
1,91.67	2,30.00	2,68.33	3,06.67	3,45.00
2,00.00	2,40.00	2,80.00	3,20.00	3,60.00
2,08.33	2,50.00	2,91.67	3,33.33	3,75.00
2,16.67	2,60.00	3,03.33	3,46.67	3,90.00
2,25.00	2,70.00	3,15.00	3,60.00	4,05.00
2,33.33	2,80.00	3,26.67	3,73.33	4,20.00
2,41.67	2,90.00	3,38.33	3,86.67	4,35.00
2,50.00	3,00.00	3,50.00	4,00.00	4,50.00

6 p. 0/0.

Jours.	100 fr.	200 fr.	300 fr.	400 fr.
	fr. c. dixm.	fr. c. dixm.	fr. c. dixm.	fr. c. dixm.
1	0,51.67	1,03.33	1,55.00	2,06.67
2	0,53.33	1,06.67	1,60.00	2,13.33
3	0,55.00	1,10.00	1,65.00	2,20.00
4	0,56.67	1,13.33	1,70.00	2,26.67
5	0,58.33	1,16.67	1,75.00	2,33.33
6	0,60.00	1,20.00	1,80.00	2,40.00
7	0,61.67	1,23.33	1,85.00	2,46.67
8	0,63.33	1,26.67	1,90.00	2,53.33
9	0,65.00	1,30.00	1,95.00	2,60.00
10	0,66.67	1,33.33	2,00.00	2,66.67
11	0,68.33	1,36.67	2,05.00	2,73.33
12	0,70.00	1,40.00	2,40.00	2,80.00
13	0,71.67	1,43.33	2,15.00	2,86.67
14	0,73.33	1,46.67	2,20.00	2,93.33
15	0,75.00	1,50.00	2,25.00	3,00.00
16	0,76.67	1,53.33	2,30.00	3,06.67
17	0,78.33	1,56.67	2,35.00	3,13.33
18	0,80.00	1,60.00	2,40.00	3,20.00
19	0,81.67	1,63.33	2,45.00	3,26.67
20	0,83.33	1,66.67	2,50.00	3,33.33
21	0,85.00	1,70.00	2,55.00	3,40.00
22	0,86.67	1,73.33	2,60.00	3,46.67
23	0,88.33	1,76.67	2,65.00	3,53.33
24	0,90.00	1,80.00	2,70.00	3,60.00
25	0,91.67	1,83.33	2,75.00	3,66.67
26	0,93.33	1,86.67	2,80.00	3,73.33
27	0,95.00	1,90.00	2,85.00	3,80.00
28	0,96.67	1,93.33	2,90.00	3,86.67
29	0,98.33	1,96.67	2,95.00	3,93.33
2 mois.	1,00.00	2,00.00	3,00.00	4,00.00

MOIS.   **Comptes-faits.**

500 fr.	600 fr.	700 fr.	800 fr.	900 fr.
fr. c. dixm.	fr. c. dixm.	fr. c. dixm.	fr. c. dixm.	fr. c. dixm.
2,58.33	3,10.00	3,61.67	4,13.33	4,65.00
2,66.67	3,20.00	3,73.33	4,26.67	4,80.00
2,75.00	3,30.00	3,85.00	4,40.00	4,95.00
2,83.33	3,40.00	3,96.67	4,53.33	5,10.00
2,91.67	3,50.00	4,08.33	4,66.67	5,25.00
3,00.00	3,60.00	4,20.00	4,80.00	5,40.00
3,08.33	3,70.00	4,31.67	4,93.33	5,55.00
3,16.67	3,80.00	4,43.33	5,06.67	5,70.00
3,25.00	3,90.00	4,55.00	5,20.00	5,85.00
3,33.33	4,00.00	4,66.67	5,33.33	6,00.00
3,41.67	4,10.00	4,78.33	5,46.67	6,15.00
3,50.00	4,20.00	4,90.00	5,60.00	6,30.00
3,58.33	4,30.00	5,01.67	5,73.33	6,45.00
3,66.67	4,40.00	5,13.33	5,86.67	6,60.00
3,75.00	4,50.00	5,25.00	6,00.00	6,75.00
3,83.33	4,60.00	5,36.67	6,13.33	6,90.00
3,91.67	4,70.00	5,48.33	6,26.67	7,05.00
4,00.00	4,80.00	5,60.00	6,40.00	7,20.00
4,08.33	4,90.00	5,71.67	6,53.33	7,35.00
4,16.67	5,00.00	5,83.33	6,66.67	7,50.00
4,25.00	5,10.00	5,95.00	6,80.00	7,65.00
4,33.33	5,20.00	6,06.67	6,93.33	7,80.00
4,41.67	5,30.00	6,18.33	7,06.67	7,95.00
4,50.00	5,40.00	6,30.00	7,20.00	8,10.00
4,58.33	5,50.00	6,41.67	7,33.33	8,25.00
4,66.67	5,60.00	6,53.33	7,46.67	8,40.00
4,75.00	5,70.00	6,65.00	7,60.00	8,55.00
4,83.33	5,80.00	6,76.67	7,73.33	8,70.00
4,91.67	5,90.00	6,88.33	7,86.67	8,85.00
5,00.00	6,00.00	7,00.00	8,00.00	9,00.00

6 p. 0/0 2

Jours.	100 fr.	200 fr.	300 fr.	400 fr.
	fr. c. dixm.	fr. c. dixm.	fr. c. dixm.	fr. c. dixm.
1	1,01.67	2,03.33	3,05.00	4,06.67
2	1,03.33	2,06.67	3,10.00	4,13.33
3	1,05.00	2,10.00	3,15.00	4,20.00
4	1,06.67	2,13.33	3,20.00	4,26.67
5	1,08.33	2,16.67	3,25.00	4,33.33
6	1,10.00	2,20.00	3,30.00	4,40.00
7	1,11.67	2,23.33	3,35.00	4,46.67
8	1,13.33	2,26.67	3,40.00	4,53.33
9	1,15.00	2,30.00	3,45.00	4,60.00
10	1,16.67	2,33.33	3,50.00	4,66.67
11	1,18.33	2,36.67	3,55.00	4,73.33
12	1,20.00	2,40.00	3,60.00	4,80.00
13	1,21.67	2,43.33	3,65.00	4,86.67
14	1,23.33	2,46.67	3,70.00	4,93.33
15	1,25.00	2,50.00	3,75.00	5,00.00
16	1,26.67	2,53.33	3,80.00	5,06.67
17	1,28.33	2,56.67	3,85.00	5,13.33
18	1,30.00	2,60.00	3,90.00	5,20.00
19	1,31.67	2,63.33	3,95.00	5,26.67
20	1,33.33	2,66.67	4,00.00	5,33.33
21	1,35.00	2,70.00	4,05.00	5,40.00
22	1,36.67	2,73.33	4,10.00	5,46.67
23	1,38.33	2,76.67	4,15.00	5,53.33
24	1,40.00	2,80.00	4,20.00	5,60.00
25	1,41.67	2,83.33	4,25.00	5,66.67
26	1,43.33	2,86.67	4,30.00	5,73.33
27	1,45.00	2,90.00	4,35.00	5,80.00
28	1,46.67	2,93.33	4,40.00	5,86.67
29	1,48.33	2,96.67	4,45.00	5,93.33
3 mois.	1,50.00	3,00.00	4,50.00	6,00.00

MOIS. **Comptes-faits.**

500 fr.	600 fr.	700 fr.	800 fr.	900 fr.
fr. c. dixm.	fr. c. dixm.	fr. c. dixm.	fr. c. dixm.	fr. c. dixm.
5,08.33	6,10.00	7,11.67	8,13.33	9,15.00
5,16.67	6,20.00	7,23.33	8,26.67	9,30.00
5,25.00	6,30.00	7,35.00	8,40.00	9,45.00
5,33.33	6,40.00	7,46.67	8,53.33	9,60.00
5,41.67	6,50.00	7,58.33	8,66.67	9,75.00
5,50.00	6,60.00	7,70.00	8,80.00	9,90.00
5,58.33	6,70.00	7,81.67	8,93.33	10,05.00
5,66.67	6,80.00	7,93.33	9,06.67	10,20.00
5,75.00	6,90.00	8,05.00	9,20.00	10,35.00
5,83.33	7,00.00	8,16.67	9,33.33	10,50.00
5,91.67	7,10.00	8,28.33	9,46.67	10,65.00
6,00.00	7,20.00	8,40.00	9,60.00	10,80.00
6,08.33	7,30.00	8,51.67	9,73.33	10,95.00
6,16.67	7,40.00	8,63.33	9,86.67	11,10.00
6,25.00	7,50.00	8,75.00	10,00.00	11,25.00
6,33.33	7,60.00	8,86.67	10,13.33	11,40.00
6,41.67	7,70.00	8,98.33	10,26.67	11,55.00
6,50.00	7,80.00	9,10.00	10,40.00	11,70.00
6,58.33	7,90.00	9,21.67	10,53.33	11,85.00
6,66.67	8,00.00	9,33.33	10,66.67	12,00.00
6,75.00	8,10.00	9,45.00	10,80.00	12,15.00
6,83.33	8,20.00	9,56.67	10,93.33	12,30.00
6,91.67	8,30.00	9,68.33	11,06.67	12,45.00
7,00.00	8,40.00	9,80.00	11,20.00	12,60.00
7,08.33	8,50.00	9,91.67	11,33.33	12,75.00
7,16.67	8,60.00	10,03.33	11,46.67	12,90.00
7,25.00	8,70.00	10,15.00	11,60.00	13,05.00
7,33.33	8,80.00	10,26.67	11,73.33	13,20.00
7,41.67	8,90.00	10,38.33	11,86.67	13,35.00
7,50.00	9,00.00	10,50.00	12,00.00	13,50.00

6 p. 0/0. 3

Jours.	100 fr.	200 fr.	300 fr.	400 fr.
	fr. c. dixm.	fr. c. dixm.	fr. c. dixm.	fr. c. dixm.
1	1,51.67	3,03.33	4,55.00	6,06.67
2	1,53.33	3,06.67	4,60.00	6,13.33
3	1,55.00	3,10.00	4,65.00	6,20.00
4	1,56.67	3,13.33	4,70.00	6,26.67
5	1,58.33	3,16.67	4,75.00	6,33.33
6	1,60.00	3,20.00	4,80.00	6,40.00
7	1,61.67	3,23.33	4,85.00	6,46.67
8	1,63.33	3,26.67	4,90.00	6,53.33
9	1,65.00	3,30.00	4,95.00	6,60.00
10	1,66.67	3,33.33	5,00.00	6,66.67
11	1,68.33	3,36.67	5,05.00	6,73.33
12	1,70.00	3,40.00	5,10.00	6,80.00
13	1,71.67	3,43.33	5,15.00	6,86.67
14	1,73.33	3,46.67	5,20.00	6,93.33
15	1,75.00	3,50.00	5,25.00	7,00.00
16	1,76.67	3,53.33	5,30.00	7,06.67
17	1,78.33	3,56.67	5,35.00	7,13.33
18	1,80.00	3,60.00	5,40.00	7,20.00
19	1,81.67	3,63.33	5,45.00	7,26.67
20	1,83.33	3,66.67	5,50.00	7,33.33
21	1,85.00	3,70.00	5,55.00	7,40.00
22	1,86.67	3,73.33	5,60.00	7,46.67
23	1,88.33	3,76.67	5,65.00	7,53.33
24	1,90.00	3,80.00	5,70.00	7,60.00
25	1,91.67	3,83.33	5,75.00	7,66.67
26	1,93.33	3,86.67	5,80.00	7,73.33
27	1,95.00	3,90.00	5,85.00	7,80.00
28	1,96.67	3,93.33	5,90.00	7,86.67
29	1,98.33	3,96.67	5,95.00	7,93.33
1 mois.	2,00.00	4,00.00	6,00.00	8,00.00

MOIS. **Comptes-faits.**

500 fr.	600 fr.	700 fr.	800 fr.	900 fr.
fr. c. dixm.	fr. c. dixm.	fr. c. dixm.	fr. c. dixm.	fr. c. dixm.
7,58.33	9,10.00	10,61.67	12,13.33	13,65.00
7,66.67	9,20.00	10,73.33	12,26.67	13,80.00
7,75.00	9,30.00	10,85.00	12,40.00	13,95.00
7,83.33	9,40.00	10,96.67	12,53.33	14,10.00
7,91.67	9,50.00	11,08.33	12,66.67	14,25.00
8,00.00	9,60.00	11,20.00	12,80.00	14,40.00
8,08.33	9,70.00	11,31.67	12,93.33	14,55.00
8,16.67	9,80.00	11,43.33	13,06.67	14,70.00
8,25.00	9,90.00	11,55.00	13,20.00	14,85.00
8,33.33	10,00.00	11,66.67	13,33.33	15,00.00
8,41.67	10,10.00	11,78.33	13,46.67	15,15.00
8,50.00	10,20.00	11,90.00	13,60.00	15,30.00
8,58.33	10,30.00	12,01.67	13,73.33	15,45.00
8,66.67	10,40.00	12,13.33	13,86.67	15,60.00
8,75.00	10,50.00	12,25.00	14,00.00	15,75.00
8,83.33	10,60.00	12,36.67	14,13.33	15,90.00
8,91.67	10,70.00	12,48.33	14,26.67	16,05.00
9,00.00	10,80.00	12,60.00	14,40.00	16,20.00
9,08.33	10,90.00	12,71.67	14,53.33	16,35.00
9,16.67	11,00.00	12,83.33	14,66.67	16,50.00
9,25.00	11,10.00	12,95.00	14,80.00	16,65.00
9,33.33	11,20.00	13,06.67	14,93.33	16,80.00
9,41.67	11,30.00	13,18.33	15,06.67	16,95.00
9,50.00	11,40.00	13,30.00	15,20.00	17,10.00
9,58.33	11,50.00	13,41.67	15,33.33	17,25.00
9,66.67	11,60.00	13,53.33	15,46.67	17,40.00
9,75.00	11,70.00	13,65.00	15,60.00	17,55.00
9,83.33	11,80.00	13,76.67	15,73.33	17,70.00
9,91.67	11,90.00	13,88.33	15,86.67	17,85.00
10,00.00	12,00.00	14,00.00	16,00.00	18,00.00

16*

6 p. 0/0. 4

MOIS. **Comptes-faits.**

Jours.	100 fr.	200 fr.	300 fr.	400 fr.	500 fr.	600 fr.	700 fr.	800 fr.	900 fr.
	fr. c. dixm.	fr. c. dixm.	fr. c. dixm.	fr. c. dixm.	fr. c. dixm.	fr. c. dixm.	fr. c. dixm.	fr. c. dixm.	fr. c. dixm.
1	2,01.67	4,03.33	6,05.00	8,06.67	10,08.33	12,10.00	14,11.67	16,13.33	18,15.00
2	2,03.33	4,06.67	6,10.00	8,13.33	10,16.67	12,20.00	14,23.33	16,26.67	18,30.00
3	2,05.00	4,10.00	6,15.00	8,20.00	10,25.00	12,30.00	14,35.00	16,40.00	18,45.00
4	2,06.67	4,13.33	6,20.00	8,26.67	10,33.33	12,40.00	14,46.67	16,53.33	18,60.00
5	2,08.33	4,16.67	6,25.00	8,33.33	10,41.67	12,50.00	14,58.33	16,66.67	18,75.00
6	2,10.00	4,20.00	6,30.00	8,40.00	10,50.00	12,60.00	14,70.00	16,80.00	18,90.00
7	2,11.67	4,23.33	6,35.00	8,46.67	10,58.33	12,70.00	14,81.67	16,93.33	19,05.00
8	2,13.33	4,26.67	6,40.00	8,53.33	10,66.67	12,80.00	14,93.33	17,06.67	19,20.00
9	2,15.00	4,30.00	6,45.00	8,60.00	10,75.00	12,90.00	15,05.00	17,20.00	19,35.00
10	2,16.67	4,33.33	6,50.00	8,66.67	10,83.33	13,00.00	15,16.67	17,33.33	19,50.00
11	2,18.33	4,36.67	6,55.00	8,73.33	10,91.67	13,10.00	15,28.33	17,46.67	19,65.00
12	2,20.00	4,40.00	6,60.00	8,80.00	11,00.00	13,20.00	15,40.00	17,60.00	19,80.00
13	2,21.67	4,43.33	6,65.00	8,86.67	11,08.33	13,30.00	15,51.67	17,73.33	19,95.00
14	2,23.33	4,46.67	6,70.00	8,93.33	11,16.67	13,40.00	15,63.33	17,86.67	20,10.00
15	2,25.00	4,50.00	6,75.00	9,00.00	11,25.00	13,50.00	15,75.00	18,00.00	20,25.00
16	2,26.67	4,53.33	6,80.00	9,06.67	11,33.33	13,60.00	15,86.67	18,13.33	20,40.00
17	2,28.33	4,56.67	6,85.00	9,13.33	11,41.67	13,70.00	15,98.33	18,26.67	20,55.00
18	2,30.00	4,60.00	6,90.00	9,20.00	11,50.00	13,80.00	16,10.00	18,40.00	20,70.00
19	2,31.67	4,63.33	6,95.00	9,26.67	11,58.33	13,90.00	16,21.67	18,53.33	20,85.00
20	2,33.33	4,66.67	7,00.00	9,33.33	11,66.67	14,00.00	16,33.33	18,66.67	21,00.00
21	2,35.00	4,70.00	7,05.00	9,40.00	11,75.00	14,10.00	16,45.00	18,80.00	21,15.00
22	2,36.67	4,73.33	7,10.00	9,46.67	11,83.33	14,20.00	16,56.67	18,93.33	21,30.00
23	2,38.33	4,76.67	7,15.00	9,53.33	11,91.67	14,30.00	16,68.33	19,06.67	21,45.00
24	2,40.00	4,80.00	7,20.00	9,60.00	12,00.00	14,40.00	16,80.00	19,20.00	21,60.00
25	2,41.67	4,83.33	7,25.00	9,66.67	12,08.33	14,50.00	16,91.67	19,33.33	21,75.00
26	2,43.33	4,86.67	7,30.00	9,73.33	12,16.67	14,60.00	17,03.33	19,46.67	21,90.00
27	2,45.00	4,90.00	7,35.00	9,80.00	12,25.00	14,70.00	17,15.00	19,60.00	22,05.00
28	2,46.67	4,93.33	7,40.00	9,86.67	12,33.33	14,80.00	17,26.67	19,73.33	22,20.00
29	2,48.33	4,96.67	7,45.00	9,93.33	12,41.67	14,90.00	17,38.33	19,86.67	22,35.00
5 mois.	2,50.00	5,00.00	7,50.00	10,00.00	12,50.00	15,00.00	17,50.00	20,00.00	22,50.00

6 p. 0/0. — 5

MOIS. **Comptes-faits.**

Jours.	100 fr.	200 fr.	300 fr.	400 fr.	500 fr.	600 fr.	700 fr.	800 fr.	900 fr.
	fr. c. dixm.	fr. c. dixm.	fr. c. dixm.	fr. c. dixm.	fr. c. dixm.	fr. c. dixm.	fr. c. dixm.	fr. c. dixm.	fr. c. dixm.
1	2,51.67	5,03.33	7,55.00	10,06.67	12,58.33	15,10.00	17,61.67	20,13.33	22,65.00
2	2,53.33	5,06.67	7,60.00	10,13.33	12,66.67	15,20.00	17,73.33	20,26.67	22,80.00
3	2,55.00	5,10.00	7,65.00	10,20.00	12,75.00	15,30.00	17,85.00	20,40.00	22,95.00
4	2,56.67	5,13.33	7,70.00	10,26.67	12,83.33	15,40.00	17,96.67	20,53.33	23,10.00
5	2,58.33	5,16.67	7,75.00	10,33.33	12,91.67	15,50.00	18,08.33	20,66.67	23,25.00
6	2,60.00	5,20.00	7,80.00	10,40.00	13,00.00	15,60.00	18,20.00	20,80.00	23,40.00
7	2,61.67	5,23.33	7,85.00	10,46.67	13,08.33	15,70.00	18,31.67	20,93.33	23,55.00
8	2,63.33	5,26.67	7,90.00	10,53.33	13,16.67	15,80.00	18,43.33	21,06.67	23,70.00
9	2,65.00	5,30.00	7,95.00	10,60.00	13,25.00	15,90.00	18,55.00	21,20.00	23,85.00
10	2,66.67	5,33.33	8,00.00	10,66.67	13,33.33	16,00.00	18,66.67	21,33.33	24,00.00
11	2,68.33	5,36.67	8,05.00	10,73.33	13,41.67	16,10.00	18,78.33	21,46.67	24,15.00
12	2,70.00	5,40.00	8,10.00	10,80.00	13,50.00	16,20.00	18,90.00	21,60.00	24,30.00
13	2,71.67	5,43.33	8,15.00	10,86.67	13,58.33	16,30.00	19,01.67	21,73.33	24,45.00
14	2,73.33	5,46.67	8,20.00	10,93.33	13,66.67	16,40.00	19,13.33	21,86.67	24,60.00
15	2,75.00	5,50.00	8,25.00	11,00.00	13,75.00	16,50.00	19,25.00	22,00.00	24,75.00
16	2,76.67	5,53.33	8,30.00	11,06.67	13,83.33	16,60.00	19,36.67	22,13.33	24,90.00
17	2,78.33	5,56.67	8,35.00	11,13.33	13,91.67	16,70.00	19,48.33	22,26.67	25,05.00
18	2,80.00	5,60.00	8,40.00	11,20.00	14,00.00	16,80.00	19,60.00	22,40.00	25,20.00
19	2,81.67	5,63.33	8,45.00	11,26.67	14,08.33	16,90.00	19,71.67	22,53.33	25,35.00
20	2,83.33	5,66.67	8,50.00	11,33.33	14,16.67	17,00.00	19,83.33	22,66.67	25,50.00
21	2,85.00	5,70.00	8,55.00	11,40.00	14,25.00	17,10.00	19,95.00	22,80.00	25,65.00
22	2,86.67	5,73.33	8,60.00	11,46.67	14,33.33	17,20.00	20,06.67	22,93.33	25,80.00
23	2,88.33	5,76.67	8,65.00	11,53.33	14,41.67	17,30.00	20,18.33	23,06.67	25,95.00
24	2,90.00	5,80.00	8,70.00	11,60.00	14,50.00	17,40.00	20,30.00	23,20.00	26,10.00
25	2,91.67	5,83.33	8,75.00	11,66.67	14,58.33	17,50.00	20,41.67	23,33.33	26,25.00
26	2,93.33	5,86.67	8,80.00	11,73.33	14,66.67	17,60.00	20,53.33	23,46.67	26,40.00
27	2,95.00	5,90.00	8,85.00	11,80.00	14,75.00	17,70.00	20,65.00	23,60.00	26,55.00
28	2,96.67	5,93.33	8,90.00	11,86.67	14,83.33	17,80.00	20,76.67	23,73.33	26,70.00
29	2,98.33	5,96.67	8,95.00	11,93.33	14,91.67	17,90.00	20,88.33	23,86.67	26,85.00
6 mois.	3,00.00	6,00.00	9,00.00	12,00.00	15,00.00	18,00.00	21,00.00	24,00.00	27,00.00

6 p. 0/0.   **6**

Jours.	100 fr.	200 fr.	300 fr.	400 fr.
	fr. c. dixm.	fr. c. dixm.	fr. c. dixm.	fr. c. dixm.
1	3,01.67	6,03.33	9,05.00	12,06.67
2	3,03.33	6,06.67	9,10.00	12,13.33
3	3,05.00	6,10.00	9,15.00	12,20.00
4	3,06.67	6,13.33	9,20.00	12,26.67
5	3,08.33	6,16.67	9,25.00	12,33.33
6	3,10.00	6,20.00	9,30.00	12,40.00
7	3,11.67	6,23.33	9,35.00	12,46.67
8	3,13.33	6,26.67	9,40.00	12,53.33
9	3,15.00	6,30.00	9,45.00	12,60.00
10	3,16.67	6,33.33	9,50.00	12,66.67
11	3,18.33	6,36.67	9,55.00	12,73.33
12	3,20.00	6,40.00	9,60.00	12,80.00
13	3,21.67	6,43.33	9,65.00	12,86.67
14	3,23.33	6,46.67	9,70.00	12,93.33
15	3,25.00	6,50.00	9,75.00	13,00.00
16	3,26.67	6,53.33	8,80.00	13,06.67
17	3,28.33	6,56.67	9,85.00	13,13.33
18	3,30.00	6,60.00	9,90.00	13,20.00
19	3,31.67	6,63.33	9,95.00	13,26.67
20	3,33.33	6,66.67	10,00.00	13,33.33
21	3,35.00	6,70.00	10,05.00	13,40.00
22	3,36.67	6,73.33	10,10.00	13,46.67
23	3,38.33	6,76.67	10,15.00	13,53.33
24	3,40.00	6,80.00	10,20.00	13,60.00
25	3,41.67	6,83.33	10,25.00	13,66.67
26	3,43.33	6,86.67	10,30.00	13,73.33
27	3,45.00	6,90.00	10,35.00	13,80.00
28	3,46.67	6,93.33	10,40.00	13,86.67
29	3,48.33	6,96.67	10,45.00	13,93.33
7 mois	3,50.00	7,00.00	10,50.00	14,00.00

MOIS.   **Comptes-faits.**

500 fr.	600 fr.	700 fr.	800 fr.	900 fr.
fr. c. dixm.	fr. c. dixm.	fr. c. dixm.	fr. c. dixm.	fr. c. dixm.
15,08.33	18,10.00	21,11.67	24,13.33	27,15.00
15,16.67	18,20.00	21,23.33	24,26.67	27,30.00
15,25.00	18,30.00	21,35.00	24,40.00	27,45.00
15,33.33	18,40.00	21,46.67	24,53.33	27,60.00
15,41.67	18,50.00	21,58.33	24,66.67	27,75.00
15,50.00	18,60.00	21,70.00	24,80.00	27,90.00
15,58.33	18,70.00	21,81.67	24,93.33	28,05.00
15,66.67	18,80.00	21,93.33	25,06.67	28,20.00
15,75.00	18,90.00	22,05.00	25,20.00	28,35.00
15,83.33	19,00.00	22,16.67	25,33.33	28,50.00
15,91.67	19,10.00	22,28.33	25,46.67	28,65.00
16,00.00	19,20.00	22,40.00	25,60.00	28,80.00
16,08.33	19,30.00	22,51.67	25,73.33	28,95.00
16,16.67	19,40.00	22,63.33	25,86.67	29,10.00
16,25.00	19,50.00	22,75.00	26,00.00	29,25.00
16,33.33	19,60.00	22,86.67	26,13.33	29,40.00
16,41.67	19,70.00	22,98.33	26,26.67	29,55.00
16,50.00	19,80.00	23,10.00	26,40.00	29,70.00
16,58.33	19,90.00	23,21.67	26,53.33	29,85.00
16,66.67	20,00.00	23,33.33	26,66.67	30,00.00
16,75.00	20,10.00	23,45.00	26,80.00	30,15.00
16,83.33	20,20.00	23,56.67	26,93.33	30,30.00
16,91.67	20,30.00	23,68.33	27,06.67	30,45.00
17,00.00	20,40.00	23,80.00	27,20.00	30,60.00
17,08.33	20,50.00	23,91.67	27,33.33	30,75.00
17,16.67	20,60.00	24,03.33	27,46.67	30,90.00
17,25.00	20,70.00	24,15.00	27,60.00	31,05.00
17,33.33	20,80.00	24,26.67	27,73.33	31,20.00
17,41.67	20,90.00	24,38.33	27,86.67	31,35.00
17,50.00	21,00.00	24,50.00	28,00.00	31,50.00

6 p. 0/0.

Jours.	100 fr.	200 fr.	300 fr.	400 fr.
	fr. c. dixm.	fr. c. dixm.	fr. c. dixm.	fr. c. dixm.
1	3,51.67	7,03.33	10,55.00	14,06.67
2	3,53.33	7,06.67	10,60.00	14,13.33
3	3,55.00	7,10.00	10,65.00	14,20.00
4	3,56.67	7,13.33	10,70.00	14,26.67
5	3,58.33	7,16.67	10,75.00	14,33.33
6	3,60.00	7,20.00	10,80.00	14,40.00
7	3,61.67	7,23.33	10,85.00	14,46.67
8	3,63.33	7,26.67	10,90.00	14,53.33
9	3,65.00	7,30.00	10,95.00	14,60.00
10	3,66.67	7,33.33	11,00.00	14,66.67
11	3,68.33	7,36.67	11,05.00	14,73.33
12	3,70.00	7,40.00	11,10.00	14,80.00
13	3,71.67	7,43.33	11,15.00	14,86.67
14	3,73.33	7,46.67	11,20.00	14,93.33
15	3,75.00	7,50.00	11,25.00	15,00.00
16	3,76.67	7,53.33	11,30.00	15,06.67
17	3,78.33	7,56.67	11,35.00	15,13.33
18	3,80.00	7,60.00	11,40.00	15,20.00
19	3,81.67	7,63.33	11,45.00	15,26.67
20	3,83.33	7,66.67	11,50.00	15,33.33
21	3,85.00	7,70.00	11,55.00	15,40.00
22	3,86.67	7,73.33	11,60.00	15,46.67
23	3,88.33	7,76.67	11,65.00	15,53.33
24	3,90.00	7,80.00	11,70.00	15,60.00
25	3,91.67	7,83.33	11,75.00	15,66.67
26	3,93.33	7,86.67	11,80.00	15,73.33
27	3,95.00	7,90.00	11,85.00	15,80.00
28	3,96.67	7,93.33	11,90.00	15,86.67
29	3,98.33	7,96.67	11,95.00	15,93.33
8 mois.	4,00.00	8,00.00	12,00.00	16,00.00

MOIS.   **Comptes-faits.**

500 fr.	600 fr.	700 fr.	800 fr.	900 fr.
fr. c. dixm.	fr. c. dixm.	fr. c. dixm.	fr. c. dixm.	fr. c. dixm.
17,58.33	21,10.00	24,61.67	28,13.33	31,65.00
17,66.67	21,20.00	24,73.33	28,26.67	31,80.00
17,75.00	21,30.00	24,85.00	28,40.00	31,95.00
17,83.33	21,40.00	24,96.67	28,53.33	32,10.00
17,91.67	21,50.00	25,08.33	28,66.67	32,25.00
18,00.00	21,60.00	25,20.00	28,80.00	32,40.00
18,08.33	21,70.00	25,31.67	28,93.33	32,55.00
18,16.67	21,80.00	25,43.33	29,06.67	32,70.00
18,25.00	21,90.00	25,55.00	29,20.00	32,85.00
18,33.33	22,00.00	25,66.67	29,33.33	33,00.00
18,41.67	22,10.00	25,78.33	29,46.67	33,15.00
18,50.00	22,20.00	25,90.00	29,60.00	33,30.00
18,58.33	22,30.00	26,01.67	29,73.33	33,45.00
18,66.67	22,40.00	26,13.33	29,86.67	33,60.00
18,75.00	22,50.00	26,25.00	30,00.00	33,75.00
18,83.33	22,60.00	26,36.67	30,13.33	33,90.00
18,91.67	22,70.00	26,48.33	30,26.67	34,05.00
19,00.00	22,80.00	26,60.00	30,40.00	34,20.00
19,08.33	22,90.00	26,71.67	30,53.33	34,35.00
19,16.67	23,00.00	26,83.33	30,66.67	34,50.00
19,25.00	23,10.00	26,95.00	30,80.00	34,65.00
19,33.33	23,20.00	27,06.67	30,93.33	34,80.00
19,41.67	23,30.00	27,18.33	31,06.67	34,95.00
19,50.00	23,40.00	27,30.00	31,20.00	35,10.00
19,58.33	23,50.00	27,41.67	31,33.33	35,25.00
19,66.67	23,60.00	27,53.33	31,46.67	35,40.00
19,75.00	23,70.00	27,65.00	31,60.00	35,55.00
19,83.33	23,80.00	27,76.67	31,73.33	35,70.00
19,91.67	23,90.00	27,88.33	31,86.67	35,85.00
20,00.00	24,00.00	28,00.00	32,00.00	36,00.00

6 p. 0/0. 8

Jours.	100 fr.	200 fr.	300 fr.	400 fr.
	fr. c. dixm.	fr. c. dixm.	fr. c. dixm.	fr. c. dixm.
1	4,01.67	8,03.33	12,05.00	16,06.67
2	4,03.33	8,06.67	12,10.00	16,13.33
3	4,05.00	8,10.00	12,15.00	16,20.00
4	4,06.67	8,13.33	12,20.00	16,26.67
5	4,08.33	8,16.67	12,25.00	16,33.33
6	4,10.00	8,20.00	12,30.00	16,40.00
7	4,11.67	8,23.33	12,35.00	16,46.67
8	4,13.33	8,26.67	12,40.00	16,53.33
9	4,15.00	8,30.00	12,45.00	16,60.00
10	4,16.67	8,33.33	12,50.00	16,66.67
11	4,18.33	8,36.67	12,55.00	16,73.33
12	4,20.00	8,40.00	12,60.00	16,80.00
13	4,21.67	8,43.33	12,65.00	16,86.67
14	4,23.33	8,46.67	12,70.00	16,93.33
15	4,25.00	8,50.00	12,75.00	17,00.00
16	4,26.67	8,53.33	12,80.00	17,06.67
17	4,28.33	8,56.67	12,85.00	17,13.33
18	4,30.00	8,60.00	12,90.00	17,20.00
19	4,31.67	8,63.33	12,95.00	17,26.67
20	4,33.33	8,66.67	13,00.00	17,33.33
21	4,35.00	8,70.00	13,05.00	17,40.00
22	4,36.67	8,73.33	13,10.00	17,46.67
23	4,38.33	8,76.67	13,15.00	17,53.33
24	4,40.00	8,80.00	13,20.00	17,60.00
25	4,41.67	8,83.33	13,25.00	17,66.67
26	4,43.33	8,86.67	13,30.00	17,73.33
27	4,45.00	8,90.00	13,35.00	17,80.00
28	4,46.67	8,93.33	13,40.00	17,86.67
29	4,48.33	8,96.67	13,45.00	17,93.33
9 mois.	4,50.00	9,00.00	13,50.00	18,00.00

MOIS. **Comptes-faits.**

500 fr.	600 fr.	700 fr.	800 fr.	900 fr.
fr. c. dixm.	fr. c. dixm.	fr. c. dixm.	fr. c. dixm.	fr. c. dixm.
20,08.33	24,10.00	28,11.67	32,13.33	36,15.00
20,16.67	24,20.00	28,23.33	32,26.67	36,30.00
20,25.00	24,30.00	28,35.00	32,40.00	36,45.00
20,33.33	24,40.00	28,46.67	32,53.33	36,60.00
20,41.67	24,50.00	28,58.33	32,66.67	36,75.00
20,50.00	24,60.00	28,70.00	32,80.00	36,90.00
20,58.33	24,70.00	28,81.67	32,93.33	37,05.00
20,66.67	24,80.00	28,93.33	33,06.67	37,20.00
20,75.00	24,90.00	29,05.00	33,20.00	37,35.00
20,83.33	25,00.00	29,16.67	33,33.33	37,50.00
20,91.67	25,10.00	29,28.33	33,46.67	37,65.00
21,00.00	25,20.00	29,40.00	33,60.00	37,80.00
21,08.33	25,30.00	29,51.67	33,73.33	37,95.00
21,16.67	25,40.00	29,63.33	33,86.67	38,10.00
21,25.00	25,50.00	29,75.00	34,00.00	38,25.00
21,33.33	25,60.00	29,86.67	34,13.33	38,40.00
21,41.67	25,70.00	29,98.33	34,26.67	38,55.00
21,50.00	25,80.00	30,10.00	34,40.00	38,70.00
21,58.33	25,90.00	30,21.67	34,53.33	38,85.00
21,66.67	26,00.00	30,33.33	34,66.67	39,00.00
21,75.00	26,10.00	30,45.00	34,80.00	39,15.00
21,83.33	26,20.00	30,56.67	34,93.33	39,30.00
21,91.67	26,30.00	30,68.33	35,06.67	39,45.00
22,00.00	26,40.00	30,80.00	35,20.00	39,60.00
22,08.33	26,50.00	30,91.67	35,33.33	39,75.00
22,16.67	26,60.00	31,03.33	35,46.67	39,90.00
22,25.00	26,70.00	31,15.00	35,60.00	40,05.00
22,33.33	26,80.00	31,26.67	35,73.33	40,20.00
22,41.67	26,90.00	31,38.33	35,86.67	40,35.00
22,50.00	27,00.00	31,50.00	36,00.00	40,50.00

Jours.	100 fr.	200 fr.	300 fr.	400 fr.
	fr. c. dixm.	fr. c. dixm.	fr. c. dixm.	fr. c. dixm.
1	4,51.67	9,03.33	13,55.00	18,06.67
2	4,53.33	9,06.67	13,60.00	18,13.33
3	4,55.00	9,10.00	13,65.00	18,20.00
4	4,56.67	9,13.33	13,70.00	18,26.67
5	4,58.33	9,16.67	13,75.00	18,33.33
6	4,60.00	9,20.00	13,80.00	18,40.00
7	4,61.67	9,23.33	13,85.00	18,46.67
8	4,63.33	9,26.67	13,90.00	18,53.33
9	4,65.00	9,30.00	13,95.00	18,60.00
10	4,66.67	9,33.33	14,00.00	18,66.67
11	4,68.33	9,36.67	14,05.00	18,73.33
12	4,70.00	9,40.00	14,10.00	18,80.00
13	4,71.67	9,43.33	14,15.00	18,86.67
14	4,73.33	9,46.67	14,20.00	18,93.33
15	4,75.00	9,50.00	14,25.00	19,00.00
16	4,76.67	9,53.33	14,30.00	19,06.67
17	4,78.33	9,56.67	14,35.00	19,13.33
18	4,80.00	9,60.00	14,40.00	19,20.00
19	4,81.67	9,63.33	14,45.00	19,26.67
20	4,83.33	9,66.67	14,50.00	19,33.33
21	4,85.00	9,70.00	14,55.00	19,40.00
22	4,86.67	9,73.33	14,60.00	19,46.67
23	4,88.33	9,76.67	14,65.00	19,53.33
24	4,90.00	9,80.00	14,70.00	19,60.00
25	4,91.67	9,83.33	14,75.00	19,66.67
26	4,93.33	9,86.67	14,80.00	19,73.33
27	4,95.00	9,90.00	14,85.00	19,80.00
28	4,96.67	9,93.33	14,90.00	19,86.67
29	4,98.33	9,96.67	14,95.00	19,93.33
10 mois,	5,00.00	10,00.00	15,00.00	20,00.00

500 fr.	600 fr.	700 fr.	800 fr.	900 fr.
fr. c. dixm.	fr. c. dixm.	fr. c. dixm.	fr. c. dixm.	fr. c. dixm.
22,58.33	27,10.00	31,61.67	36,13.33	40,65.00
22,66.67	27,20.00	31,73.33	36,26.67	40,80.00
22,75.00	27,30.00	31,85.00	36,40.00	40,95.00
22,83.33	27,40.00	31,96.67	36,53.33	41,10.00
22,91.67	27,50.00	32,08.33	36,66.67	41,25.00
23,00.00	27,60.00	32,20.00	36,80.00	41,40.00
23,08.33	27,70.00	32,31.67	36,93.33	41,55.00
23,16.67	27,80.00	32,43.33	37,06.67	41,70.00
23,25.00	27,90.00	32,55.00	37,20.00	41,85.00
23,33.33	28,00.00	32,66.67	37,33.33	42,00.00
23,41.67	28,10.00	32,78.33	37,46.67	42,15.00
23,50.00	28,20.00	32,90.00	37,60.00	42,30.00
23,58.33	28,30.00	33,01.67	37,73.33	42,45.00
23,66.67	28,40.00	33,13.33	37,86.67	42,60.00
23,75.00	28,50.00	33,25.00	38,00.00	42,75.00
23,83.33	28,60.00	33,36.67	38,13.33	42,90.00
23,94.67	28,70.00	33,48.33	38,26.67	43,05.00
24,00.00	28,80.00	33,60.00	38,40.00	43,20.00
24,08.33	28,90.00	33,71.67	38,53.33	43,35.00
24,16.67	29,00.00	33,83.33	38,66.67	43,50.00
24,25.00	29,10.00	33,95.00	38,80.00	43,65.00
24,33.33	29,20.00	34,06.67	38,93.33	43,80.00
24,41.67	29,30.00	34,18.33	39,06.67	43,95.00
24,50.00	29,40.00	34,30.00	39,20.00	44,10.00
24,58.33	29,50.00	34,41.67	39,33.33	44,25.00
24,66.67	29,60.00	34,53.33	39,46.67	44,40.00
24,75.00	29,70.00	34,65.00	39,60.00	44,55.00
24,83.33	29,80.00	34,76.67	39,73.33	44,70.00
24,91.67	29,90.00	34,88.33	39,86.67	44,85.00
25,00.00	30,00.00	35,00.00	40,00.00	45,00.00

6 p. 0/0   **10 MOIS.**   **Comptes-faits.**

Jours.	100 fr.	200 fr.	300 fr.	400 fr.	500 fr.	600 fr.	700 fr.	800 fr.	900 fr.
	fr. c. dixm.	fr. c. dixm.	fr. c. dixm.	fr. c. dixm.	fr. c. dixm.	fr. c. dixm.	fr. c. dixm.	fr. c. dixm.	fr. c. dixm.
1	5,04.67	10,03.33	15,05.00	20,06.67	25,08.33	30,10.00	35,11.67	40,13.33	45,15.00
2	5,03.33	10,06.67	15,10.00	20,13.33	25,16.67	30,20.00	35,23.33	40,26.67	45,30.00
3	5,05.00	10,10.00	15,15.00	20,20.00	25,25.00	30,30.00	35,35.00	40,40.00	45,45.00
4	5,06.67	10,13.33	15,20.00	20,26.67	25,33.33	30,40.00	35,46.67	40,53.33	45,60.00
5	5,08.33	10,16.67	15,25.00	20,33.33	25,41.67	30,50.00	35,58.33	40,66.67	45,75.00
6	5,10.00	10,20.00	15,30.00	20,40.00	25,50.00	30,60.00	35,70.00	40,80.00	45,90.00
7	5,11.67	10,23.33	15,35.00	20,46.67	25,58.33	30,70.00	35,81.67	40,93.33	46,05.00
8	5,13.33	10,26.67	15,40.00	20,53.33	25,66.67	30,80.00	35,93.33	41,06.67	46,20.00
9	5,15.00	10,30.00	15,45.00	20,60.00	25,75.00	30,90.00	36,05.00	41,20.00	46,35.00
10	5,16.67	10,33.33	15,50.00	20,66.67	25,83.33	31,00.00	36,16.67	41,33.33	46,50.00
11	5,18.33	10,36.67	15,55.00	20,73.33	25,91.67	31,10.00	36,28.33	41,46.67	46,65.00
12	5,20.00	10,40.00	15,60.00	20,80.00	26,00.00	31,20.00	36,40.00	41,60.00	46,80.00
13	5,21.67	10,43.33	15,65.00	20,86.67	26,08.33	31,30.00	36,51.67	41,73.33	46,95.00
14	5,23.33	10,46.67	15,70.00	20,93.33	26,16.67	31,40.00	36,63.33	41,86.67	47,10.00
15	5,25.00	10,50.00	15,75.00	21,00.00	26,25.00	31,50.00	36,75.00	42,00.00	47,25.00
16	5,26.67	10,53.33	15,80.00	21,06.67	26,33.33	31,60.00	36,86.67	42,13.33	47,40.00
17	5,28.33	10,56.67	15,85.00	21,13.33	26,41.67	31,70.00	36,98.33	42,26.67	47,55.00
18	5,30.00	10,60.00	15,90.00	21,20.00	26,50.00	31,80.00	37,10.00	42,40.00	47,70.00
19	5,31.67	10,63.33	15,95.00	21,26.67	26,58.33	31,90.00	37,21.67	42,53.33	47,85.00
20	5,33.33	10,66.67	16,00.00	21,33.33	26,66.67	32,00.00	37,33.33	42,66.67	48,00.00
21	5,35.00	10,70.00	16,05.00	21,40.00	26,75.00	32,10.00	37,45.00	42,80.00	48,15.00
22	5,36.67	10,73.33	16,10.00	21,46.67	26,83.33	32,20.00	37,56.67	42,93.33	48,30.00
23	5,38.33	10,76.67	16,15.00	21,53.33	26,91.67	32,30.00	37,68.33	43,06.67	48,45.00
24	5,40.00	10,80.00	16,20.00	21,60.00	27,00.00	32,40.00	37,80.00	43,20.00	48,60.00
25	5,41.67	10,83.33	16,25.00	21,66.67	27,08.33	32,50.00	37,91.67	43,33.33	48,75.00
26	5,43.33	10,86.67	16,30.00	21,73.33	27,16.67	32,60.00	38,03.33	43,46.67	48,90.00
27	5,45.00	10,90.00	16,35.00	21,80.00	27,25.00	32,70.00	38,15.00	43,60.00	49,05.00
28	5,46.67	10,93.33	16,40.00	21,86.67	27,33.33	32,80.00	38,26.67	43,73.33	49,20.00
29	5,48.33	10,96.67	16,45.00	21,93.33	27,41.67	32,90.00	38,38.33	43,86.67	49,35.00
1 mois.	5,50.00	11,00.00	16,50.00	22,00.00	27,50.00	33,00.00	38,50.00	44,00.00	49,50.00

6 p. 0/0. 11

Jours.	100 fr.	200 fr.	300 fr.	400 fr.
	fr. c. dixm.	fr. c. dixm.	fr. c. dixm.	fr. c. dixm.
1	5,51.67	11,03.33	16,55.00	22,06.67
2	5,53.33	11,06.67	16,60.00	22,13.33
3	5,55.00	11,10.00	16,65.00	22,20.00
4	5,56.67	11,13.33	16,70.00	22,26.67
5	5,58.33	11,16.67	16,75.00	22,33.33
6	5,60.00	11,20.00	16,80.00	22,40.00
7	5,61.67	11,23.33	16,85.00	22,46.67
8	5,63.33	11,26.67	16,90.00	22,53.33
9	5,65.00	11,30.00	16,95.00	22,60.00
10	5,66.67	11,33.33	17,00.00	22,66.67
11	5,68.33	11,36.67	17,05.00	22,73.33
12	5,70.00	11,40.00	17,10.00	22,80.00
13	5,71.67	11,43.33	17,15.00	22,86.67
14	5,73.33	11,46.67	17,20.00	22,93.33
15	5,75.00	11,50.00	17,25.00	23,00.00
16	5,76.67	11,53.33	17,30.00	23,06.67
17	5,78.33	11,56.67	17,35.00	23,13.33
18	5,80.00	11,60.00	17,40.00	23,20.00
19	5,81.67	11,63.33	17,45.00	23,26.67
20	5,83.33	11,66.67	17,50.00	23,33.33
21	5,85.00	11,70.00	17,55.00	23,40.00
22	5,86.67	11,73.33	17,60.00	23,46.67
23	5,88.33	11,76.67	17,65.00	23,53.33
24	5,90.00	11,80.00	17,70.00	23,60.00
25	5,91.67	11,83.33	17,75.00	23,66.67
26	5,93.33	11,86.67	17,80.00	23,73.33
27	5,95.00	11,90.00	17,85.00	23,80.00
28	5,96.67	11,93.33	17,90.00	23,86.67
29	5,98.33	11,96.67	17,95.00	23,93.33
1 an.	6,00.00	12,00.00	18,00.00	24,00.00

MOIS. **Comptes-faits.**

500 fr.	600 fr.	700 fr.	800 fr.	900 fr.
fr. c. dixm.	fr. c. dixm.	fr. c. dixm.	fr. c. dixm.	fr. c. dixm.
27,58.33	33,10.00	38,61.67	44,13.33	49,65.00
27,66.67	33,20.00	38,73.33	44,26.67	49,80.00
27,75.00	33,30.00	38,85.00	44,40.00	49,95.00
27,83.33	33,40.00	38,96.67	44,53.33	50,10.00
27,91.67	33,50.00	39,08.33	44,66.67	50,25.00
28,00.00	33,60.00	39,20.00	44,80.00	50,40.00
28,08.33	33,70.00	39,31.67	44,93.33	50,55.00
28,16.67	33,80.00	39,43.33	45,06.67	50,70.00
28,25.00	33,90.00	39,55.00	45,20.00	50,85.00
28,33.33	34,00.00	39,66.67	45,33.33	51,00.00
28,41.67	34,10.00	39,78.33	45,46.67	51,15.00
28,50.00	34,20.00	39,90.00	45,60.00	51,30.00
28,58.33	34,30.00	40,01.67	45,73.33	51,45.00
28,66.67	34,40.00	40,13.33	45,86.67	51,60.00
28,75.00	34,50.00	40,25.00	46,00.00	51,75.00
28,83.33	34,60.00	40,36.67	46,13.33	51,90.00
28,91.67	34,70.00	40,48.33	46,26.67	52,05.00
29,00.00	34,80.00	40,60.00	46,40.00	52,20.00
29,08.33	34,90.00	40,71.67	46,53.33	52,35.00
29,16.67	35,00.00	40,83.33	46,66.67	52,50.00
29,25.00	35,10.00	40,95.00	46,80.00	52,65.00
29,33.33	35,20.00	41,06.67	46,93.33	52,80.00
29,41.67	35,30.00	41,18.33	47,06.67	52,95.00
29,50.00	35,40.00	41,30.00	47,20.00	53,10.00
29,58.33	35,50.00	41,41.67	47,33.33	53,25.00
29,66.67	35,60.00	41,53.33	47,46.67	53,40.00
29,75.00	35,70.00	41,65.00	47,60.00	53,55.00
29,83.33	35,80.00	41,76.67	47,73.33	53,70.00
29,91.67	35,90.00	41,88.33	47,86.67	53,85.00
30,00.00	36,00.00	42,00.00	48,00.00	54,00.00

Remarque. A l'aide de ces comptes-faits, il est encore très-facile d'obtenir l'intérêt d'une somme composée des nombres 100, 200, 300, 400, 500, 600, 700, 800, 900 ; et certes il y en a beaucoup.

C'est ainsi que l'on obtient l'intérêt de :

1,000 fr., en rendant 10 fois plus fort l'intérêt de 100 fr. (1), ou en doublant celui de 500 fr.

1,100 fr., en additionnant les intérêts de 1,000 et de 100 fr., ou ceux de 500 et de 600 fr.

1,200 fr., en additionnant les intérêts de 1,000 et de 200 fr., ou en doublant celui de 600 fr.

1,300 fr., en additionnant les intérêts de 1,000 et de 300 fr., ou ceux de 600 et de 700 fr.

1,400 fr., en additionnant les intérêts de 1,000 et de 400 fr., ou en doublant celui de 700 fr., etc., etc.

2,000 fr., en rendant 10 fois plus fort l'intérêt de 200 fr. (1), ou en multipliant par 4 celui de 500 fr., etc., etc.

2,500 fr., en additionnant les intérêts de 2,000 et de 500 fr., ou en multipliant par 5 celui de 500 fr., etc., etc.

3,000 fr., en rendant 10 fois plus fort l'intérêt de 300 fr. (1), ou en multipliant par 5 celui de 600 fr.

3,700 fr., en additionnant les intérêts de 3,000 et de 700 fr.

Par des opérations analogues, on obtient facilement l'intérêt de 4,000.;..4,900 ; 5,000.;..5,900 ; 6,000.;..6,900 ; 7,000.;.. 7,900 ; 8,000.;..8,900 ; 9,000.;..9,900 ; 10,000.;..100,000 fr.

Année civile.

Voilà bien, à la vérité, des tables et des comptes-faits qui peuvent servir utilement pour chaque jour de l'année commerciale ; mais comment, avec cela, peut-on opérer pour chaque jour de l'année civile ?

De ce que l'on n'opère jamais, ou presque jamais, sur 365 jours, mais bien sur 360, il paraît inutile d'établir des tables et des comptes-faits pour l'année civile ordinaire (365 jours), et moins encore pour l'année bissextile (366 jours).

Nous nous contenterons donc de donner un exemple, qui pourra servir de base aux personnes qui ne connaissent pas la marche de ces sortes d'opérations.

Quel est à 4 p. o/o, l'intérêt de 1280 fr., au bout de 275 jours (année civile ordinaire) ?

```
        Capital :   1280                              0f14,0275
                       4                              275 jours
                    ______                            ________
Intér. au bout d'un an : 51f20  | 365                    70.1365
                          14,70 |________               9,81.911
                         0,1000 | 0f14,0275 au bout d'un jr.  28,05.46
                          2700                           ________
                          1150                           38f57,5075
                           355
```

donc au bout de 275 jours, il est dû d'intérêt 58 fr. 57 c.

(1) Voir au bas de la page 5, comment on rend un nombre 10 fois, 100 fois plus fort.

ÉPOQUES.

1° Année commerciale.

Comment faites-vous pour connaître le nombre de jours écoulés entre 2 époques de l'année commerciale ?

Il suffit pour cela de connaître l'ordre des 12 mois, qui ont chacun 30 jours.

1er EXEMPLE.

Combien y a-t-il de jours du 5 Janvier au 19 Juillet ?

Partant du 5 janvier, je dis (sur mes doigts) : *Février, Mars, Avril, Mai, Juin et 5 Juillet.*

Donc du 5 Janvier au 5 Juillet (6 doigts), 6 mois ou 6 fois 30 jours = 180 jours.. 180 j.

Et du 5 Juillet au 19 Juillet, il y a encore 14

Total : du 5 Janvier au 19 Juillet............. 194 j.

2e EXEMPLE.

Combien y a-t-il de jours du 23 Mai au 10 Février ?

Je dis de même : *Juin, Juillet, Août, Septembre, Octobre, Novembre, Décembre et 23 Janvier.*

Donc du 23 Mai au 23 Janv. (8 doigts), 8 mois ou 8 fois 30 j. = 240 j.

Et du 23 Janvier au 10 Février, il y a encore 7 jours de Janvier et 10 de Février = 17 jours..................... 17

Total du 23 Mai au 17 Février................. 257 j.

2° Année civile.

Et comment faites-vous pour connaître le nombre de jours écoulés entre 2 époques de l'année civile ?

La solution est analogue à la précédente. Il suffit de savoir de mémoire, ou sur ses doigts (1), que *Janvier, Mars, Mai, Juillet, Août, Octobre* et *Décembre,* sont les 7 mois de chacun 31 jours ; que un seul, *Février,* en a 28 (année ordinaire) ou 29 (année bissextile) ; et que les quatre autres mois, *Avril, Juin, Septembre* et *Novembre* ont chacun 30 jours. (M. *Avril* a *Joint* quatre Ceps, en *Novembre,* pour chacun desquels il est dû 30 cent.).

Alors il suffit d'opérer comme pour l'année commerciale, et d'ajouter au total des jours ainsi obtenu, autant de jours qu'il y a de mois de 31, compris entre les 2 époques ; et pour le cas où Février y figurerait, retrancher du dernier total 2 jours en année ordinaire, et seulement un jour en année bissextile.

(1) Fermant une main, on dit, au moyen de l'autre : JANVIER sur l'index, *Février* entre l'index et le majeur, MARS sur le majeur, *Avril* entre le majeur et l'annulaire, MAI sur l'annulaire, *Juin* entre l'annulaire et l'oriculaire, JUILLET sur l'oriculaire, AOUT sur l'index, *Septembre* entre l'index et le majeur, OCTOBRE sur le majeur, *Novembre* entre le majeur et l'annulaire, enfin DÉCEMBRE sur l'annulaire. Les 7 mois portés sur les doigts sont de 31 jours, et les 5 autres portés entre les doigts sont de 30 jours, à l'exception de Février qui est de 28 ou de 29 jours. Donc moins Juillet et Août, tous les mois de 31 jours sont séparés par un mois de 30, ou de 28 ou 29 jours. (Le père *Janvier* a fait son *Mars* beaucoup trop tard ; *Mais* en revanche Mlle *Juliette,* Ou Mlle *Octavie,* a en fini de tailler sa vigne avant le 31 *Décembre*).

1er EXEMPLE.

Combien y a-t-il de jours, année civile ordinaire, du 15 Mai au 28 Décembre ?

J'ai d'abord, comme pour année commerciale, du 15 Mai au 15 Décembre (7 doigts), 7 mois ou 7 fois 30 jours, ci.......... 210 j.

Plus du 15 Décembre au 28 dudit, ci........................ 13

Plus enfin pour les 31e jours de *Mai, Juillet, Août* et *Octobre*   4

Total des jours du 15 Mai au 28 Décembre .... 227 j.

2e EXEMPLE.

Combien y a-t-il de jours, année civile ordinaire, du 5 Janvier au 19 Juillet ?

J'ai d'abord, comme pour année commerciale, le total trouvé à la page précédente, ci .... 194 j

J'ajoute à ce total pour les 31e jours de Janvier, Mars et Mai.   3

197

Moins enfin les 29e et 30e jours que n'a pas Février   2

Reste donc du 5 Janvier au 19 Juillet......   195 j

Nota.

Par suite d'un déplacement facile de la virgule portée aux tables et aux comptes-faits :

1° Les 19,800 solutions (ou intérêts de 100 fr.) représentent chacune, l'intérêt de 1 fr., 10 fr., 100 fr., 1,000 fr., 10,000 fr., 100,000 fr., un million même; c'est-à-dire 7 fois autant de solutions qu'il s'en trouve aux tables, ci 138.60

2° Les 8,640 comptes-faits (déduction faite des comptes de 100 fr. portés aux tables), représentent, chacun, l'intérêt de 7 autres nombres; c'est-à-dire 7 fois autant de solutions qu'il s'en trouve aux comptes-faits, ci 60.48

Total : près de 200,000 solutions.......... 199.08

(Voir les deux exemples au bas de la page suivante).

Table de l'Avant-Propos et des Instructions sur les Comptes-faits.

NUMÉROS d'ordre.	NATURE DES ARTICLES.	PAGES des ARTICLES
1	Introduction	3
2	Plan	3
3	Des tables	4
4	Taux	4
5	Durée ou Temps	4
6	Intérêt	4
7	Utilité de ces tables	5
8	Moyen de s'en servir	5
9	Par la mémoire seulement, exemples . .	5 à 10
10	Par le secours des chiffres, exemples . . .	10 à 15
11	Instructions sur les comptes-faits	126&127
12	Id. sur les comptes-presque-faits .	128&129
13	Notes pour les négociants et les banquiers .	129
14	Remarque sur les nombres composés de 100, 200, ... 900	202
15	Année civile, rarement usitée en matière d'intérêt	202
16	Époques, année civile et année commerciale	203&204

1er Exemple (page 110).

Si 100 fr. donnent à 5 p. °/₀ (intérêt composé), au bout de 2 ans, 3 mois, 27 jours,

    ci 12,04.16

10 fr. donnent . . . . . . 1,20.

1 fr. donne . . . . . . 0,12.

1,000 fr. donnent . . . . 120,42.

10,000 fr. id. . . . . 1,204.16.

100,000 fr. id. . . . . 12,041.60.

1,000,000 fr. id. . . . 120,416.00.

2ᵉ Exemple (page 190).

Si 800 fr. donnent à 6 p. °/₀, au bout de 6 mois 19 jours,

    ci 26,53 53

80 fr. donnent . . . . . . 2,65.

8 fr. id. . . . . 0,27.

8,000 fr. id. . . . . . . 265,33.

80,000 fr. id. . . . . 2,653,53.

800,000 fr. id. . . . 26,533,30.

8,000,000 fr. id. . . . 265,333.00.

Table des Taux et des Comptes-faits.

NUMÉROS d'ordre.	TAUX.		NATURE des intérêts	Pages.	OBSERVATIONS.
1	3	p°/₀		16	NOTA. Ces taux, qui sont les plus usités, suffisent encore, pour chaque jour, lorsqu'il s'agit de taux plus faibles ou plus forts que ceux-ci.
2	3	25		26	Ainsi : Le 1 » p. 0/0 s'obtient en prenant le tiers du 3 p. 0/0.
3	3	50		36	Le 1 25 p. 0/0 s'obtient en prenant le tiers du 3 75 p. 0/0. Le 1 50 p. 0/0 s'obtient en prenant moitié du 3 » p. 0/0.
4	3	75		46	Le 1 75 p. 0/0 s'obtient en prenant moitié du 3 50 p. 0/0. Le 2 » p. 0/0 s'obtient en prenant moitié du 4 » p. 0/0.
5	4	»	simples	56	Le 2 25 p. 0/0 s'obtient en prenant moitié du 4 50 p. 0/0. Le 2 50 p. 0/0 s'obtient en prenant moitié du 5 » p. 0/0.
6	4	25		66	Le 2 75 p. 0/0, qui est le 1/4 de 11, s'obtient en prenant le 1/4 du 5 et du 6.(1)
7	4	50		76	Le 5 25 p. 0/0 s'obtient en prenant du 5 et le 20e du 5 p. 0/0.
8	4	75		86	Le 5 50 p. 0/0 s'obtient en prenant la moyⁿⁿᵉ du 5 et du 6 p. 0/0, ou bien encore en prenant du 5 auquel on ajoute le 1/10.
9	5	»		96	Le 5 75 p. 0/0 s'obtient en prenant du 4 et moitié du 3 50 p. 0/0.
10	5	»	composés	106	Et le cas échéant : Le 6 25 p. 0/0 s'obtiendrait en prenant du 5 et du 3 25 p. 0/0.
11	6	»		116	Le 6 50 p. 0/0 s'obtiendrait en doublant le 3 25 p. 0/0. Le 6 75 p. 0/0 s'obtiendrait en prenant du 3 25 et du 3 50 p. 0/0.
12	4	»	comptes-faits composés	130	Le 7 » p. 0/0 s'obtiendrait en doublant le 3 50 p. 0/0.
13	5	»		154	Le 7 25 p. 0/0 s'obtiendrait en prenant du 3 et du 4 25 p. 0/0. Le 7 50 p. 0/0 s'obtiendrait en doublant le 3 75 p. 0/0.
14	6	»		178	Le 7 75 p. 0/0 s'obtiendrait en prenant du 3 75 et du 4 » p. 0/0. Le 8 » p. 0/0 s'obtiendrait en doublant le 4 » p. 0/0. Etc., etc.

(1) On fait le total des résultats obtenus pour 5 et pour 6 ; puis on prend le quart de ce total.

ERRATA.

Page   4 Taux. . . . . *lisez :* page 206;
— 104 à 4 ans 4 mois 1 jour. . . . *lisez :* 21,68.06;
— 124 à 4 ans 3 mois 18 jours. . . *lisez :* 28,52.02;
— 173 à 9 mois 4 jours. . . . . . *lisez :* 19,02.78;
— 177 à 11 mois 3 jours, pour 600ᶠ. *lisez :* 27,75;
— 109 à 6 mois 16 jours, pour 300ᶠ. *lisez :* 9,80;

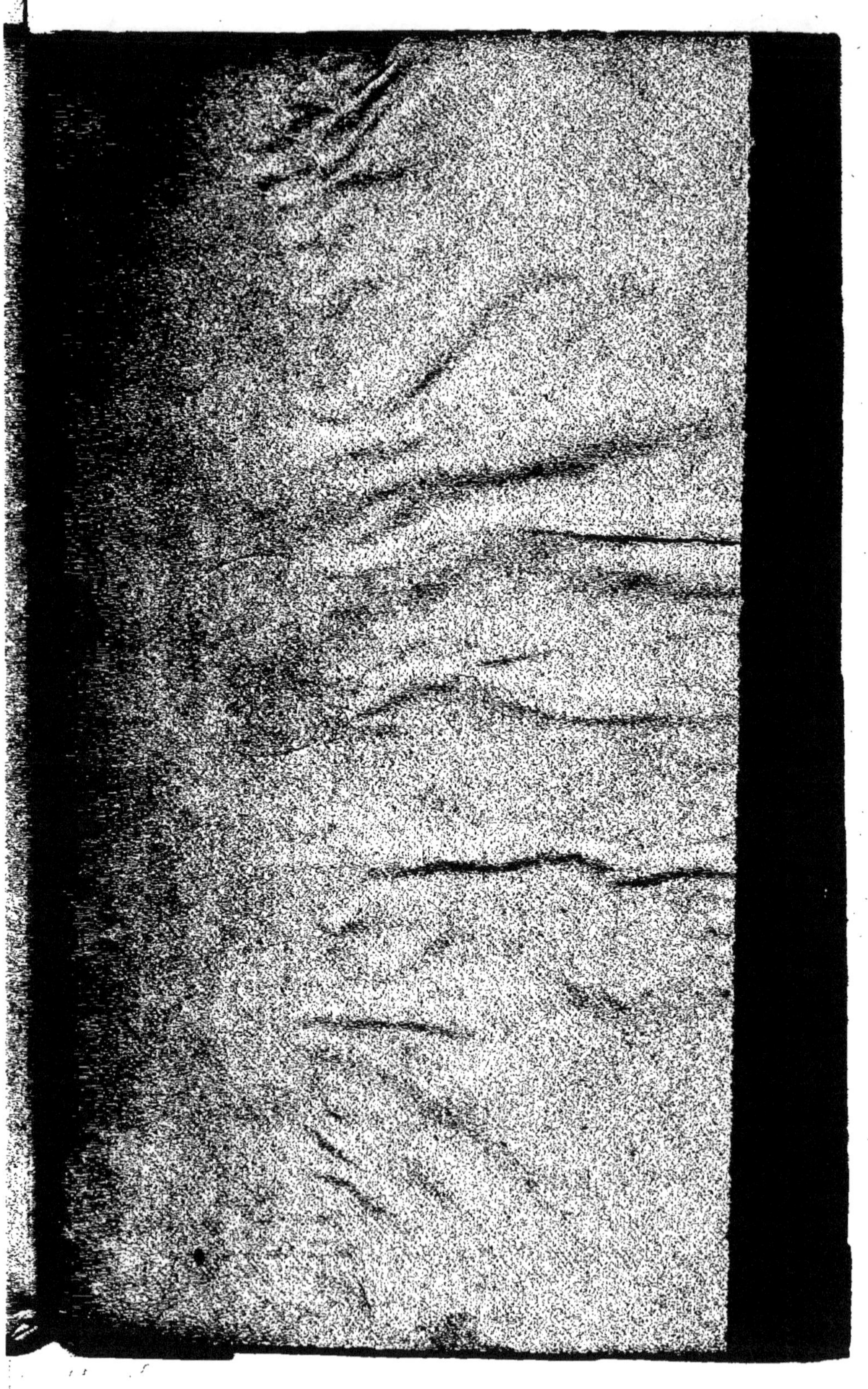